易學應用之研究（第三輯）

陳立夫主編
黎凱旋協編

中華書局印行

陳序

吾中華文化，自元聖太昊伏羲畫卦作易，迄今已逾六千四百年。昔人亦有言伏羲之年代爲七千餘年前、甚或爲一萬餘年前者，此或係指最近一次大冰河中，聚居西北高原之伏羲氏族而言。又或言伏羲之年代爲三千年前、四千年前、五千年前者，則伏羲反在神農、黃帝、唐堯、虞舜之後，而與孔子贊易及史記、漢書等之記述大相悖逆，足知其妄測，不可相信。

自伏羲而後，舉凡吾國固有之天文、地理、人倫、文字、文學、音律、曆法、數學、科學、藝術等，莫不循易之數、理、象三者而向前發展，亦卽不離乎太極、陰陽、三才、四象、五行、六運、七復、八卦、九宮、十圖等之道。試以吾國之古文學言，如起承轉合，抑揚頓挫、平上去入之章法與聲韻，又豈能出乎易道陰陽虛實與循環往復之理乎！

近人有疑古而失自信者輒謂吾國古經古史古文化，皆不足信，蓋均爲不學無術者流，而以崇洋爲務。殊不知西方近世之科學文明，據西方科學史家考證，大都導源於中國，且深受敬重，則中國之古經古史古文化，果有何罪乎？罪在迷失自我，不知亦不行耳。

易學應用之研究第一輯，編行於六十四年二月，第二輯於七十一年六月出版，於茲倏忽十度寒暑矣。差幸學術界人士之熱心寫作，讀者諸君之愛護支持，皆已多次再版，誠吾先聖先賢列祖列宗之福蔭，私心感慰，莫可言宣。

今又承黎凱旋兄協助，編成第三輯，各方惠稿，愈重實用，乃一可喜現象。獨惜胡樸安先生，所著「周易人生觀」長篇尚未完成，已溘然謝世，差幸斯篇之留，金聲玉振，胡先生當可含笑靑雲矣。中華民國七十四年十一月吳興陳立夫於天母弘毅齋

易學應用之研究（第三輯）目錄

第十一篇　易與聖經之奧秘……•周林根•……三五三

第一篇

易與儒家的重行思想

第一篇　易與儒家的重行思想

陳立夫

一、三代以前的重行史實

一部人類歷史，都是由人類的致知和力行所締造而成。所謂致知和力行，雖各有先天後天之分，但其結果則是相同的，禮記中庸篇孔子答魯哀公問政，早已把知行作了分類：「或生而知之，或學而知之，或困而知之，及其知之，一也；或安而行之，或利而行之，或勉強而行之，及其成功，一也。」

孔子所說的「生而知之」，是出自與生俱來的先天，即後來孟子所稱的不慮而知的「良知」；孔子所說的「學而知之」和「困而知之」，是出自學習和經驗的後天，即後來孟子所稱的以「法堯、舜之道」等。又孔子所說的「安而行之」，是自動及自然的去行，即後來孟子所稱的不學而知的「良能」；孔子所說的「利而行之」和「勉強而行之」，是半被動與全被動的去行，即後來孟子所稱的以「居仁由義」等。由此可知孔、孟的知行學說，將知的類別和行的類別，已說得很清楚，其先天後天之區別及其關係，亦已說得很詳盡。言其過程，知與行是相因相成的。言其最終結果，則知行乃合一的，並且也是先天後天一貫的。

孔、孟等儒家之所以重視知行，甚至強調行重於知，實源出往古聖人的「開物成務」之易教。特先節錄孔子易繫辭下傳第二章於次：

古者伏羲氏之王天下也，仰則觀象於天，俯則觀法於地，觀鳥獸之文，與地之宜，近取諸身，遠取諸物，於是始作八卦……以通神明之德，以類萬物之情，作結繩而爲網罟，以佃以漁，蓋取諸離䷝（象網罟）。伏羲氏沒，神農氏作，斲木爲耜，揉木爲耒，耒耨之利，以教天下，蓋取諸益䷩（上下卦皆木，上巽風入，下震雷動）；日中爲市，致天下之民，聚天下之貨，交易而退，各得其所，蓋取諸噬嗑䷔（上離象明，下雷而動，以交易解決民生）。神農氏沒，黃帝、堯、舜氏作，通其變，使民不倦，神而化之，使民宜之，易窮則變，變則通，通則久，是以自天祐之，吉无不利，黃帝、堯、舜垂衣裳而天下治，蓋取諸乾䷀、坤䷁（乾、坤通變則六四卦出）……上古結繩而治，後世聖人易之以書契（書畫與契刻），百官以治，萬民以察，蓋取諸夬䷪（以繩由上缺孔以穿書契之象）。

以上孔子共列舉了十三個「製器尚象」的六畫卦。據周公訂禮到春秋、戰國之世，尚是連山、歸藏、周易的三易並行，又左傳稱春秋時尚有人能讀上古三墳、五典、八索、九丘之書，可知孔子所述從伏羲到虞舜兩千年間的「知以成行，行以成知」和「行重於知」的史事，當必有所本。

除了古經古史所記載的事實以外，當然還可以搬出若干古物來證明。諸如現今中國大陸已先後出土八千多年前伏羲氏族時代的陶簫三支。以及在黃河中下游伏羲和神農建都的河南開封與山東曲阜等地，大批出土六千多年前和五千多年前的「刻畫文字」，也就是以刀刻在石器上和以筆畫在陶器上的「圖騰文字」之類。還在永靖出土了六千五百年前伏羲時代的雙龍古太極圖，並且是使用毛筆中鋒畫在雙耳彩陶壺上，現藏瑞典遠東博物館。也出土了五千多年前神農時代的絲繭，藏台北故宮博物院。和同一時代的稻米化石及包裹石器的棉絲。又出土了四千七百年前黃帝時代砭灸醫療所使用的石碱，和在西岐周文王太廟（祖廟）地下石室等處，大批出土四千兩百年前虞、夏之間的古易六畫卦及五畫、四畫、三畫卦，大抵是刻劃在甲骨上，有不少都附有文字。最令人興奮的，是在黃河和長江流域的不同處所，出土了三千七百年前夏末的鐵斧八柄，證明了尙書禹貢的貢鐵確是事實，而把現今一般學者所寫煉鐵史的年代，提早了一千多年。以上不過略舉大要，以證明古經古史所記載三代以前的科學之創造發明，應是眞實無妄。

至於中國三代以前的重行思想，到四千兩百年前大禹治水時，已到達了高峯，孟子稱「禹八年於外，三過其門而不入」（滕文公上），實開以後周易與儒家重行思想的典型，值得大家取法。

二、周易的重行思想

一部周易，實際上是闡明萬事萬物由存在與不存在之一生命過程中，一切動變的法則，動變就是行，所以亦可稱爲「行的原理之學說」或「行動指導綱要」，近人或誤指爲「卜筮之書」，實和孔子贊易的言論背道而馳。依據孔子的見解是：「易與天地準，故能彌綸天地之道」（繫傳上四章），「日新之謂盛德，生生之謂易」（繫傳上五章），「夫易，聖人之所以崇德而廣業也」（繫傳上七章），「夫易，聖人之所以極深而研幾也」（繫傳上十章），「夫易，開物成務，冒天下之道，如斯而已者也」（繫傳上十一章），「易之爲書也，廣大悉備，有天道焉，有人道焉，有地道焉」

（繫傳下十章），「是故形而上者謂之道，形而下者謂之器，化而裁之謂之變，推而行之謂之通，舉而措之天下之民謂之事業」（繫傳上十二章），總而言之是「精義入神，以致用也」（繫傳下五章），因無一不與行有關係也。孔子贊易始將天道人道一以貫之耳。

當然，在行的法則中，可以看出有因必有果，所以知其因自可測其果，所以易道也可以用之於卜筮以測未來，就好像近人研究和使用機率一樣，也可以作爲一種在無法作決策時的行動方向之參攷，但那僅是易道的末技，孔子就曾明白的表示：「易有聖人之道四焉：以言者尙其辭，以動者尙其變，以制器者尙其象，以卜筮者尙其占。」（繫傳上十章）言辭之學就是文學和計畫，動變之學就是哲學和機變，制器尙象就是科學的創造發明，占卜與占筮就近似現今的機率，後者僅居易道之末，又怎麼可本末倒置，妄稱之曰統括易之整體呢？

須知周易的六十四卦及經傳，幾乎無一卦不重視力行，諸如乾卦九三：「君子終日乾乾，夕惕若，厲，无咎。」意卽一個有品學能力的君子，必須終日力行，朝夕警惕你自己，奮勵再奮勵，這樣就自然不會有過失了。又由於乾卦是象天，因此孔子作卦象傳：「天行健，君子以自強不息！」這和孔子在論語中所說的一段話，是完全相通的，論語「子曰：予欲無言。子貢曰：子如不言，則小子何述焉？子曰：天何言哉，四時行焉，百物生焉，天何言哉！」（論語陽貨篇）孔子為了要效法天體的運行，甚至不願多說話，而想以身體力行來啓導弟子們要行重於言。

不但乾卦的卦象重力行，其它各卦也莫不皆然，例如坤卦的大象是「地勢坤，君子以厚德載物」；屯卦的大象是「雲雷屯，君子以經綸」；蒙卦的大象是「山下出泉，蒙，君子以果行育德」；革卦的彖傳有「天地革而四時成，湯、武革命，順乎天而應乎人，革之時大矣哉！」革命就是要革舊鼎新，順天應人，與時俱進！因此近世的法國大革命，以至於美國華盛頓和　國父孫中山先生的革命，都離不了易經革卦的原理和啓示。而革命又首重力行，因此　國父倡「知難行易」，先總統　蔣公倡「力行哲學」，皆特別強調「力行就是革命」。

三、儒家的重行思想

孔、孟的重行思想，已在前文結合易道略加論述。又論語子貢問怎樣才算得是君子？孔子回答：「先行其言，而後從之。」（為政篇）更在後文補充說：「子曰：君子欲訥於言，而敏於行。」（里仁篇）中庸裡也引述了孔子兩段很重要的話，其一是

：「子曰：好學近乎智，力行近乎仁，知耻近乎勇！」文中的「力行近乎仁」一辭，正是先總統　蔣公「力行哲學」的依據。其二是：「博學之，審問之，愼思之，明辨之，篤行之。」這是一種「學、問、思、辨、行」的五段式論證方法，而最後必歸結於「篤行」二字，可知篤行比什麼都更重要了。

孟子旣一再強調要效法堯、舜、禹、湯、文、武、周公、孔子的倡行仁義，同時又從易道和孔子的學說中，特別引申出先天的良知良能，但他也並不忽視後天的「不知而行」和「行以求知」，他在盡心篇說：「行之而不著焉，習矣而不察焉，終身由之而不知其道者，衆也。」這乃是一種古今皆然的重行現象，却不幸被晚近某些人誣指爲「愚民政策」，而不知　國父孫中山先生的「知難行易」學說，早已把這一段話列爲「不知亦能行」的例證之一。試問世人都能實行食衣住行育樂六者，又究竟有多少人能懂得這六者的道理呢？所以說人之患，並不患在不能知，而是患在不能行。若大家都強求先知而後行，那恐怕絕大多數人都不了解先天後天的知與行的關連了。

自孔、孟以後，漢代偏重考據訓詁和玄象虛數，魏、晉六朝又太偏重「虛無主義」和「清談」，以致儒家格、致、誠、正、修、治、平的實用之學不張，而在易道「開物成務」、「制器尙象」的科學創造發明方面，也隨着一落千丈。因此　國父孫中山先生在「知難行易」中很沉痛的指出周以前是我國科學進步的時期，周以後是我國科學退步的時期！

到了宋代，先有北宋五子周敦頤（濂溪）、張載（橫渠）、邵雍（康節）、程顥（明道）、程頤（伊川）的提倡孔、孟正學，後有南宋四子朱熹（晦菴）、陸九淵（象山）、張栻（南軒）、呂祖謙（東萊）的繼起發揚，於是出現了今人所稱的「新儒學」，並因此而引導出不少名聞於世的大數學家和大科學家，諸如北宋邵雍的「皇極經世」或「先天易數」，被晚近西方學者譽爲「世界空前的偉大數學家」；北宋作「夢溪筆談」的沈括，被李約瑟等譽爲「中國最偉大的科學家」；南宋楊輝、秦九韶、朱世杰等人的數學專籍，被晚近歐美的某些大學數學研究所列爲博士班的研究教材，專攻一部便可拿到博士學位（見聯合報及中國時報四年前報導）。在創新方面，如天文、地理、醫藥、印刷術（有了活字版）、造船、神臂弓、火箭、大砲等，也在宋代有所突破，後來蒙古人西征，就是憑仗神臂弓、火箭、大砲等武器而所向披靡，一直要到西方的工業革命後，才「迎頭趕上」並且也超越了中國。

近人動謂宋儒「只知坐而言，不知起而行」，甚至把宋、明兩代亡國的責任，都推到宋、明諸儒身上，其實那只是以偏概全之論，試問南宋高宗和宋、明兩代的亡國之君，他們又能給予儒家實行救亡圖存抱負的機會嗎？這且不談，邵雍的皇極經世觀物內篇便曾慨乎其言的說：「天下將治，則人必尚行也；天下將亂，則人必尚言也。尚行則篤實之風行焉，尚言則詭譎之風行焉……言之於口，不若行之於身。」

伊川程夫子給後人的印象，也許眞是一位「只知坐而言」的儒家了，其實大謬不然，他的語錄說：「如眼前諸人，要特立獨行，煞是難得，只是要一個知見難，人則被知見不通透。人旣有知見，豈有不能行。」又尹彥明問程子：「何處是道？」程子答道：「行處是。」因此宋儒張橫浦稱「程子妙處，全在要人力行，所以不欲苦言」。這和前文所擧孔子「君子欲訥於言，而敏於行」的思想，實先後一貫。

南宋劉安世的元城語錄也說：「爲學貴在力行。古人云：說得一丈，不如行得一尺；說得一尺，不如行得一寸。故以行爲貴。」這更是一般人都能聽得入耳的重行學說了。

明儒王守仁（陽明）的「致良知」和「知行合一」學說，把他一生的事功都掩蓋了。其實陽明先生由刑部主事、兵部主事、貴州龍場驛丞、廬陵知縣、南贛巡撫而累升兵部尚書，曾敉平福建叛軍及討平江西宸濠之亂，都是以寡擊衆，以少勝多，他眞是一位「知行合一」和「卽知卽行」的大實行家，要比兩宋諸儒都幸運得多了。先總

統　蔣公評陽明的「致良知」是先天的知，而「知行合一」則兼具後天科學的知，並說日本的明治維新，實有賴於陽明知行合一的學說。近據日本史家說，明治天皇曾欽定不懂易經者不准入相，則日本的明治維新，也有賴於易經的啓廸了。

四、國父和蔣公的重行思想

國父孫中山先生和先總統　蔣公，都曾根據易與儒家的重行思想，和當時革命情勢的需要，而倡導國人力行革命。

國父所著的孫文學說，計有知難行易、能知必能行、不知亦能行、有志竟成四大內容，並列舉了很多從伏羲畫卦開始的史事和科學證明。試就第二次世界大戰後所發展的核子物理學、電腦和太空科學來說，大家都想要知道其中的原理方法和技術，這又談何容易；可是大家却都能分享到原子能的和平用途，以及分享到電腦和太空衞星給我們人類所帶來的方便，這不就正是知難行易、能知必能行和不知亦能行了嗎！又這些發明和製造核分裂、電腦、太空火箭的科學家們，他們不也正是有志竟成了嗎！說到這裡，也許有某些和易經相關的史事，尚未為大家所熟知，即核分裂或熱核子連鎖反應，竟和易經太極生生的原理相似；同時電腦所使用的零與一之二元命數法，竟也和易經的陰（--）與陽（—）二元命數法完全相同，更何況電腦的「自動控制系統原理」，是根據易經洛書的九宮迷陣之原理而產生。因此大家在研究易與儒行思想時，一方面固然要敬服古聖先賢的聰明睿智，而另一方面也要檢討我們為何在近世紀的實行或創造發明上，處處落在西方的後面？

先總統　蔣公畢生革命，深知革命首重力行，於是手著「力行學說」，他以為行的動機是救人，行的目的是行仁，行的原動力是誠，並期望透過行的方法和行的步驟，以達到孔子所倡天下為公、世界大同的最高理想。

五、結　論

總之，我們從研究易與儒家的重行思想可以看出，知識的範圍雖非常廣泛，但一切知識都必須見諸實行，然後才能辨明它的眞僞、善惡、美醜與功用。否則或徒尚空談，或放言高論，或肆其詭辯，或危言聳聽，甚或陷溺於孟子所指摘的詖辭、淫辭、邪辭、遁辭四者，都將對國計民生有害無益。惟有良知與科學合一，卽知卽行，自強不息，才是成己成物救國淑世的大道。我曾一再談到中國的道統思想是公、誠、仁、中、行五者，而最後必歸結於「行」，本文特就易與儒家的重行思想，略予闡明，藉供高明參考。

第二篇

易傳的基本思想

第二篇　易傳的基本思想

傅佩榮

緒　說

大約半個世紀以前，方東美先生曾經說過：「在目前學術界中有兩種東西，頗能引起普遍的注意，這兩種東西既同樣的有趣，又同樣的困難，一是易經，二是甲骨文。」①這種普遍的注意，五十年以來在甲骨文與易經兩方面都造成豐碩的收穫。尤其是易經，更有方興未艾的趨勢。從台灣目前研究易經的講學與出版情形看來，其內容早已包羅萬象：理論性的易數、易象、易理、易辭，與實用性的醫藥、星象、電腦、管理、占卜等等不一而足。尊稱易經為一部中華文化的集成，實不為過。繫辭傳所云：「易之為書也，廣大悉備。有天道焉，有人道焉，有地道焉。」的確是有所根據的。

現行「易經」一書，合「經」、「傳」兩部分而成。這兩部分的撰寫年代相隔甚遠。「經」含六十四個卦象以及每卦之後簡短的「卦辭」與「爻辭」。卦辭與爻辭的作者一般認為是文王與周公，或說為周初不知名之士；而六十四卦本身以及原始八卦，則可追溯於包犧氏（亦即伏羲氏）——傳說中最早的一位聖王。② 我們不擬在此深究這個問題，因為上古史和「經」的內容太久遠了。至於「傳」，從漢儒開始稱「十翼」，則包含以下十篇：象上下，象上下，繫辭上下，文言，說卦，序卦，雜卦。關於「易傳」的作者，史記、漢書等都說是孔子所作，因此唐朝孔穎達說十翼：「以為孔子所作，先儒更無異論。」③ 這種說法到了宋朝歐陽修以後引起許多爭議。④ 就目前的研究趨勢看來，多數博學深思的學者主張「十翼」確是孔子所傳授，絕非漢人所作。譬如熊十力先生指出：「『易』十翼義蘊，以『論語』推徵之，殆無不合。故求孔子哲學思想的體系，誠莫如『易』。」⑤ 方東美先生也明確認為：「據司馬談、司馬遷父子之考證，此部新易理之革命哲學〈即指十翼之種種人文主義的解釋〉，啓自孔子本人，復經商瞿子木及其他後學等之踵事增華，傳承發揮。」⑥

因此，「易傳」代表古典儒家的思想，應該不成問題。如果就子貢所稱「夫子之言性與天道，不可得而聞也」⑦ 來看，則「易傳」正所以發揮孔子的天道觀，而「孟子」正所以發揮孔子的人性論。「易傳」是討論天道之書，但其重點在於天人之間的互動關係。⑧ 爲了說明這一點，本文預備依次探討以下幾個觀念：易、天之道、神、聖人、與君子。

一、關於「易」的意義

最早的易注之一「易緯乾鑿度」注釋易之名時說：「易一名而含三義：所謂易也，變易也，不易也。」⑨ 這三義的後二義意思明確，亦卽：「變易」係指天地間千變萬化的現象，「不易」係指這些變化現象背後的常法或規則。至於第一義的「易」字，漢儒鄭玄解爲「易簡」（取「易則易知，簡則易從」之義）。⑩ 這種解法似乎有些問題。⑪ 從易傳看來，只有聖人才能領悟及掌握易的原理：「夫易，聖人之所以極深而研幾也」（繫辭下）。這種「極深而研幾」的工夫絕不是容易與簡單的。只有當聖人已經達成這種工夫，進而展示易的效用時，才有「易簡」可言；也就是說，易的效用將使天下萬物自然轉化：「聖人感人心而天下和平」（咸卦彖傳），「聖人以神道設教而天下服矣」（觀卦彖傳）。這樣的效用確實可以形容爲「易簡」；譬如天地的變化之道雖然深奧，聖人若善加掌握則可以「垂衣裳而天下治」（繫辭下）。易傳假使着重在這一方面，則將接近道家的精神。⑫ 然而，易傳所強調的毋寧是天道之變易與不易，以及聖人如何由天地變化之象，體察出天地變化之道與順天應人之理。譬如孔子在「論語」中也曾提出「無爲而治」的理想：「夫何爲哉？恭己正南面而已矣！」⑬ 但是這種「恭己」或「爲政以德」⑭ 正是儒家體天之道以定人之道的作法；儒家重視過程甚於重視效用，如孔子「知其不可而爲之」即是明證，由此亦充分顯示儒家積極進取的人文信念。

因此，做爲第一義的「易」字不應指稱「易簡」。周簡子即持此說，他主張：「易者，易代之名。凡有無相代，彼此相易，皆是易義。」⑮ 這種解法在某些學者看來較爲可取，⑯ 但是筆者看不出有任何充足理由要把「易代」與「變易」分別視爲解「易」之義。因爲「易代」或「交易」（exchange）實屬「變易」（change）之一必要因素，原是同一範疇的東西。所以，就「易」這個觀念而言，它主要包含兩大意義：變化之象（易與變易）與變化之道（不易）。⑰ 因爲變化之道恒存不替，聖人才有可能由之觀察與取法天之道。

其次，就「易」這部書而言，它包含了天之道、人之道、與地之道（繫辭下）。這三才之道是相通的，其共同性質爲「變動不居，周流六虛」，因此需要靠聖人以憂患之心「初率其辭，而揆其方，既有典常」，設法掌握住恒存之道。因爲道是不能憑空而行的，必須由適當的人配合贊助：「苟非其人，道不虛行」（繫辭下）。由此可知，人的重要性，尤其是聖人，在易傳中備受強調。聖人觀察天之道，然後由之規畫人之道。

「易」以直接方式展現天之道。「乾坤」爲易之「蘊」（繫辭上）與「門戶」（繫辭下），而乾坤這兩個基本符號正代表了天與地。⑱ 再看，「天地之大德曰生」（繫辭下），同時「生生之謂易」（繫辭上）。因此，易不僅表現天的生生之德，而且也涵蓋了萬物的原始統合體。繫辭上說：

「易有太極，是生兩儀，兩儀生四象，四象生八卦。」可惜的是，易傳對於渾然未分的原始統合體——太極，並未提出進一步的描述。⑲ 它只描述了易的功效：「夫易，開物成務，冒天下之道，如此而已者也」（繫辭上）。「開物」表示天地生生之德的成果，此爲自然界，「成務」表示聖人崇德廣業的績效，此爲人文界，「冒天下之道」表示易是統合天下萬物之道，亦卽貫通自然界與人文界之道。

依繫辭傳所載，上古包犧氏、神農氏時代已有六爻卦之製作，但是易之復興則在中古，而且作易者「其有憂患乎！」再依說卦傳所載，聖人作易是爲了「將以順性命之理」；⑳ 那麼，前面所說的「憂患」，多半是因天下無道、人間大亂而起，亦卽

「人之所以爲人」之性與「人之何以爲人」之命這兩種基本信念混淆不清所引發。因此，聖人作易是爲了「以體天地之撰，以通神明之德」，進而「以通天下之志，以定天下之業，以斷天下之疑。」

如上所述，「易」這個觀念可以由多方面理解。它代表了天地之間一切存在物的本體、現象、與效用，也代表了聖人貞定性命之理，以求人文化成的努力過程與實際成果。

要想充分了解易傳的基本思想，我們還須進一步探討以下幾個相關概念。

二、天之道與人之道

周初典籍談到「天」的地方極多，談到「天道」的地方却極少。「天道」一詞至春秋時代始逐漸通用。易傳屢言「天道」，正可以幫助我們理解這一段古代思想的演變情形。

根據詩經、書經看來，中國古人相信「天」是人類的造生者與世界的化成者。易傳繼承這一信念，進而以乾坤二卦與陰陽二原理來說明天之「如何」生。譬如：

「大哉乾元，萬物資始，乃統天。」（乾卦彖傳）

「至哉坤元，萬物資生，乃順承天。」（坤卦彖傳）可見萬物之「始」與「生」皆可推源於天，然後再依「育種成性、開物成務、創造不息、變化通幾、緜延長存」這五種樣式生生不已。⑳易傳的最大進展，就是由乾坤相反相成、相對相需的動態觀點來了解整個存在界——亦卽天之道。㉑這在春秋時代是非常重要的一種見解。依左傳與國語二書所示，春秋時代的「天道」觀念相當分歧，可以就「禮的體現、自然法則、老子思想、德治理想」四種角度來解釋。㉒現在，易傳首先指出以「自然法則」爲「天道」這一系思想的深刻內涵與演變原理，因此特別值得我們重視。易傳的乾坤二元在較抽象的層次可以稱爲「陰」與「陽」。陰與陽是我們領悟天之道的兩大原理，如說卦傳所云「立天之道，曰陰與陽」。甚至「道」之本身也可以由陰與陽來掌握：「一陰一陽之謂道」（繫辭上）。至於「天」的意義，基本上由兩種用法而有不同展現：一是天地並稱之天，二是依附傳統信念而有評價含意的天。

天地並稱之天，一方面指外在自然界；㉓作易的聖人由這個自然界學習許多事物。㉔另一方面，它所指的自然界是創造的、能產的、與充滿動力的，如「天地之大德曰生」（繫辭下）以及「天地感而萬物化生」（咸卦彖傳）。方東美先生形容這樣的自然界如下：

「由此種新自然觀看來，『自然』云云，略近於斯賓諾薩與哥德所謂之創造能生之自然，而非西方古典科學中之所造所生之自然。自然本身即是大生機，其蓬勃生氣，盎然充滿，創造前進，生生不已，宇宙萬有，秉性而生，復又參贊化育，適以圓成性體之大全。」㉕

這種創造能生之天並無任何意志或目的牽涉在內。換個方式來說，若以天為造生者，則天正是創造性本身；㉖　若以天為載行者，則天正是載行的動力。㉗

至於依附傳統信念而有評價含意的天，與上述天地並稱之天並非不能相通，只是它的重點在於「從人類的角度來了解」。任何自然界、生理界、心理界的事實，一旦落實到人類的意識層次，就立刻出現「評價」的問題。譬如，繫辭上說：「聖人設卦觀象，繫辭焉而明其吉凶」，這裏的「明其吉凶」就是「評價」的結果。詳細分析，可知「評價」是指：人類不僅有選擇自身的思、言、行、為的自由，而且能夠意識到自身的這種自由，更進而對於這種自由的後果，亦即吉凶禍福，有無所逃避的責任感。因此，對於聖人而言，評價是一種「彰往而察來」的理智考慮，加上「吉凶與民同患」的擔當勇氣。但是，這種考慮與勇氣是不能離開天道來談的，因為整個存在界的

「道」是相通與相應的。謙卦彖傳的一段話是最好的說明：

「天道虧盈而益謙，地道變盈而流謙，鬼神害盈而福謙，人道惡盈而好謙。」由此看來，「盈」與「謙」這兩種行爲表現，在天道、地道、鬼神、與人道四方面都會產生類似的效應㉘——這就是本文所指的「具有評價含意」。亦卽，吉凶禍福並非純屬運氣或命定，而與人的行爲評價有關。這種「德福一致」的理想是中國古人所珍惜的，如書經湯誥有云「天道福善禍淫」、國語周語亦云「天道賞善而罰淫」，都是秉承上古「天命德治」的信仰所發的言論。儒家的主要成就之一是根據這種天道觀來理解人性本質及人生正途。方東美先生說得十分中肯：

「據萬物含生論之自然觀而深心體會之，油然而興成就人性內具道德價值之使命感，發揮人性中之美善秉彝，使善與美俱，而相得益彰，以『盡善盡美，美善合一』爲人格發展之極致。」㉙

進一步來看，我們可以由「天道」學得什麼具體的道德訓示呢？易傳有云：「說而順，剛中而應，大亨以正，天之道也」（臨卦彖傳）；「動而健，剛中而應，大亨以正，天之命也」（无妄彖傳）。這兩句話裏的「天之道」與「天之命」，其實只是一件事，而「命」之一字更具有評價含意。那麼天之所命爲何？「大亨以正」也，亦卽大亨通而守其正道。

「正」這個字是貫通三界的關鍵所在。乾卦彖傳的解說值得我們參考：「乾道變化，各正性命，保合太和，乃利貞，首出庶物，萬國咸寧。」所謂「各正性命」，是指萬物皆須各正性命，人類當然亦不例外。我們無從得知人類以外的萬物如何「各正性命」，但是易傳無疑認爲人類的「各正性命」是極其困難的。一方面，人「養正則吉」（頤卦彖傳）；另一方面，却只有聖人「知進退存亡而不失其正」（乾卦文言）。因此，聖人負有極其嚴肅而重大的責任。他不僅須「明其吉凶，著其悔吝」（繫辭下），同時還須「崇德廣業」（繫辭上），「守位以仁」（繫辭下）。這一點稍後再談。至少我們可以在此肯定：聖人在引導百姓回歸人性之正道時，是代天行教的。

聖人「代天行教」是傳統的信念之一。最明顯的例子是書經泰誓所云：「天佑下民，作之君作之師，惟其克相上帝，寵綏四方。」聖人的任務卽是古之君與師，但是天之所教是什麼？聖人如何領悟天之所教？有所教的天可以稱爲啓示之天。易傳仍然相信這樣的天，但是啓示過程中的積極角色則完全轉到聖人身上。繫辭傳上說：「是故，天生神物，聖人則之；天地變化，聖人效之；天垂象，見吉凶，聖人象之……河出圖，洛出書，聖人則之。」天與人之間的協同順應因而成爲可能的。㉚ 「自天祐之，吉无不利」一語在易經出現五次之多（如大有卦爻辭，繫辭上、下）。這個「天」並非具有主動意志的天，而是指天道。天道有常，正如天命有常。㉛ 這種祝福是人類遵循天之道的自然結果：源自天道的助佑，使人無所不利。

天之道仍保留「啓示之天」的意義，但是「主宰之天」與「審判之天」則不再臨現。㉜ 易傳正因爲消解了天的「主宰」與「審判」二義，因此在談到善惡果報方面顯得空洞無力。試看兩句相關的肯定：

㈠「積善之家必有餘慶，積不善之家必有餘殃。」（坤卦文言）

㈡「善不積不足以成名，惡不積不足以滅身。」（繫辭下）

這兩句肯定固然符合常識的要求，但是卻經不起深入的分析。第一句以「家」爲道德評價的單元，可見家對於中國古人的重要性；但是若想由此要求個人行善避惡，似乎尙無充分的力量。家是指血緣關係所組成的團體，這個團體代代上溯的話，必定有善有不善。像堯舜皆爲聖君，而其子皆不肖；又像禹湯文武皆爲開國明主，而其後嗣終不免於亡國。因此，餘慶餘殃無從計數，又何得言其爲「必有」？㉝ 若眞是「必有」，則人之禍福大可推於先祖肇因，而把自身的自由能力與責任意識給化解掉。這樣難免形成悲觀的宿命論或放任的無爲論，似乎無法相應於儒家剛健進取的精神要求。

至於第二句的「積善成名」與「積惡滅身」，雖然比第一句對於個人更具有約束力，但是在「成名」與「滅身」之間却是一片廣大領域，可以讓人自由逍遙或浮浮泛泛過一生。退一步說，人可以自問「爲什麼要成名？」㉞ 因爲這種觀念接近功利主義的倫理觀，未足以顯發人的主體性之自覺與價值。不管任何一種倫理觀，只要提出善惡要求者，皆不可避免地要觸及普遍性與必然性的問題，此所以孟子與荀子之論性並非無的放矢或徒費口舌。

當然，從另一角度來看，我們可以說這兩句肯定的要點在於「積」之一字。「積」表示逐步增長與努力不懈，頗有功夫論的含意。這屬於儒家的基本立場：只有透過修行功夫，才能達到理想境界。重要的是盡其在我，如孔子之「知其不可而爲之」，則自身必然德化日隆，至於效果，如「餘慶」、「餘殃」、「成名」、「滅身」，則不在計較之列。易傳以精采的比喻形容這種德化。

「大人虎變，其文炳也。……君子豹變，其文蔚也。小人革面，順以從君也。」（革卦象傳）

以上是我們關於易傳的人性修養方面所能得到的結論。必須承認的是：易傳對於人性及其本源的討論不如「孟子」與「中庸」透徹。

接著，關於「天」的問題還有一句重要的話：「復，其見天地之心乎！」（復卦象傳）所謂天地之「心」，顯然是比喻之詞，表示天地大化流行的「脈動原理」。何以天地之生生能夠不息？因爲它是循廻往復的，如日月代行、寒暑相生，以及整個生態系統的自然平衡作用。因此對人而言，從「復」可以看出天地之心而加以效法。

譬如，至剛的乾元到了上九之境，難免「亢龍有悔，與時偕極」，達到極限的地步；又如，至柔的坤元到了上六之境，難免「龍戰於野，其道窮也」，必須變生往復了。因此，復卦六爻的象傳皆與「修德」有關。如「不遠之復，以修身也；休復之吉，以下仁也；頻復之厲，義無咎也；中行獨復，以從道也；敦復無悔，中以自考也；復之凶，反君道也。」爲了說明復卦，子（指孔子）特別以弟子顏淵爲例，謂其「有不善未嘗不知，知之未嘗復行」（繫辭下）。由此可知，「復」有雙重作用：知與行。而其本義乃指「回到原初狀態」或「回復本心」。爲何回復本心之後，就會產生知善（或知不善）與行善（或不行不善）這兩種作用呢？因爲「復以自知」，同時復又是「德之本」（皆見繫辭下）。㉟ 當一個人認淸自己，就會發現內心具有善的因子，亦卽人性與善相應。爲了進一步說明這種相應關係，請看繫辭傳說：

「一陰一陽之謂道，繼之者善也，成之者性也。」

這個命題所指涉的是存在界整體，但是對人而言卻格外深富意義。繫辭傳接着強調：

「成性存存，道義之門。」

由此可知易傳立在儒家「人性向善論」的基礎之上。[36] 唯其預設了「人性向善」，才能肯定「繼」善「成」性（繼其善端，成其善性），才能說明何以「成性存存」（成其善性、持守砥礪）是「道義」之門，也才能宣稱「立人之道，曰仁與義」（說卦傳）。

由此可以明白爲何方東美先生在肯定易傳「完成一套價值中心觀之本體論」時，會提出下述說明：

「以個人之創造性爲基礎，藉求圓成人性，齊昇宇宙萬般生命，止於至善，經孔子詮表之，形成一部價值總論，肯定性體實有，盎然充滿，瀰貫天地，澈上澈下，莫非價值。實乃一套價值中心之本體論也。堪稱代表儒家哲學之最高巔峯成就，俱見易經。」[37]

三、鬼神的角色

易傳中，「神」字有三種用法。首先，神或鬼神仍指傳統所謂的某種實體，其特色是人類可以察覺的：「精氣爲物，游魂爲變，是故知鬼神之情狀」（繫辭上）。鬼神對於人的吉凶禍福頗有影響。㊳「人謀」與「鬼謀」對一般百姓具有同等價值。㊴然而，做爲實體存在的鬼神並不表現主動的意志，只是依循變化之道而已：「子曰：知變化之道者，其知神之所爲乎」（繫辭上），「此所以成變化而行鬼神也」（同前）。㊵

緊接着這種用法，我們可以肯定「神」的第二種意義係指「變化」而言。譬如，「陰陽不測之謂神」（繫辭上）；同時，「窮神知化，德之盛也」（繫辭下），即以「神」表示神妙的變化法則。「神」因此用來形容占筮之物，如「天生神物」（繫辭上），又用來形容天道，如「天之神道」（觀卦彖傳）。在此可以附帶說明「聖人以神道設教而天下服矣」（同前）一語中的「神道」：「神道」絕不能指稱「神之道」（the way of God），如一般人所常誤用者；而應該指稱「神妙的天道」（the mysterious way of Heaven）。聖人在易傳中的主要貢獻即是依天道以立人道，此即「以神道設教」也。

第三層意義的「神」就更加超離「鬼神」原意，用來形容聖人掌握變化原理時極高的境界。㊶「至神」一詞既指這一原理，又指聖人的心境。㊷易傳屢言「神而明之，存乎其人」（繫辭上），「其人」正是指聖人而言。唯有聖人可以「神而化之，使民宜之」（繫辭下）。

「神」的第三層意義在易傳中占有重要地位。它描述人的最高智慧：「知幾，其神乎！」（繫辭下）這種智慧正是聖人藉以辨明吉凶者：「幾者，動之微，吉之先見者也」（同前）。聖人充分了解變化之道與吉凶之理，進而產生先見之明的智慧。根據這種知幾之神，易傳才能說：「神以知來，知以藏往」（繫辭上）。「神」是洞見未來，而「知」是察鑒過去，兩者都是人類能力所能達到的極高境界。

聖人這種「神明之德」正所以造成以下效用：「無思也，無爲也；寂然不動，感而遂通天下之故」（繫辭上）。這種境界與「中庸」所論無異；中庸二十章說：「誠者，不勉而中，不思而得，從容中道，聖人也。」

四、聖人的身分

如上所述，聖人不僅代表完美的人格典型，具備極高的智慧、能力、與品德，同時也代表了傳統上代天行教的聖王。聖人的雙重身分在易傳中清楚可見。

我們根據以下四點觀察，可以肯定聖人即指古代聖王。第一，商周以來，唯帝王可以祭祀上帝。這項傳統仍然保存於易經中，如「王用享於帝吉」（益卦爻辭），「先王以享於帝立廟」（渙卦彖傳）。由於「聖人」亦享有此一特權，如「聖人亨以享上帝」（鼎卦彖傳），因此他們必定是指聖王。

其次，「繫辭傳」提及與作易有關的人，諸如伏羲、神農、黃帝、唐堯、虞舜等，無一不是古代帝王。此外還有「後世聖人」在文化製作上賡續發展；他們的所作所爲也都屬於帝王的事功（繫辭下）。事實上，只有合格的帝王，亦即成就斐然的帝王，才能被稱爲聖人。因此，在中國古代，聖人必爲帝王，而帝王不一定是聖人。這與「中庸」的「大德者必受命」（十七章）以及「德爲聖人，尊爲天子」（同前）的理想同出一源。由此亦可略知古代「德治」之一斑。

第三，聖人經常與「萬民」、「天下」對稱並舉，充分顯示他們的偉大統治功效，如「聖人神道設教而天下服矣」（觀卦彖傳），「聖人感人心而天下和平」（咸卦彖傳），「聖人養賢以及萬民」（頤卦彖傳）。除非聖人是天下萬民的領袖，可知對百姓產生明確的教化作用，否則上述說法毫無意義可言。

第四，最重要的一點是，聖人總是依循天之道。他們不僅法天，而且與天地並稱，扮演了互補的角色。譬如，「天地之大德曰生，聖人之大寶曰位」（繫辭下），這個「位」字顯示了聖人即帝王。理由十分明白：「天地養萬物，聖人養賢以及萬民」（頤卦彖傳）。

聖人做為帝王，深具「憂患」之心；這種「憂患」是天地所不與聞的；天地之道「鼓萬物而不與聖人同憂」（繫辭上）。此即憂萬物生育之不得其所，以及人的性命之理未得其順。試與「中庸」對照來看：「中庸」十二章云「天地之大，人猶有所憾。」朱註謂所憾者「如覆載生成之偏及寒暑災祥之不得其正者」；事實上，除此之外，「中庸」十二章以「愚」與「不肖」形容一般百姓，間接顯示了「中庸」的作者對於人的自然狀態是有所不滿的。㊸ 此即性命之理未順之故。再看易傳所載聖人之所憂及其抱負。「繫辭傳」記載上古聖王製作八卦，「以通神明之德，以類萬物之情」；其目的仍是爲了百姓，聖人由此「以通天下之志，以定天下之業，以斷天下之疑。」

前面這句引文中的「天下」係指百姓而言；其中提到的三項任務說明了聖人的關心及作法。我們從第三項任務談起：爲了替百姓判斷吉凶禍福，聖人必須具備完善的智慧。根據記載，古者包犧氏「仰則觀象於天，俯則觀法於地」（繫辭下）。聖人繼志述事，「設卦觀象，繫辭焉而明其吉凶」（繫辭上）。可見聖人的智慧表現於觀察的本領，同時從不離開實際的與教育的目標。這一目標具體說來是「因貳以濟民行，以明失得之報」（繫辭下），亦即凡遇兩難之事，助民決定，以求分辨清楚吉凶禍福。

其次，爲求「以定天下之業」，聖人必須具備最高的能力。易傳相信，「天地設位，聖人成能」（繫辭下）。像「開物成務」的成務，「崇德廣業」的廣業，都不是容易辦到的事，需要極大的能力。易傳對「後世聖人」的功績有一段描述：「上古穴居而野處，後世聖人易之以宮寶……」「古之葬者……後世聖人易之以棺槨」「上古結繩而治，後世聖人易之以書契，百官以治，萬民以察」（繫辭下）。這樣的聖人當然可以爲民父母，爲民君師。我們明白何以易傳會說：「備物致用，立成器以爲天下利，莫大乎聖人」（繫辭上）。

至於「以通天下之志」，則必須聖人本身具備極高的品德。譬如「神而明之，存乎其人；默而成之，不言而信，存乎德行」（繫辭上）；「聖人之大寶曰位，何以守位曰仁」（繫辭下）。唯有至德，才能統一天下百姓的心志，因爲人心之所嚮——同時也是天命之所歸——都是品德。易傳論及品德的內容時，仍然謹守儒家傳統，以「

仁義」爲首要之德：「立人之道，曰仁與義」（說卦傳）。至於什麼是仁義，仁義與人性的關係，以及仁義與天的關連，則易傳未作詳細說明，必須求之於「中庸」與「孟子」。

易傳似乎不以「聖人」爲一般百姓可能取法達成的楷模。關於聖人「如何」成就不平凡的才性，易傳並未詳述。㊹易傳說得比較多的，也正是儒家向來宣教的重點所在：一個人「如何」成就爲一位君子。我們若以聖人爲人道的典型、天道的體現，那麼君子可以說是「希聖者」，亦卽在成聖之途上邁進的人。

儘管「君子」的原意與政治地位有些牽連，如「君子思不出其位」（艮卦彖傳）就暗示了君子在政治上負責某種職位，但是易傳談及君子時，總是強調君子之做爲效法天地之道的楷模，並且專務於修行品德。這正是儒家自孔子以來重大革命的結果：以君子爲「道德上的貴族」而非「政治上的貴族」，同時肯定人人可以成爲君子。易傳上談及君子的嘉言美句極多，如：

「天行健，君子以自強不息。」（乾卦象傳）

「地勢坤，君子以厚德載物。」（坤卦象傳）

「君子敬以直內，義以方外。」（坤卦文言）

「君子以遏惡揚善，順天休命。」（大有卦象傳）由於不斷努力修行，君子乃在某種程度上肖似聖人：

「唯君子爲能通天下之志。」（同人卦象傳）

「君子尚消息盈虛，天行也。」（剝卦彖傳）

「君子所居而安者，易之序也；所樂而玩者，爻之辭也。」（繫辭上）

由此觀之，我們不難了解何以君子能夠「致命遂志」（坤卦象傳），㊺就是遇到任何困難障礙也不肯放棄自己的志向，寧死不負志節。㊻具備這種堅毅的定力，君子最後必能成就偉大的人格。乾卦文言傳形容君子：「體仁，足以長人；嘉會，足以合禮；利物，足以和義；貞固，足以幹事。」

結語

綜上所述，我們深深體會儒家的典型關懷是要以人力參贊天地的化育。儒家心目中的宇宙與個人，總是處在相輔相成的和諧境界。文言傳對於這種理想，曾有極精采的描寫：

「夫大人者，與天地合其德，與日月合其明，與四時合其序，與鬼神合其吉凶，先天而天弗違，後天而奉天時。天且弗違，而況於人乎，況於鬼神乎！」

儒家「天人合德」的偉大理想可以透過上述對易傳基本思想的討論而獲得相當明白的展示。

〔註　解〕

①方東美，「易之邏輯問題」，收於「生生之德」（台北：黎明，民國六十八年），頁一。

②此說初見於易傳（繫辭下）與史記（周本紀）。根據近年出土的甲骨文看來，此說可信度極高。參看汪寧生，「八卦起源」，「考古」，一九七六，期四，頁二四二－四五；張政烺，「試釋周初青銅器銘文中的易卦」，「考古學報」，一九八〇，期四，頁四〇三－一五；徐錫台、樓宇棟，「西周卦畫試說」，「中國哲學」卷三（一九八〇），頁一三－一九。

③孔穎達，「周易正義」，見「十三經注疏」（藝文版），周易部分，頁七。

④歐陽修，「易童子問」（「盧陵歐陽文忠公全集」，卷七六；孝思堂藏板），卷三，頁一－一八。

⑤熊十力，「中國歷史講話」（台北：明文，民國七十三年），頁八一。

⑥方東美，「中國哲學之精神及其發展」（孫智燊中譯）上冊（台北：成均，民國七十三年），頁一四五。

⑦論語：公冶長。

⑧參看衞海慕（Hellmut Wilhelm），「天地人之互動關係」，見「易經中的天地人」

(Heaven, Earth, and Man in the Book of Changes)(Seattle Univ. of Washington, 1977），頁一五一—六三。衛氏在另一處說：易傳首先要討論的，是人在宇宙（由天地所泛指）中的地位與角色（頁五二）。

⑨見「周易乾鑿度」（「四庫全書珍本別集」第十三號；台北：商務），頁一。

⑩鄭玄，「易論」；引於孔穎達，「周易正義」，卷首，頁二。

⑪這裏是就鄭玄以「易簡」表示「容易簡單」而言。這種解法直至三國虞翻、清儒惠棟皆從之。程石泉先生批評此說，並以「易簡」表示「時間與空間」。程說值得進一步研究，見「易學新探」（台北：文行，民國六十八年），頁一五二—五三。

⑫根據鄭玄的「周易乾鑿度」注解，我們發現鄭氏對第一義的「易」字的理解着重於「易」的效用，因而非常接近道家的「無爲」觀念。參看「周易乾鑿度」，頁一。

⑬論語：衛靈公。

⑭論語：爲政。

⑮周簡子此說引於孔穎達「周易正義」，卷首，頁三。

⑯例如，程石泉，頁六七—六八。

⑰錢鍾書對易之三義有不同的理解。他把「不易」與「易簡」放在同一範疇，與「變易」相對應。基本上，這仍是從兩個相反相成的角度來理解「易」。見錢氏，「管錐篇」卷一，頁六一—七。

⑱衛理查（Richard Wilhelm）對此有詳細討論；見「易經演講集」（Lectures of the I Ching）（Princeton；Pinceton Univ,1979），頁八，衛氏說：「這大生（乾）與廣生（坤）兩大原理，是現實世界上基本的兩極……但是我們必須時常記住：它們只是意象，而不是嚴格固定的東西；它們的功用是要讓人由之推出各種思想。」

⑲張岱年認爲，「太極」概念代表一種素朴的唯物論。張氏，「論易大傳的著作年代與哲學思想」，「中國哲學」卷一（一九七九），頁一二八－三一。這種定名，以及他稍後用來形容「繫辭」格式的「唯心論」，在本文看來並無多大意義。

⑳方東美，「中國哲學之精神及其發展」（上册），頁一五〇－五一。

㉑參看衛海慕，頁一九三－九五。

㉒傅佩榮，「左傳國語中的天概念研究」，見「哲學與文化月刊」十一卷，九期（民國七十三年九月），頁一四。

㉓如「在天成象，在地成形，變化見矣」（繫辭上）。

㉔如「古者包犧氏之王天下也，仰則觀象於天，俯則觀法於地」（繫辭下）。繫辭傳顯然認爲自然界是可理解與可掌握的。參看劉百閔，「周易繫辭傳認識論的考察」，「東方研究學報」卷二，期二（一九五五），頁二一六－五五。

㉕參看方東美，「中國哲學」，頁一四六。

㉖參看衛海慕，頁三九。他說：以「生」爲「天」的用法旣頻繁又重要，簡直是「創造性」概念的基本要素，因此「乾」字經常可以直譯爲「天」。

㉗方東美以易經的「生生」一詞與懷德海（A.N. Whitehead）的"creative creativity"參照發明，並擧戴震「原善」所謂「生生者，化之原；生生而條理者，化之流。」說明萬物皆「存乎創造變易之歷程中，而生生不已，新新相續」（方著，頁一五五—一五六）。這種「歷程卽實在」的解釋正可點出易經的基本觀點。

㉘衛海慕提出類似的解釋。他認爲這段話顯示三種力量（卽天、地、人）的性質「絕不是定死的或互相排斥的」（頁一五二）。

㉙方東美，「中國哲學」，頁一四六。

㉚天人之間的協同合作於此顯然可辨。見張岱年，頁一四〇。

㉛關於詩經書經中「天命」有常無常的問題，參看傅佩榮，「詩經書經中的天帝觀研究（下）」，「哲學與文化月刊」十一卷八期（民國七十三年八月），頁四〇—四一。

㉜關於古人以天爲「主宰者」與「審判者」，詳細討論見傅佩榮，「詩經書經中的天帝觀研究（上）（下）」，「哲學與文化月刊」十一卷七期、八期（民國七十三年七月、八月）。

㉝像「必有」這種堅定的語氣充分顯示古人的深刻信念。但是它也反映了時移勢易的緊張心理。這種心理在同屬儒家經典的「中庸」一書表現得最爲淸楚。「中庸」十七章

秉持傳統的德治理想而主張：「故大德，必得其位，必得其祿，必得其名，必得其壽。」而其結論是「故大德者必受命。」，但是隨即「中庸」在三十章形容孔子的盛德大業臻於極致，却又不曾有過帝王之位。這種張力顯示儒家推陳出新的學說有其時代上及義理上的「必要性」。

㉞儒家重視「成名」，但是更重視所藉以成名的「仁」。詳見傅佩榮，「孔子天論研究（下）」，「哲學與文化月刊」十一卷十一期（民國七十三年十一月），頁四三，註一〇〇。

㉟「雜卦傳」明白以「反」說明「復」。因此，做爲「剝，爛也」的反面狀態，復的含意是「回到善道」。參看高亨，「周易大傳今註」（一九七九），頁六五七。因此，我們同意以復爲「回到原初狀態」，參看南懷瑾、徐芹庭，「周易今註今譯」（台北：商務，民國六十三年），頁四一四。

㊱關於儒家在論語、孟子、荀子、易傳、中庸五部典籍中的人性理論，參看傅佩榮，「人性向善論：對古典儒家的一種理解」，「哲學與文化月刊」十二卷六期（民國七十四年六月），頁二五－三〇。

㊲方東美，「中國哲學」，頁一四七。

㊳參看謙卦彖傳，乾卦文言傳。

㊴繫辭下：「天地設位，聖人成能；人謀鬼謀，百姓與從。」

㊵中國古人相信鬼神與天（或帝）是並存的；鬼神受享人間獻祭，做爲天人中介。至春秋時代，人們相信：㈠鬼神的來源並不神秘，亦即由現實世界的人物轉化而成。㈡鬼神的性格相當確定，亦即兼爲明智與正直，並且「唯德是依」，像天一樣，這是古代德治理想的遺迹。㈢鬼神的功能非常緊要，負責監察國家的命運、國與國之間的締盟、君王的行事、與人民的訴求。參看傅佩榮，「左傳國語中的天概念研究」，頁一一－一二。至於這種鬼神概念如何演變到易傳的鬼神概念，則尚待進一步研究。

㊶張岱年認爲「神」的三義是指：㈠萬物的奇妙變化，㈡人的智慧與品德的最高境界，㈢「卦」在預測未來的神秘作用。見張氏，頁一三三。筆者以㈡㈢兩義合爲一義，因爲聖人的智慧主要表現在貞定未來之吉凶方面。

㊷譬如，「唯神也，故不疾而速，不行而至」（繫辭上）。

㊸參看傅佩榮，「中庸中的天人關係」，「中華易學」六卷三期（民國七十四年五月），頁一一一。

㊹易傳兩次談到與聖人修德有關的話，但是含意都不夠清楚。其一是「聖人以此洗心，退藏於密」（繫辭上）。在此，「洗」字可以解爲「先」，表示「啓明」之意。見高亨，頁五三五、五五二。這一點仍可爭議，見錢鍾書，卷一，頁四六－四七。程石泉認爲「洗」字乃「存」字之誤，意指聖人以仁義存心，亦可參考。其二是「聖人以此齋戒，以神明其德乎！」（繫辭上）在此，「齋戒」一詞可以用來表示尊敬與惕勉之

心態，而不必暗示任何特殊的修行方法。見高亨，頁五三六。

㊺劉百閔認爲，這樣的君子簡直具備康德所謂的「無上道德命令」。見劉氏，頁二五五。

㊻儒家對於「無上道德命令」的信念是十分眞切的。如所周知，孔子主張「殺身成仁」，孟子主張「舍生取義」，荀子也宣稱：「君子畏患而不避義死」（不茍）。易傳肯定君子能「致命遂志」，「中庸」則以眞正的強者爲「國無道，至死不變」（十章）。人這種成全自己到完美境界的要求，正是源自向善的人性。見傅佩榮「人性向善論」，頁三〇。（本文作者哲學博士，現爲台灣大學哲學系教授）

第三篇

六十四卦立體方陣

第三篇　六十四卦立體方陣

黎凱旋

左右四層

13	56	60	1
51	10	6	63
50	11	7	62
16	53	57	4

36	25	21	48
30	39	43	18
31	38	42	19
33	28	24	45

20	41	37	32
46	23	27	34
47	22	26	35
17	44	40	29

61	8	12	49
3	58	54	15
2	59	55	14
64	5	9	52

上下四層

13	36	20	61
56	25	41	8
60	21	37	12
1	48	32	49

51	30	46	3
10	39	23	58
6	43	27	54
63	18	34	15

50	31	47	2
11	38	22	59
7	42	26	55
62	19	35	14

16	33	17	64
53	28	44	5
57	24	40	9
4	45	29	52

前後四層

13	36	20	61
51	30	46	3
50	31	47	2
16	33	17	64

56	25	41	8
10	39	23	58
11	38	22	59
53	28	44	5

60	21	37	12
6	43	27	54
7	42	26	55
57	24	40	9

1	48	32	49
63	18	34	15
62	19	35	14
4	45	29	52

六十四卦立體方陣，屬於易之四階立體方陣，既可用二元符號作圖，也可用十進數作圖，為了大家的習慣，特先用十進位阿拉伯數字，說明作圖的過程。

一、四階立體方陣的要義

易之四階立體方陣的性質，大致與其它各階立體方陣相通，尤其與各階偶數立體方陣更相近似。奇數與偶數立體方陣的差異，約有五點：

其一、各階奇數立體方陣，都有一個「中數」或中心數字，且只有一個中數；而各階偶數立體方陣，則都沒有一個「中數」，如果要勉強一點的話，就只有找出其中心八組數的平衡值，作為一個假想的「中數」。

其二、各階奇數立體方陣—諸如三階、五階、七階、n階奇數立體方陣，到目前爲止，尙少有人能作出「完全立體方陣」；相反的，各階偶數立體方陣──諸如四階、六階、八階，n階偶數立體方陣，大都可以作出「完全立體方陣」。

其三、各階奇數立體方陣，無論在原理原則方法技巧與應用方面，都大致與易之洛書（九宮）相通，尤其在作圖的方法方面，可用洛書（九宮）的「馬和砲」方法，直接作出各階奇數的平面與立體方陣；而各階偶數立體方陣，則與各階偶數平面方陣一樣，變化較多，須同時使用中國象棋的馬、砲、士、象四者之步法。

其四、各階奇數立體方陣，一般都是使用十進位的自然數，而沒法全部使用陰（--）與陽（—）、或零（0）與一（1）的二進位符號，諸如三階立體方陣就只使用二十七組從一開始的正整數，而設法全部使用二之五次方（$2^5=32$）的三十二卦；相反的，各階偶數立體方陣，除了可使用十進位的自然數以作圖外，有的也同時可以使用陰與陽或零與一的二元符號以直接作圖，諸如下文所要介紹的「六十四卦立體方陣」等等。

其五、在作圖的難易方面，如果是使用中國傳統的方法，運用算籌或「數子」直截了當的去作圖，則作各階奇數的平面方陣，可使用洛書的「馬和砲」步法，一以貫之，卽一筆就可以作出來，眞是簡易極了；而作各階偶數的平面方陣則比較複雜，因須同時使用「馬砲士象」的步法。至於作各階立體方陣，則反過來作偶數階立體方陣比較簡易，因為你只要懂得作各階偶數平面方陣，同樣就可以作出各階偶數立體方陣了。

其六、四階立體方陣其任何一層之橫行、縱行四組數，皆必須是一三○而相等，但平面上對角綫四組數之和則不必皆相等，而立方體四條主對角綫之和則相等。

易之四階立體方陣的範圍，除了完全立體方陣與超立體方陣暫不論列以外，本文試介紹㈠一般四階立體方陣、㈡特殊四階立體方陣、㈢六十四卦立體方陣共三種於次文。

二、一般四階立體方陣

四階立體方陣一般是由六十四組自然數（十進法）或六十四卦（二進法）所推演（今稱排列與組合）而成，其任一平面上都有十六組數，因此也可以說成四之三次方（$4^3=64$）。正由於任一平面上都是十六組數，所以作四階立體方陣時，也與作三階立體方陣一樣，不妨先作出幾種中國式的「數子表」，以得出每十六組數的平衡值，然後依次作出四個四階的平面方陣，重疊起來就是四階立體方陣了，眞個信手拈來，毫不費力。特先介紹一般四階立體方陣的作圖步驟和方法：

第一步：先使用孔子繫易「往復道也」的方法，把六十四組先天數（即今自然數），一往一復的排列成若干「數子表」，使每一縱行十六組數之和皆為五二〇而相等。亦即先求出「六十四組數之四等分」。據今電腦統計，四階平面方陣共有八八〇圖

甲表子數(一)

1	2	3	4
8	7	6	5
12	11	10	9
13	14	15	16
20	19	18	17
21	22	23	24
25	26	27	28
32	31	30	29
36	35	34	33
37	38	39	40
41	42	43	44
48	47	46	45
49	50	51	52
56	55	54	53
60	59	58	57
61	62	63	64

往復道也

乙表子數(二)

1	2	17	18
4	3	20	19
6	5	22	21
7	8	23	24
10	9	26	25
11	12	27	28
13	14	29	30
16	15	32	31
50	49	34	33
51	52	35	36
53	54	37	38
56	55	40	39
57	58	41	42
60	59	44	43
62	61	46	45
63	64	47	48

往復道也

丙表子數(三)

1	2	5	6
4	3	8	7
14	13	10	9
15	16	11	12
18	17	22	21
19	20	23	24
29	30	25	26
32	31	28	27
34	33	38	37
35	36	39	40
45	46	41	42
48	47	44	43
49	50	53	54
52	51	56	55
62	61	58	57
63	64	59	60

往復道也

，則利用每一種不相同的「數子表」，皆可以作出大約八八〇種左右不等價的四階立體方陣。

第二步：次將數子表㈠中的縱行各十六組數，依照宋儒楊輝續古摘奇算法一書裡的「陰圖」（四階方陣）之綫迹（即中國象棋的馬砲士象法），先作出一個四階的平面方陣如圖㈣，然後再依其迷宮綫迹作出四個四階的平面方陣如圖㈤：

㈣楊輝陰圖

4	9	5	16
14	7	11	2
15	6	10	3
1	12	8	13

四四方陣

十六迷陣

㈤楊輝法

13	36	20	61
56	25	41	8
60	21	37	12
1	48	32	49

14	35	19	62
55	26	42	7
59	22	38	11
2	47	31	50

15	34	18	63
54	27	43	6
58	23	39	10
3	46	30	51

16	33	17	64
53	28	44	5
57	24	40	9
4	45	29	52

第三步：再將圖㈤的四個平面方陣，其上層與底層的兩個「原地不動」，把中間的兩層調整方位——上下交換、各轉一百八十度，這就完成了一個四階立體方陣如圖㈥。按圖㈤已完成作一個四階立體方陣的四個平面圖，因其每一平面上的各縱行、各橫行四數之和皆為一百三十，但把四個平面圖重疊起來，則1 2 3 4 61 62 63 64等等都在一條直線上，而不合立體方陣的要求，所以必須有調整方位的一番手續，此亦天理自然之至妙至妙也。

㈥立體方陣甲

13	36	20	61
56	25	41	8
60	21	37	12
1	48	32	49

51	30	46	3
10	39	23	58
6	43	27	54
63	18	34	15

50	31	47	2
11	38	22	59
7	42	26	55
62	19	35	14

16	33	17	64
53	28	44	5
57	24	40	9
4	45	29	52

又試將數子表㈡的縱行各十六組數，依照「蟹座方陣」的綫迹，也先作出一個四階的平面方陣如圖㈦，然後再依其迷宮綫迹作出四個四階的平面方陣，並將中間的兩個各運轉一百八十度，於是又完成了第二個四階立體方陣如圖㈧：

(七)蟹座方陣

13	2	3	16
8	11	10	5
12	7	6	9
1	14	15	4

四四方陣

蟹行迷陣

(八)立體方陣乙

57	4	6	63
16	53	51	10
56	13	11	50
1	60	62	7

8	61	59	2
49	12	14	55
9	52	54	15
64	5	3	58

23	46	44	17
34	27	29	40
26	35	37	32
47	22	20	41

42	19	21	48
31	38	36	25
39	30	28	23
18	43	45	24

三、特殊四階立體方陣

這裡所要介紹的特殊四階立體方陣，並不是指的「完全立體」與「超立體方陣」，而是由我在作圖時所發現的：運用「變體方陣」的迷宮綫迹，所作出來的一般性四階立體方陣。

我在作四階方陣的嘗試過程中，曾發現一種近似菱形的作圖方法，不但方法簡易，而其所構成的幾何圖也非常美麗，但它並非絕對的菱形，也並非等邊與等角的四邊形，倒活像帆船上所揚起的風帆，因此我就稱它爲「揚帆方陣」如圖(九)：

(九)揚帆方陣

12	7	9	6
13	2	16	3
8	11	5	10
1	14	4	15

四四方陣

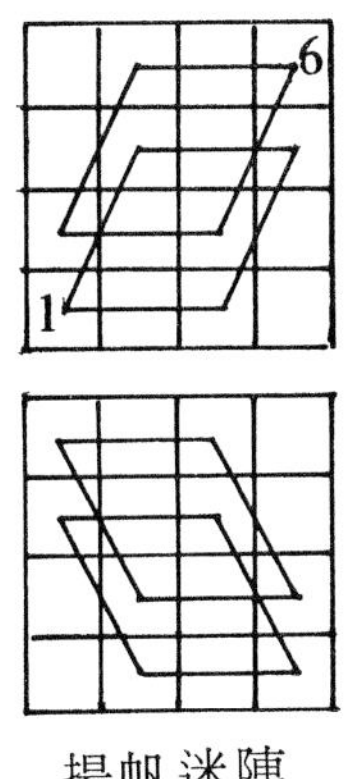

揚帆迷陣

我也曾使用六十四數的「數子表」，希望依據「揚帆方陣」的迷宮綫迹，推衍出一種四階的「揚帆立體方陣」，可是轉來轉去，費盡了九牛二虎之力，也沒有得到成功！

易道有所謂「窮則變，變則通」，我於是又把「揚帆方陣」轉化成「變體方陣」中的「奎星方陣」如圖(十)，又使用「數子表」(三)的平衡數，却很順利的作出了一個一般性的四階立體方陣如圖(十一)：

(十)奎星方陣

12	6	11	5
13	3	14	4
8	10	7	9
1	15	2	16

四四方陣

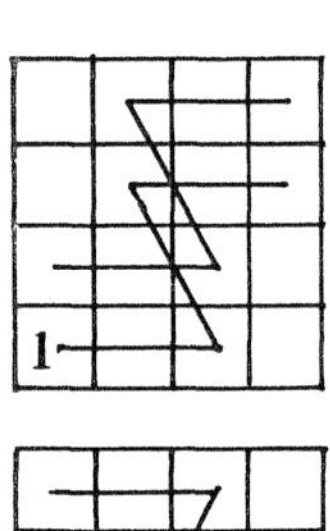

奎星迷陣

(十一)立體方陣丙

48	19	45	18
49	14	52	15
32	35	29	34
1	62	4	63

17	46	20	47
16	51	13	50
33	30	36	31
64	3	61	2

44	23	41	22
53	10	56	11
28	39	25	38
5	58	8	59

21	42	24	43
12	55	9	54
37	26	40	27
60	7	57	6

前文中若干語辭，略作解釋：(一)圖(四)宋儒楊輝書的四階方陣「陰圖」，似是針對偶方陣而命名，參見拙作「易數淺說」220頁甲、乙兩圖。(二)圖(七)的「蟹座方陣」，是西元一五一四年（相當中國明武宗正德十年）德國畫家阿爾伯勒特．丟勒爾所作，其下列以中間「15 14」兩組數結合作圖年代，甚見巧思，參見「易數淺說」219 220兩頁，特命名為「蟹座方陣」，以象蟹座星雲——即中國二十八宿南方朱鳥七宿中的「鬼宿」

。㈢所謂「變體方陣」，宋代以後稱「變體圖」，即方陣中的數字每一縱行、橫行之和皆相等，而對角綫上的數字之和則有的不相等，參見「易數淺說」217頁八圖。㈣圖㈩的「奎星方陣」，以象二十八宿西方白虎七宿中的「奎宿」。

四、六十四卦立體方陣

任何一種四階或六十四數的立體方陣，均可由十進數轉化成二進數的六十四卦立體方陣。反過來說，任何一種四階或六十四卦的立體方陣，也均可由二進數轉化成十進數的六十四數立體方陣。

它的作圖方法是：先把從1 2 3到64的六十四組自然數，配以從䷀（乾）、䷪（夬）、䷍（大有）到䷁（坤）的伏羲先天六十四卦（見周易本義等），或倒轉過來相配也可以；然後依次把六十四卦塡入四階的立體方陣中。這就成爲六十四卦立體方陣了。例如把圖㈧轉化成圖(十二)：

(十二)立體方陣丁

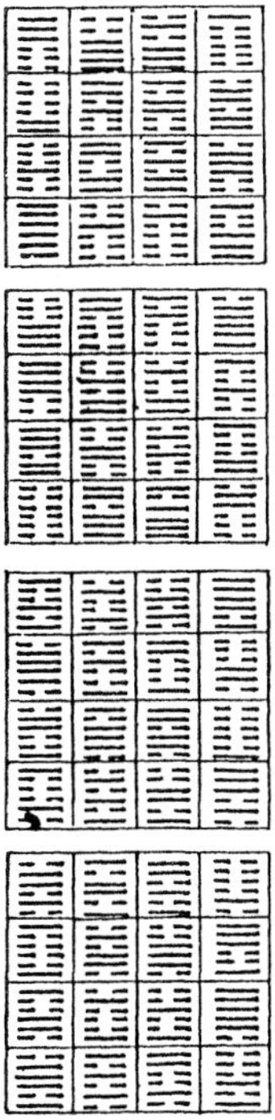

近人研究易學，往往對伏羲先天八卦、先天六十四卦與文王後天八卦、後天六十四卦，或對伏羲先天易數與文王後天易數，混淆不清，以致發生錯亂！須知先天卦與後天卦的符號、卦名、卦象、卦理都完全一致，所不同的地方，就只在卦的次序與數的次序而已。

因爲先天六十四卦是以乾一、夬二、大有三……坤六十四爲次序，此孔子繫易所謂「數往者順」也；倒轉過來則以坤零、剝一、比二……乾六十三爲次序，卽孔子繫易所謂「知來者逆」也。順數就是中國傳統的先天數，逆數就是西洋所稱的自然數——也就是現今電腦所使用的二元數值。

而文王重新訂定後天六十四卦的次序，却是按照陰陽錯綜的數理，兩卦兩卦的相匹配，諸如乾䷀配坤䷁（錯卦）、屯䷂配蒙䷃（綜卦）……旣濟䷾配未濟䷿（綜卦）等等，却無法與現今的電腦數值之次序相吻合。

至於作六十四卦的平面方陣與立體方陣，則都必須使用先天六十四卦的數序，否則就推演不出來。（本文作者爲中華民國易經學會理事長）

第四篇

周易人生觀

第四篇　周易人生觀

胡樸安

屯

乾爲天。坤爲地。屯爲人。乾坤屯。卽是天地人。讀易者熟玩三卦。於易道思過半矣。乾坤雖爲天地。而所言皆是人事。蓋人爲天地之中心。非人無以見天地也。但乾坤言人事。讀易者皆知之。屯言人事。讀易者或不甚注意。何以故。六十四卦皆言人事也。不知他卦據一二事以言。屯卦則言其總也。屯卦以☳☵兩卦而成。震爲動。坎爲險。人生艸昧之世。動於險難環境之中。人稟天地之氣質以生。一樣如乾坤兩卦。有元亨利貞四德。惟雖有本然之善。爲險難之環境所蔽。故曰元亨利貞勿用。人是動物。應付險難之環境。必奮鬥始可以生存。原始世界如是。現在世界亦如是。未來世界亦如是。但必有計畫的奮鬥。其奮鬥始能成功。以個人之奮鬥言。心理爲之主。以團體之奮鬥言。首領爲之主。故曰。有攸往。利建侯。有攸往者。動乎險中。與環境奮鬥也。利建侯者。爲有計畫之奮鬥。世界處處是危險。人生當時時爲有計畫之奮鬥。故曰。天造艸昧。宜建侯而不寧。建侯而不寧者。侯當努力以寧不寧之社會。而自身無一刻之寧也。

禮記中庸云。天命之謂性。率性之謂道。道者人道。人道有二。一家庭之組織。二生活之努力。二者皆人生一日不可離者。禮記中庸曰。道也者不可須臾離也。可離非道也。初九盤桓。以人道的險難。而有此進退不定之象。必正以居心。爲有計畫之奮鬥。故曰利居貞。利建侯。此爻言人道之總也。居貞建侯。家庭的組織。未必卽時可以告成。故有屯如邅如乘馬班如之象。初九之盤桓。指存於心者而言。此爻則指見於行者而言。心旣有主。處險難之環境而爲寇者。當可變而婚媾。惟是組織家庭。非一時可以鞏固。更非一時可以安寧。居貞建侯。終必可以成功。故曰。女子貞不字。十年乃字。此爻言夫婦未定。居處不寧也。家庭組織以後。食的問題。不僅重要。而且急要。若心無所主。毫無所得。故曰卽鹿无虞。惟入于林中。若心有所主。而有計畫。見幾而作。或卽虞舍鹿。或卽鹿舍虞。非然此。必一無所得也。故曰。君子幾如不舍。往吝。此爻言田獵無所得。生活不安寧也。六二女子貞不字。夫婦尚未定。六四乘馬班如。往來以求之。而夫婦可以定矣。故曰。求婚媾。往吉无不利。此爻言求婚媾以定夫婦也。家庭告成。生活粗安。屯其所得之食物。以爲己有。只知一己之利。不知公衆之利。故曰。屯其膏。小貞吉大貞凶。此爻屯積以維持一己之生活。所見不大也。只知屯積以維持一己之生活。而不奮鬥。勢必墮落。故曰乘馬班如。注血漣如。此爻言安其居處。樂其生活。不可長久也。

屯卦三言乘馬班如。六二之乘馬班如。處險難之世。心有所計畫。遲廻不進之象。故象曰六二之難。乘剛也。六四之乘馬班如。言往來求婚媾也。故象曰。求而往明也。上六之乘馬班如。言安居飽食。已久。墮落而不進也。故曰何可長也。

熟玩屯卦。知世界常在險難之中。決無有可以安寧之一日。知人生當刻刻努力。決無有可以不奮鬥之一日。彖辭利建侯而不寧一句。說盡過去現在未來的世界險難的形狀。以團體言。無論酋長時代。君主時代。民主時代。必擁戴一人爲之主。此利建侯也。惟是侯之勢力愈大。其危險性愈大。此不寧也。且陽爲善。陰爲惡。人稟陰陽之氣以生。不能有善而無惡。亦不能有惡而無善。此所以宜建侯而不寧。惟乾卦六爻純陽。有善無惡。故曰見羣龍无首吉。坤卦六爻純陰。有惡無善。故曰龍戰于野。其血玄黃。此言陰與陽交開屯之局。若純用六。陰而無陽。靜而不動。而乾坤息矣。故象曰。以大終也。以個人言。儒家之正心修身齊家治國平天下。佛家之自覺覺他覺行圓滿。皆是宜建侯而不寧。問曰。覺行圓滿。可以寧矣。何以不寧。答曰。世界無盡。衆生無盡。佛度人之心亦無盡。此所以不寧也。

蒙

蒙是教育人民之卦。蒙者幼也。由幼而長。蒙者愚也。由愚而明。故曰。蒙亨也。蒙之所以亨者。以有教育啓發之強迫以教之。不如因其自己的需要以教之收效之巨。故曰。匪我求童蒙。童蒙求我。盖一則兩意不相投。一則兩志相應也。若自己不努力。雖教亦無益。孔子所謂不憤不啓。不悱不發是也。所以不努力之人民。卽不教待其自覺。孟子所謂不屑教誨者。是亦教誨之是也。故曰。初筮告。再三瀆。瀆則不告。教育原理如是。要當隨時應變而善用之。非一成不易也。

蒙卦以☶☵兩卦而成。艮爲山。坎爲水。又爲險。故曰山下有險。險而止。蒙。此原始時代人民愚昧之象也。人有天然之動性。雖則險而止。自能動而亨。何以能亨。以謀求生活之道行之而得其中。故曰以亨行。時中也。人民各自謀生活。領袖只教以謀生活之道。故兩志相應。故曰。匪我求童蒙。童蒙求我。志應也。領袖爲人民之中心。自有教育人民之志願與其責任。故曰初筮告。以剛中也。若人民不自努力。卽不再三吉之。若再三不倦。致引起人民之反感。故曰再三瀆。瀆則不告。瀆蒙也。教育當並施。教是督責的。育是涵養的。蒙之時。不僅以教督責其善。又當以育涵養其善。故曰、蒙以養正。聖功也。

象辭山下有險。險而止。蒙者。指原始時代之環境而言。是空間也。大象山下出泉蒙者。指原始時代之人民而言。是時間也。教育雖是改變空間時間。而究竟看重時間。因時間可以改變空間。山下出泉。是水之始。卽人類之始。亦卽社會之始。果行。皆責人民之行。教也。育德。涵養人民之德。育也。各個時代之空間不同。皆隨各個時代之時間而進步。果行育德之方法不同。果行育德之原理則一也。發蒙、包蒙、困蒙、童蒙、擊蒙、雖寬猛隨在而異。皆所以果行育德也。

初九發蒙。利用刑人。以說桎梏。對于無知識之人民而啓發之。刑之正所以敎之也。蓋其桎梏於惡習慣之中。不刑不足以說其習慣。故象曰。利用刑人。以正法也。無知識之人民。所以當用法治也。九二包蒙。寬以濟猛。敎以組織家庭。以安居處也。納婦吉者。夫婦配合。組識和好之家庭。子克家者。家庭鞏固。生有克家之子也。六三。敎以組織家庭。當以正當之配合。以男的一方面言。不可取不成年之女。以女的一方面言。不可只知有錢之男。故曰。勿用取女。見金夫。不有躬。无攸利。六四困蒙吝。組織家庭之後。生活之困特甚。因其窮吝而奮鬥。則困之正所以敎之也。六五童蒙吉。言蒙而安于童。聽上之敎訓。所以吉。故象曰。童蒙之吉。順以巽也。上九擊蒙。言敎育之後不爲寇而禦寇。孔子所謂善人敎民七年。可以擊我是也。故象曰。利用禦寇。順以巽也。

熟玩蒙卦。不僅愚昧之人民。當如此敎育。吾人迷蒙于物質享受之中。欲說物質之桎梏。當以戒爲入手。佛家之不殺生、不偸盜、不邪婬、不妄語、不飮酒之五戒。儒家之色鬥得、衣食住、言行之八戒。皆以戒爲入德之門。此初六發蒙。利用刑人。用說桎梏也。一方面要減省物質享受。一方面收吸物質文明。尤要東方精神文明。與西方物質文明結婚。產生新的文明。此九二包蒙吉。納婦吉。子克家也。與西方物質文明結婚。當學其精粹。勿學其皮毛。勿徒羨他人之物質。忘記自己之精神。此六三勿用取女。見金夫。不有躬。无攸利也。東方精神文明。與西方物質文明結婚。非刻苦研究。不能產生新的文明。坐若忌。行若遺。偏乎其若思。茫乎其客迷。此六四困蒙吝也。日知其所亡。月無忘其所能。眞積日久。一旦豁然貫通。若禹之行水。行其所無用。自然而獲。此六五童蒙吉也。學問是個人之生活。政治是大衆之生活。學以致用。不是侵略他國之生活。是保護己國之生活。此上九擊蒙。不利爲寇。利禦寇也。

需

需是飲食之卦。需之義有二。以卦材言。雲上於天。下而爲雨。雨澤下潤。飲食以賴。是需要之義。以卦象言。雲上於天。將雨未雨。雖能潤物。須立以俟。是需待之義。合二義以言人需要于飲食。飲食需要于雨。將雨未雨。不能不需待也。蒙卦之坎爲險。爲水。山下有水險。險而止。蒙。山下出泉。蒙幼之義也。需卦之坎爲雲。爲水。雲上於天。雲興將雨。涉大川以耕種。飲食需要水也。二爻需于沙。三爻需于泥。皆是涉大川以前之事。需須也。險在前也。然險義不重要。學者需于沙需于泥。皆以險釋之。非是。

以飲食之道教人。待時以動。而人信之。需之義也。前途光明而亨通。故曰光亨貞吉。利涉大川者。言人之行動。不可貿然前進。必如需之有孚光亨貞吉。然後利涉大川也。

需者待之義。何以故。以險在前。不可貿然進也。必內審于己。有剛健之才德。外審于勢。有不陷之把握。其事不困。其義無窮。先難而後獲。處事之要。此所以需有孚光亨貞吉也。必中正自處。位乎天位。自然往而有功。利涉大川也。

天位者自然之位。位乎天位。立于自然之位也。

需以☵☰兩卦而成。坎爲雲。乾爲天。坎上乾下。雲上于天之象。將雨未雨。是需之義。耕種需水爲灌溉。此所以能飲食宴樂也。

需于郊。耕作工作之開始。以前田獵生活。往往犯難而行。今則不犯難而行矣。惟是耕種生活。雖不犯難。必恒心恒德。不失其常。始可無咎。

需于沙者。無水不可耕種。需待于沙地。沙地者水在地中行。故象曰。衍在中也。不能耕種。故小有言。雖需留以待。終努力進行。故終吉。

需于泥致寇至者。泥可耕種之地。需以泥地而耕種。以致覬覦之人來刼略。故曰致寇至。是外來之寇。不是自己之惰。故象曰災在外也。外來之寇。只要敬（同警）愼以防之。故象曰敬愼不敗也。

需于血出自穴者。外寇既至。必有殺傷之事。故曰需于血。禾尙未少穫。必出穴防之。敬順（同愼）以待。故象曰。順以聽也。儀禮注。聽猶待也。

需于酒食貞吉者。收穫開始。可以飲食宴樂。故曰需于酒食。以中正之才德。成中正之事業。是以貞吉。故象曰酒食貞吉。以中正也。入于穴。有不速之客三人來。敬之終吉者。收穫既畢。藏于穴中。

有不速之客三人來行竊。故曰入于穴。有不速之客三人來。馬融注。速召也。五爻皆言需。此爻言入。收穫既畢。毋庸需也。有來行竊者。必其無禦之之能力而生行竊者之心。然敬愼以防之。亦終吉也。故象曰。雖不當位未大失也。不當位者。無禦之之能力不當家主人之位也。未大失也者。猶能敬愼以防之故未大失也。

熟玩需卦。不僅飲食之道如是。修身養心之道。亦當如是。需有二義。一需要義。卽修身養心之需要也。一需待義。卽修之養之之功。不能一時可成。需待也。必確知修身養心之需要。而需待修之養之之成功。所謂理可頓悟。事必漸修也。象辭剛健而不陷。其義不困窮矣二句。此處需最要義。居任何環境之中。前途皆有無限光明。何以故。剛健而不陷也。修養的初步。必先發有恒心。恒心先在初者。愼終于始也。此初九需于郊利用恒无咎也。修養的第二步。毫無所獲。必有許多內心之矛盾與行爲之不習慣。恒心不變。不可稍懈。修養之功必成。此九二需于沙。小有言。終吉也。修養的第三步。略有所見。必有許多世俗之事。擾亂身心。此九三需于泥。致寇至也。此三爻皆是修養時之需。自體剛健。愼終于始。而能用恒。所以光亨貞吉也。戰勝世俗之紛擾。身心脫然于世俗紛擾之中。此六四需于血。出自穴也。修養之功告成。身心泰然自足。此九五需于酒食。飲食貞吉也。修養之功。雖已告成。而無始之貪瞋癡。尚潛伏于自心之內。未曾去淨。雖脫然於世俗紛擾之中。仍不免稍有世俗之慮。此慮非自外來。而由內來。敬以直內。始終不懈。此上六入于穴。有不速之客三人來。敬之終吉也。此三爻皆是修養以後之需。著重一敬字。需卦六爻。以恒始。以敬終。無時不恒。無事不敬。初則无咎。終必吉也。

訟

訟卦是飲食相爭而訟之卦。以飲食之道敎民。而民信之。訟則民信窒矣。故曰訟有孚窒惕。中吉者。有訟者。有聽訟者。因聽訟之中正。訟者有惕于中。故吉。終凶者。訟究竟是凶事。故終凶。利見大人者。見大人以公言判斷也。不利涉大川者。在訟時不可涉大川前往也。

乾剛在上。坎險在下。不僅險而又強健。是以有訟。故曰上剛下險。險而健訟。剛來而得中。有兩義。就訟者言。剛正以自持。有惕于中。就聽訟者言。得剛正之君來判斷。使訟者亦有惕于中。或無剛正之聽訟者。或有剛正之能聽訟者。而訟者不自惕。訟不可平。是以終凶。成、平也。尚中正也者。見中正之大人而判斷之。是以利也。入于淵也者。訟不可平。前途險處必多。涉大川而前往。必入於淵也。

訟卦以☰☵兩卦而成。乾爲天。坎爲水。乾上坎下。天上行。水下行。天與水違行也。天與水違行。是不雨之象。則飲食卽發生問題。以飲食之故相訟。君子知訟之緣起。由於飲食。所以作事必謀始。謀始者謀解生活問題也。個人之生活不安定。則個人之事卽不能作。一國之生活不安定。

則一國之事卽不能作。古代如是。今日亦如是也。倉廩足而知禮節。衣食足而知榮辱。無衣無食之人民。必先謀所以安定之。此孟子所謂救死而恐不贍。奚治禮義也。君子觀天與水違行訟。作事必以安定人民之生活爲始。此孔子告冉有爲政之問。所以先富後教也。

初六。不永所事。小有言。終吉者。飲食爭鬥之事。不久卽息。尚未成訟。故象曰。訟不可長也。彼此雖小有言。以辯而明。故象曰。其辯明也。此個人之訟也。

九二。不克訟。歸而逋。其邑人三百戶无眚者。甲團體之長。與乙團體之長相訟。見大人而求其判斷。其訟不勝者。歸而逋逃。自身雖有過。其邑人三百戶則无眚。患由自取。故象曰。患至掇也。掇、取也。此團體之訟也。

六三。食舊德。貞厲終吉者。歸而逋竄。是畏罪而逃也。若能從上之命。服稼穡之常。食其食而事其事。雖厲終吉。故象曰從上吉也。若不從上。仍自爲主。而從王事。必无成也。此言酉訟敗後。當安其舊有之業也。

九四。不克訟。復卽命渝。安貞吉者。不克訟之後。復其本位。命、本位也。受其行爲。安舊有之事業。必無所失而吉。故象曰。不失也。此酋長訟敗後。能安其舊有之業也。

九五。訟元吉者。前四爻指訟者言。後二爻指聽訟者言。聽訟之主。以中正之德。解決一切爭鬥之事。所以元吉。故象曰。訟元吉。以中正也。

上九。或錫之鞶帶。終朝三褫之者。聽訟者以一時之忽略。或誤認訟者之善。而錫之鞶帶。不終朝卽知其誤而三褫之。予奪一秉惟公。仍不失爲中正也。至訟者以詭辯而勝。雖有欺人之慧而無自立之德。故象曰。亦不足敬也。五六兩爻皆言聽訟者之中正也。

熟玩訟卦。吾人處亂世。欲撥亂而反之治。應當如是。何以言之。世界一切。皆是精神與物質兩種構造而成。精神是微妙而不易知的。物質是危險而不可止的。精神何以微妙。剛而上行。故微妙也。物質何以危險。陰而下行。故危險也。妙微不易領會。危險而又強健。此世之所以亂也。亂事已成。一時不可平復。擧世迷惘于質物之中。若以物質救物質。是以水救水。以火救火。名之曰益多。惟有自惕于中。以精神修養。潛移默化。以一己中正之精神。養成大衆中正之精神。若恃物質之發達。一往直前。必陷於物質之深淵不可復出。君子處亂世。欲撥亂而反之治。當知亂之所由起。而謀其始也。

立脚於精神之點。喚醒世人。不專從事於物質之發展。必來一般人之反對。物質的危險。惟有以精神救之。雖無一時煊赫之功。必獲永久和平之福。此初六不永所事。小有言。終吉也。

精神之論。不能戰勝物質之論。暫且退而自默。以謀後効。孳孳不懈。雖不能遽得多數人的信仰。而少數信從的人。必各得精神上之怡樂。而無物質危險之禍。此九二不克訟。歸而逋。其邑人三百戶無眚也。

受物質文明的痛苦。必有少數人捨物質之新。而回到精神之舊。如美杜魯門總統。以道德救世是。以精神救物質。其初雖難。其終必吉。此六三食舊德貞厲。終吉也。精神之修養。不能戰勝物質之享受。當復其天命之性。變其率性之道。安其修道之教。必能撥亂世而反之治。此九四不克訟。復卽命。渝安貞吉也。以一己中正之精神。潛移默化。養成大衆中正之精神。使人人皆能以精神之修養。戰勝物質之享受。此九五訟元吉也。精神修養。初告成時。或有外來之物質。紛擾吾心。或有自心之物質。紛擾吾心。必尅治而棄之。始能得精神養之完全。此上九或錫之鞶帶終朝三褫之止。

師

師是行師解決兩團體互相爭鬥之卦。師者衆也。貞者正也。丈人者行師之主也。吉无咎者。於事則吉。於理則无咎。兩團體之互相爭鬥。非訟可以解決。必以師解決之。故曰。能以衆正。解兩團體相爭鬥。卽可以爲兩團體之共主。故曰可以爲王矣。以剛中之德。來民衆之應。雖行險道。而順民心。以此帥師督正天下。此所以吉无咎也。有吉而有咎者。事雖吉。理則有咎。有无咎而不吉者。理雖无咎。事則不吉。吉无咎。乃盡善盡美矣。

師卦以☷☵兩卦而成。坤為地。坎為水。地中之所有。以水為最多。故曰地中有水師。君子觀地中有水之象。法地之博厚容民畜衆。水之所赴無不容。水之所聚無不畜。此所以能為民衆之主也。

初六。師出以律。否臧凶者。此言出師之始也。出師當以律。觀律以整齊民衆。若失律不善。則凶。一說失律雖善亦凶。讀否字絕句。亦通。故象曰。失律凶也。

九二。在師中。吉。无咎。此言在師之中也。在師之中。不僅貴有剛德。尤貴有中德。以中德帥師。既得人歸。必獲天祐。故吉无咎。故象曰。承天寵也。王三錫命者。王即帥師之丈人。錫命其未加入戰爭之團體。使之來歸。故象曰。懷萬邦也。

六三。師或輿尸凶者。言戰時一部分之敗也。此一部分戰敗。輿無功而凶。故象曰。大无功也。

六四。師左次无咎者。一部分之師戰敗。全師受其影響而退。師雖左次。而帥師之丈人。能以剛中之德督之。不失其常。所以左次无咎。故象曰。未失常也。

六五。田有禽。利執言。无咎。言師歸途而田也。田有獲。故曰利。因獲余小有爭執。而於師之大體無妨。故无咎。長子帥師。弟子輿尸。貞凶者。長子即丈人。以剛中之德帥師以行。故象曰。以中行也。弟子即六二輿尸之人。才不當位。故象曰。使不當也。此丈人所以吉。弟子所以凶也。

上六。大君有命。開國承家。小人勿用者。此言師歸後正功也。大君即卦辭之丈人。九二之王。六五之長子。師稱丈人。懷萬邦稱王。執言稱長子。正功稱大君。一戰而勝。開國承家。頒布正功之命令。故象曰。以正功也。六二輿尸而敗之弟子。不可再用。用必亂邦。故象曰。必亂邦也。

熟玩師卦。入世與人羣。當識得此意。彖辭剛中而應。行險而順二句。此入世與人羣的扼要語。需彖辭剛健而不陷。只在自己一方面言。未與人羣也。此則不僅剛。而又中。所以能應。於己的一方面言在于剛中。於人的一方面。在于能應。有剛中而應之德。自然行險而順。吾人以此入世。於事則吉。於理則无咎。至於入世與人羣之行爲。在于容民畜衆四字。孔子之見互鄉童子。與其進也。不與其退也。卽容民之意。舜之善與人同。樂取於人以爲善。卽畜衆之意。若疾惡太嚴。絕人太甚者。不能容民畜衆。若自己無剛中之德。而言容民畜衆。鮮不爲外境所轉移。世界險象環生。立予羿之環中。爲衆矢之的。惟剛中而應者。始能行險而順。何以能行險而順。以其能容民畜衆也。

入世之初。事事以規矩行之。雖處極不規矩之世。時時必以規矩自處。而以規矩處人。法律人格。爲起碼的人格也。此初六師出以律。否臧凶也。

入世之際。用一中字。不偏不倚者。空間之中也。無過不及者。時間之中也。合時空以中自處。以中處人。見世界之中。無一人不是可愛的人。無一人不是可憐的人。不辭再三教誨之。此卽九二在師中吉无咎。王三錫命也。

世人大半愚昧。我雖有容民畜衆之心。而有不受我容不受我畜者。此人之自暴自棄。我只有憐之之心。毫無恨之之意。在人爲凶。在我爲无功。此六三師或輿尸凶也。世人不受我之容畜。我則暫時放棄。以爲後日容畜之地。勿操之過急。生其反抗之心。亦勿棄之不願。絕其爲善之路。此六四師左次无咎也。入世與人羣。當以容民畜衆爲事。在此容民畜衆之過程中。必有受我容畜者。亦必有不受我容畜者。我則以剛自處。且能外問之言以省察。此六五曰有禽利執言无咎長子帥師弟子輿尸也。容民畜衆之後。辨別其賢否而教誨之。其有再三教誨而猶不率教者。則摒諸容畜之外。此上六大君有命開國承家。小人勿用也。

比

熟玩比卦。吾人入世與人羣。不僅容之畜之。當要進一步。輔助其生活。整理其秩序。使其互相親比爲事。當一再設誓。以堅羣衆之信。其生活不安秩序不寧之羣衆。自然來相親比。其後而未來者。不安寧而凶。必然之事也。以此可見以力服人者。終不得人之親比也。親比之道。非強迫以致之。出於羣衆自心之順從。羣衆何以有自心之順從。以我有剛中之才。能輔助其生活。整理其秩序。則不獲安寧之羣衆。皆上下相應而來親比。其後而未來者。當是道路遼遠之故。非比主有凶。來比者道窮而凶也。

建萬國親諸侯二句。是比卦之主要義。吾人入世與人羣。雖無建萬國親諸侯之事。而有等於建萬國親諸侯之理。蓋一人不能獨立於世。必人人生活安秩序寧。而我一人始能優游於人羣之中。輔助其生活。是建萬國之類也。整理其秩序。是親諸侯之類也。識得此意。利人卽所以利己。人生於世。當時時以利人爲職務也。

有自信之堅決心。而後始可以言比。比之初。以施爲事。佛家言布施。儒家言博施。佛家之布施。有財施。有法施。儒家雖無財施法施之名。而義則有之。養之、財施也。教之、法施也。倉廩實而知禮節。衣食足而知榮辱。所以比之初。財施先於法施也。禮記大學言。何以聚人曰財。當以財施爲比之入手。終日以財爲施。羣衆爭來親比。他日必可以法施而收教之之效。此初六有孚比之。无咎。有孚盈缶。終來有他吉也。

由內而外。由近而遠。此是儒家修養之程序。親比之事。亦當如是。論語近者悅。遠者來。言外比當先內比也。此六二比之自內。貞吉也。

堯之子丹朱。舜之子商均。皆不與堯舜相親比。論理當先內比。然後可以外比。論事竟有出於理之外者。眞是可傷之事。此六三比之匪人也。

吾人入世與人羣。負有輔助其生活整理其秩序之責任。終不因內有不親比者。而灰心。堯舜不以丹朱商均之不肖。懈惰其仁民愛物之行爲。此六四外比之。貞吉也。

內外羣衆。皆相親比。隱然之心已形有顯然之迹。當實行輔助其生活整理其秩序之事。其輔助整理之工作。不是一次可以告成。一而再再而三。始能完成其工作。表面上雖則是內外羣衆。皆相親比。實則逆而不受比者舍之。順而受比者取之。舍逆取順。則互相親比。無絲毫警誡之心。此九五顯比王用之驅。失前禽邑人不誡。吉也。

比功告成以後。就己的一方面。有剛中之才。無剛中之德。不能爲羣衆之首。就人的一方面言。未曾達到羣龍无首之地步。不可以无首。應當有首而无首。不能終比功之成。此上六比之无首。凶也。

小畜

熟玩小畜卦。當深體畜字之義。比卦之建萬國親諸侯。外畜也。小畜之懿文德。內畜也。外畜之建設。必基於內畜之涵養。密雲不雨。畜之功尚未成也。自我西郊。畜之道自近努力也。

內畜之道。當優游涵泳。本剛中之德。養成溫柔之性。始能直而溫。寬而栗。剛而無虐。簡而無暴。而上下應之。此卽健而巽。剛中而志行也。畜之功未成。上進不已也。畜之道自近努力。不好高務遠。不言大而誇也。

懿文德一句。是小畜卦之主要義。小畜卦是內畜。由內著於外。畜之功始成。文者見於外者也。德者蘊於內者也。有美文而無美德。則虛浮而無體。有美德而無美文。則鄙野而無用。論語所謂質勝文則野。文勝質則史。文質彬彬。然後君子也。懿之道。在于畜。象辭之健而巽。健是德。巽是文。剛中而志行。剛中是德之體。志行是文之用。尚往施未行。皆是畜的過程之涵養。其曰小畜者。是內畜。非外畜。比卦亦是外畜。其畜之範圍尚小。若畜之範圍大。始是大畜。大畜卦是也。

畜是心性之涵養。非知能之學習。涵養工夫不是勇往直前。猶行故道。來往反復。細細觀察。一次有一次的領悟。此卽初九復自道。何其咎也。

涵養之初。有許多世俗之累。牽掛於心。忽然而來。不可抑制。此卽念也。但亦不必抑制。勿使念成思想。思、思未來也。想、想過去也。現今一念不繼續未來。不追溯過去。一念剛去。一念又來。雖則念念自生。那不念念相續。任其牽而不掛。此九二牽復吉也。

在涵養的過程中。雖任其牽而不掛。有時竟掛於心。使現今一念。竟成爲過去未來的思想。人欲天理。交戰于其中。此九三輿脫輻。夫妻反目也。

涵養工夫雖不是勇往直前。要必刻苦自勵。先有極堅之信仰心。夜以繼日。恐懼修省。懸梁刺股。有所不惜。此六四有孚。血去惕出。无咎也。

涵養功深。以信而解。以解而行。以行而證。黃花翠竹。觸目而悟。外境之所係。皆是內心之自證。暢然滿足。自覺覺他。此九五有孚攣如。富以其鄰也。

涵養功成。如時雨潤澤。萬物各得其所。德載于中。文著于外。以前牽掛之世累。絕不起一念。煙消霧滅。望月中天。潔然而淨。宴然而靜。己不動而人應。若涵養未深。以行動爲事。人必不應。則動而凶矣。此上九旣雨旣處。尙德載。婦貞厲。月幾望。君子征凶也。

履

熟玩履卦。當深體履字之義。爾雅「履、禮也。」言履必以禮也。說文「禮、履也。」言禮當踐履實行也。履禮二字一義。分析言之。施之於人者爲履。行之於己者爲禮。一則足履實地。以禮施於人。一則足履實地。以禮行於己。一舉一動。無不以禮自持。如履薄冰也。世道人心。極其危險。莊子所謂立於羿之環中也。苟不時時恐懼。處處謹愼。入世鮮不爲人所傷。惟以禮自處。以禮處人。入世而不爲人所傷。此亨道也。

禮之體。以敬爲本。禮之用。以和爲貴。施於人者爲履。卽是以和爲用。柔履剛也。以和說之顏色。應剛健之環境。此所以入世而不爲人所傷。然一味柔和。論語所謂不以禮節之。亦不可行也。必也具剛之性。有中之德。居正之位。以禮自處。始能以履處人。雖居極高之地。高而不危。自然勢力廣大。聲名明顯也。

辨上下。定民志二句。是履卦之主要義。上下不辨。世之所以無秩序也。民志不定。人之所以不安寧也。小畜之懿文德。是能以禮行之於己者。施之於人之履。當以辨上下。使世有秩序。定民志。使人得安寧。此履之所有事也。吾人入世。不僅以不爲人所傷爲能事。必要於辨上下定民志着意也。

以履施于人之始。未必卽有成效可覩。只要自己抱辨上下定民志之願以往。必無他咎。此初九素履。往无咎也。

世道雖險。履道則平。俗人雖昏。幽人不亂。只要本坦坦之履道。抱辨上下定民志之願。中不自亂何事不吉。此九二履道坦坦。幽人貞吉也。

若僅有行之於己之禮。而無施之於人之履。特此以辨上下。則上下終不能辨。不足以自有明。持此以定民志。則民志終不能定。不足以有行。入世必爲人所傷。有剛性的禮。無柔性的履。雖處至高之位。而亦不可如己所願。此六三之眇能視。跛能履。履虎尾。咥人凶。武人爲于大君也。

施之于人之履。不僅以柔和爲事。而必以恐懼存心。惟恐辨上下定民志之願。不能施行。而終必可以施行。此九四履虎尾。愬愬終吉也。

堅決辨上下定民志之願。只要事之正。不怕事之危。此九五夬履貞厲也。

上下既辨。民志既定。施之于人之履。如願而償。細細考視履之過程。履功告成而大吉也。此上九視履考祥。其旋元吉也。

泰

熟玩泰卦。當體認泰字之義。說文。泰、滑也。滑者不滯。不滯則通。引伸爲通。通者不塞。不塞則安。引伸爲安。我以履施之於一人。羣衆皆以禮應之。此小往大來吉亨也。

其所以能小往大來者。不僅在玉帛之道。而在情意之通。至誠感天地。洽萬物。感天地者。與天地同流。洽萬物者與萬物同化。此天地交而萬物通也。有此感天地洽萬物之誠。上下之意洽。自然上下之志同。內以剛性的禮自處。外以柔性的履處人。內覺人之性。皆是君子而親愛之。外觀人之行。不免爲小人而敎誨之。此所以君子道長。小人道消。人己皆泰也。

財成天地之道。輔天地之宜。以左右民三句。是泰卦之重要義。財成者、裁而成之也。輔相者、俌而助之也。以天地自然之道裁成。是敎之也。以天地自然之道輔相。是育之也。敎育之道。當隨自然之趨勢。不可稍有強迫。若強迫敎育之。卽是滯而不滑。塞則不通。震而不安。何能泰也。泰者、裁成天地之道。輔相天地之宜。以左右民也。

以履施之于人。卽有牽引同類。來親近於我。誠積于中而感于外。此初九拔茅茹以其彙征吉也。

以寬洪之度量。尊賢而容衆。嘉善而矜不能。鄙野之夫。亦不遐遺。朋黨之人。亦無由進。不絕人。不隨人。而中行。此九二包荒。用馮河。不遐遺。朋亡。得尙于中行也。

環境之形勢。平陂不同。善處之。無陂不平。不善處之。無平不陂。人類之動作。往返不定。不善處之。無復不往。善處之。無往不復。雖則通而泰。要當艱而貞。順自然之道。以裁成以輔相。心與天地相通。惟有艱苦之志。而無憂恤之心。自然人皆信之。食福於無窮。此九三无平不陂。无往不復。艱貞无咎。勿恤其孚。于食有福也。

以禮自處。以履處人。而又裁成之。輔相之。利己利人。無庸節戒。心願而孚。此六四翩翩。不富以其鄰。不戒以孚也。

裁成輔相之後。彼此之情感通。彼此之意志安。泰功告成大吉也。此六五帝乙歸妹。以祉元吉也。

若以泰功已成而自恃。則必高而危。滿而溢。雖有小往大來之衆。而不爲我所用。我雖發表許多宣言。皆是亂命。其名雖正。其實則吝。此上六城覆于隍。勿用師。自邑告命。貞吝也。

否

熟玩否卦。吾人處晦盲否塞之世。當如是也。天下之生久矣。一治一亂。泰一治。否一亂。世道循環。不能有泰而無否。理之當然。事之必然也。風霾迷天。荆棘塞路。陰曀險阻。絕非人道。我瞻四方。感感靡所騁。不利君子征也。我雖以履之道親人。而人終不以禮之道親我。卽或有之。亦大往小來也。

否者閉也。塞也。不通也。天地不交。天地閉塞不通也。上下不交。人類閉塞不通也。人情詐僞面不如心。外雖陽和內實陰險。外雖剛強內實柔弱。外示君子之行。內懷小人之意。外爲僞君子。內爲眞小人。我以小人之腹度人。以小人之行待人。人亦以小人之腹度我。亦以小人之行待我。是以小人之道日長。君子之道日消也。

以儉德避難。不可榮以祿。此否卦之重要義。吾人處否之世。當如行也。儉、斂之借字。榮、縈之借字。處晦盲否塞之時。當收斂其德。以避否之難。所謂危邦不入。亂邦不居也。不可縈心於利祿。所謂邦無道富且貴恥也。天君淡泊。無入而不自得。必不可榮以祿。始能儉德避難。觀此二語。當知所以自處矣。

以儉德避難。不可榮以祿。處否之時。當要堅決此種心理。而行爲則隨時應付。不可固執。當否之初。否猶未甚。尚有可爲之時。有志於世。拔引同類。以挽否運。此初六拔茅茹。以其彙貞吉亨也。晦盲否塞。舉世皆然。小人成羣。無可與語。處此之時。當潔身獨處。不入小人之羣。寧視他人獲不合理的吉。自己處合理的凶。此六二包承。小人吉。大人否亨也。否運愈甚。無可奈何。儉德避難。不可榮以祿的心理。至是要見之于行爲。當此之時。舉世皆是可羞之人。不可以爲伍。此六三包羞也。

世道無終否之時。否極而泰。是在人爲。處極否之世。不可灰心墮志。明哲保身。要必努力不懈。知其不可爲而爲。以正論覺世。事雖未必卽成。理則可以无咎。此九四有命无咎。疇離祉也。人爲天地之心。治亂不是天運。而是人心。雖當極否之時。人苟負起責任。努力前進。心理一振。世運卽隨之轉移。此九五休否。大人吉。其亡其亡。繫于苞桑也。治亂在人。努力不已。任何困難。必能克制。此上九傾否。先否後喜也。

同人

熟玩同人卦。深知生天地之間。既已入世。不能不與人同也。此孔子所以有鳥獸不可與同羣。吾非斯人之徒與而誰與之歎。泰之時。同人於朝。初九拔茅茹以其彙貞吉是也。否之初。亦同人於朝。初六拔茅茹以其彙貞吉亨是也。由否轉泰之際。同人于野。卦辭同人於野亨是也。泰時小往大來。否時大往小來。同人則利涉大川。別有所經營。否九五之大人。一身既繫羣衆之望。涉大川以往。是君子之所有事。生當亂世。欲撥亂而反之正。當率領羣衆而奮鬥也。有溫柔之貌。有中正之心。下得民心而有位。上得天心而應乾。此同人之道也。嘉會于野。涉大川而行。健行之事。溫柔之貌而又健。中正之志而能應。此君子之正也。唯君子爲能通天下之志。是以利君子貞也。

類俗辨物。是同人一卦之重要義。類族者。分別人之種族也。辨物者。辨別人之行爲也。若不分別其種族。則文野雜處。必不能與之相同。若不辨別其行爲。則智愚雜處。亦必不能與之相同。類族。是類其族不同也。辨物是辨其物不同也。同人者是類之辨之使不同者。各得其所。則不同正所以同之也。

凡人作事。開始之時。無有不善者。以事之本身言。所謂其始作也簡。以人之本身言。所謂靡不有初。此初九同人于門无咎也。

類族之時。未免有私于族。辨物之時。未免有利于物。初念善。轉念或有不善。此乾之九三。所以貴終日乾乾夕惕若也。使不時時戒愼恐懼。公于初念者。卽私于轉念也。此六二同人于宗吝也。

入世而與人同。率領同人以奮鬥。而世道艱險。伏莽堪虞。當高瞻遠矚。守道待時。此九三伏戎于莽。升其高陵。三歲不興也。

可以行則行。前進固是前進。可以止則止。後退亦是前進。此九四乘其墉。弗克攻吉也。

後退何以亦是前進者。後退之時。保持他日前進之力。後退不是散亂的。是有規則的。此九五同人先號咷而後笑。大師克相遇也。

後退而不終于後退。前進而不卽于前進。處此之時。當隨時應付。任何困難。必能戰勝環境。始終如一。此上九同人于郊。无悔。

大有

熟玩大有卦。當知大有衆也之義。雜卦傳。同人親也。大有衆也。蓋同情於親爲同人。同情於衆爲大有。大有之局與同人同。而較大。吾人處大有之局。一視同仁。無有遠近親疏之分。此同人所以亨。大有所以元亨也。

大有何以與同人同而較大。大有之柔。卽同人之柔。同人曰柔得位。大有曰柔得尊位。同人曰得中。大有曰大中。同人曰應乎乾。大有曰上下應。則是大有之局面。大於同人矣。所以處大有之時。其度量當宏大也。同人文明以健。大有其德剛健而文明。剛者德之體。健者德之用。文明者德之見於外。同人中正而應。大有應乎天而時行。同人雖應而不行。大有能應而能行。于是知潔身自好之士。尚不足當天下之重也。

遏惡揚善。是大有之重要義。大有之衆。不能有惡而無善。亦不能有善而無惡。處大有者。包涵善惡而有之。愈以見度量之大。不曰罰惡而曰遏惡。則惡者化而爲善矣。不曰賞善而曰揚善。則善者樂於爲善矣。是遏之大于罰之。揚之大于賞之也。其過之揚之順自然之運。毫無所作爲於其間。此卽順天休命也。

毋以僥倖之心而易事。毋以怠惰之氣而難事。以此處大有之局。于事雖不免有害。於理可決言无咎。其所以無咎者。以其知艱也。不知其艱而以粗心御之。天下無易事矣。知其艱而以細心御之。天下無難事矣。此初九無交害匪咎。艱則无咎也。有含載萬物之德。有勇往直前之氣。以此處大有之局。德積于中而形于外。立于不敗之地而无咎。此九二大車以載。有攸往。无咎也。涵蓋天地以寬宏之懷。臨大有之衆。自然羣衆歸之。奉以爲主。此君子之所能。小人之所不能。此九三公用亨於天子。小人弗克也。類族辨物。同人之所有事。遏惡揚善。大有之所有事。類族辨物以後遏之揚之。不必罰之賞之。此九四匪其彭。无咎也。遏惡而惡人懷之。揚善而善人懷之。信孚于衆。而威自立于己。此六五厥孚交如。威如。吉也。以寬宏之懷。臨大有之衆。不僅人親之而天亦祐之。此上九自天祐之。吉无不利也。

謙

熟玩謙卦。當深體謙字之義。敬以持己。此卽初六謙謙君子。卑以自牧也之謙。敬以待人。此卽九三勞謙君子。萬民服也之謙。敬以蓄德。此卽繫辭謙德之柄也之謙。敬以處事。此卽繫辭謙也者致恭以存其位者也之謙。大有之後。處處以謙自守。己通於人。德通于事。一敬而衆善俱備。故曰、君子有終也。

處尊位而和下。居卑位而向上。此卽待人以謙持己以謙也。謙是德之柄。致恭以在位。此天道所以虧盈而益謙。地道所以變盈而流謙。鬼神所以害盈而福謙。人道所以惡盈而好謙。謙以自持。而人信之。謙以蓄德。而事順之。此謙尊而光。卑而不可踰也。持己待人。蓄德處事。無時不謙。無地不謙。此君子之終也。

裒多益寡。稱物平施。此謙卦之重要義。謙之德。不經託諸空言。而必見諸實事。以經濟言。裒財產之多者。以益財產之一寡者。以學問言裒知識之多者。以益知識之寡者。稱物之情而平均施之。經濟之裒多益寡。是財施也。學問上之裒多益寡。是法施也。今日以己之千分之一。或萬分之一。以救濟貧乏之者。不可謂之財施。以教育爲職業。解決自己之生活者。更不可謂之法施。凡此者。非稱物平施。有背于謙之義也。

在裒多益寡。稱物平施之前。必謙之德。積于己而自持。始能謙之道。行乎人而事從。此初六謙謙君子也。用涉大川吉也。

謙德積于內。泰然自得而無不足。謙道行於外。翕然群從而無不服。此六二鳴謙貞吉也。

謙非德託諸空言。必有裒多益寡之事實。而後民從而服之。無論財施法施。必勤勞其躬。始能實益于衆。此九三勞謙君子。有終吉也。

裒多益寡。稱物平施。受施之衆。不能深體平施之意。于受施者言曰撝謙。此說文撝裂也之義。于施者言亦曰撝謙。此經典釋曰文撝指撝也之義。言受施者雖不免鹵莽滅裂。而施之者指撝自如。不違法。則此六四无不利。撝謙也。

不以財產自富。而富以其鄰。是財施也。不以學問自富。而富以其鄰。是法施也。施者雖指撝自如。受施者終不免鹵莽決裂。則督責之。以征其不服之心。此六五不富。以其鄰。利用侵伐。无不利也。督責而猶不服。施之之心。毫不退轉。宣布裒多益寡稱物平施之誠。變督責爲鞭責。敎之正所以施之也。此上六鳴謙。利用行師。征邑國也。

豫

熟玩豫卦。當深體豫字之義。禮記中庸。凡事豫則立。豫者、先事豫備之謂。此所謂言前定則不給。事前定則不困。行前定則不疚。道前定則不窮也。預之時。處小事如大事。處常事如變事。雖極小極常之事。而以建侯行師視之。臨事而懼。好謀而成。豫于事先。有備無患也。

處豫之時。剛強之心定之于內。堅忍之志行之於外。合理而動。所謂豫也。人能處處合理而動。前事如是。臨事如是。後事亦如是。雖天地陰陽不測之變。我皆鎭定以應付之。建侯行師。猶事之小也。天地合理以動。所以日月不過。四時不忒。聖人合理以動。所以刑罰清明。萬民悅服。是何也。豫之故也。

作樂崇德。薦之上帝。以配祖考。此豫之時所有之事也。處豫之時。端居深念。心集一處。禮記中庸。鬼神之爲德其盛矣乎。視之而不見。聽之而不聞。體物而不可遺。使天下之人。齊明盛服。以承祭祀。洋洋乎如在其上。如在其左右。作如是觀。始能心集一處。有平時之定。始能有臨時之不亂。此所謂畏戒愼乎其所不覩。恐懼乎其所不聞也。見堯于羹。見堯于牆。仰不愧于天。俯不怍于人。皆是豫之時修養之功也。

修養者。收視反聽。調氣平心。孟子之所謂操則存是也。操之方法若何。卽一念之起。不使繼續成爲思想。如設立種種修養之條規。甚且以此沾沾自喜。以此娓娓告人。非徒無益而又害之。此初六鳴豫凶也。

修養之時。志意堅定。詩云我心匪石。不可轉也。終日不終日。皆如石之堅定。毫不動搖。此六二介于石。不終日貞吉也。

在修養之過程中。反躬自視。若無所得。反覆省察。自覺毫無把握。此六三盱豫悔。遲有悔也。當此之時。對於修養。而起猶豫之心。若因猶豫而懈怠。卽退步矣。雖猶豫而不懈怠。繼續精進。終必大有得也。修養者當此猶豫之時。萬勿自疑。要知此猶豫之起。正是舊惡與新善進退之時。懈怠則善退而惡進。精進則惡退而善進。此九四由豫。大有得。勿疑。朋盍簪也。

堅決修養之心。雖有猶豫之起。精進而戰勝之。毫不猶豫。操心一處。生死不變。此六五貞疾恒不死也。

修養之志。冥定于心。一成不變。修養之事。隨緣而變。如初觀空。繼觀假。再觀中。此上六冥豫。成有渝。无咎也。

隨

熟玩隨卦。當深體隨字之義。說文。隨、從也。從、卽論語從心所欲、從吾所好之從。雜卦傳曰。隨、無故也。故、卽墨子故所得而成也之故。言修養者。當從吾之意。毋故爲之。孟子、必有事焉而勿正。心勿忘。勿助長也。隨之義也。文言曰。元者善之長也。亨者嘉之會也。利者義之和也。貞者事之幹也。君子體仁足以長人。嘉會足以合禮。利物足以和義。貞固足以幹事。乾有此四德。爲健行之天。隨有此四德。爲修養之人。具此四德。而曰无咎。以修養之目的不在求福而在免咎。故曰、元亨利貞无咎。

從吾之意。毋故爲之。使無剛之德。不免一于柔。或至靜而不動。使無柔之德。不免一于剛。或至動而不說。故必剛來而下。始能爲動而說之隨。修養如是。自能亨貞无咎。以己修養之隨。而得衆人企仰之隨。此隨之義所以大也。

以嚮晦入宴息。此是隨卦之重要義。飽食終日。無所用心。不得謂之隨。終日不食。終夜不寢。以思。亦不得謂之隨。自強不息者。乾之自具元亨利貞四德也。人不能如天之不息。嚮晦入宴息。隨之所以修養。始具元亨利貞四德也。

孟子。心之官則思。思則得之。修養之初。當時時警飭其心。變其習慣之行爲。論語。出門如見大賓。使民如承大祭。一動一靜。皆有一定之功課。此初九官有渝貞吉。出門交有功也。

修養之心。毋注重于小者近者。致轉失其大者遠者。此六二係小子失丈夫也。

修養之心。當注重于大者遠者。而放棄其小者近者。此隨之所以有得。利于端居深念之事。此六三係丈夫失小子。隨有求得。利居貞也。

修養若有所得。自信于心。然尚在半途。未竟全功。其事若凶。其義无咎。此九四隨力獲。貞凶。有孚在道。以明何咎也。

修養不懈。前則有孚于心。未竟全功。今則有孚于事。位處正中。此前所以凶。今所以吉。此九五孚于嘉吉也。

修養之心。注重于大者遠者。不僅拘繫之。而又縱之。是修養已成熟矣。四德全備。己身如天下歸從之王。此上六拘繫之。乃從維之。王用亨于西山也。

蠱

熟玩蠱卦。當知蠱字之義。蠱者自身之蠱。魔之自內出也。自身之蠱。卽是自性之魔。自生以來。潛伏于性中。吾人修養之初。只能去外來之魔。自性之魔。當以自性去之。非修養到某種程度。自性之魔。不能發見。自性之魔謂之蠱。去自性之魔亦謂之蠱。序卦傳。蠱者事也。事卽修養之事。雜卦傳。蠱則飭也。飭爲整飭之謂。卽修養之所有事也。自隨之修養以後。發見自性之蠱。而以自性修養之。豁然貫通。頭頭是道。如涉大川。毫無阻礙。自性修養。雖則是用力于平日。開悟于一時。當此欲悟未悟之頃。聚精會神以赴之。先甲三日後甲三日。以七日爲期。七日爲期。中外習慣上之所用。陰陽五行。合而爲七。亦自然之數也。

在天地之性爲陰陽。在人之性爲剛柔。剛上而柔下。自性之蠱也。巽而止。自性之治蠱也。自性之蠱旣治。始可以治人之蠱。故曰天下治也。治自性之蠱。與治人之蠱。必有事焉。故曰往有事也。七日爲期。先甲始也。後甲終也。愼終于始。合乎天地自然之數。故曰終則有始。天行也。

振民育德。是蠱卦的重要義。振民是治人之蠱。育德是治自性之蠱。要振民必先要育德。六爻皆是治自性之蠱。而大象言振民者。蓋治自性之蠱。是自利。治人之蠱。是利人。儒家修己治人之學。必修己然後可以治人。亦必治人而修己始能圓滿也。

自性之蠱。不是有生以後。所染社會之習慣。是與生俱來而有之。受父之遺傳性。謂父之蠱。欲幹父之蠱而去之。先靠後得之智。以去遺傳之蠱。其始則厲。其終則吉。此初六幹父之蠱。有子考无咎厲終吉也。

自性之蠱。受母之遺傳性。謂母之蠱。欲幹母之蠱而去之。雖亦藉後得之智。然僅靠後得之智。不可幹也。蓋父之蠱屬陽。母之蠱屬陰。陽蠱易見。陰蠱多伏。必正心以修養之。此九二幹母之蠱。不可貞也。

幹父之蠱而去之。斷非一蹴可幾。在此修養的過程中。遺傳之習慣。旋起旋伏。能終始不懈。雖有小悔。終無大咎。此九三幹父之蠱。小有悔。无大咎也。

自性的修養。必涵泳漸進。若勇往直前。反無所得。此六四裕父之蠱。往見吝也。

自性的修養。勸誘勝于教導。論語。循循善誘是也。此六五幹父之蠱。用譽也。初六九三六四六五皆言幹父之蠱。只九二言幹母之蠱。一則蠱卦之修養。指男子而言。男子受父之遺傳性較多。二則言陽可以括陰。九二六四六五所言。幹母之蠱。當亦如是。

自性之蠱去淨。大有上天下地。惟我獨尊之概。此上九不事王侯。高尚其事也。

臨

熟玩臨卦。當深思臨字的意義。說文。臨、監臨也。卽監視的意義。臨卦之臨有二義。一如詩上帝臨女之臨。言靜的時修養。如有監視我者。一如書予臨兆民凛乎若朽索之馭六馬之臨。言動的時行爲。亦有如監視我者。一靜一動。皆不敢稍有放逸。體仁長人。嘉會合禮。利物和義。貞固幹事。皆是靜的時動的時所當注意者。當修養未至純熟之時。在行爲之過程中。必時時有吉凶之恐懼存於其心。始勤終怠。人之恒情。作一年計劃。到過半之時。往往開始墮落。至于八月。正是用功過半之時。不言吉而言凶者。非實有凶。以凶自儆。修行人當如是也。

孟子曰。我善養吾浩然之氣。其爲氣也。至大至剛。卽是剛浸而長也。皐陶謨之九德。寬而栗。柔而立。愿而恭。亂而敬。擾而毅。直而溫。簡而廉。剛而塞。彊而義。九德中。寬而栗、柔而立、直而溫、之三德。卽說而順也。剛中而外應。居正而行通。循天道之自然。朝乾夕惕。時時恐懼修省。靜時有上帝臨女之恐。動時臨兆民若朽索馭六馬之懼。時時恐懼。時時修省。縱使有凶。瞬息卽消而不可久。是以修養者貴自儆也。

敎思無窮。容保民無疆。專指動時之行爲而言。靜時修養。儒家之修己。佛家之自利是。動時行爲。儒家之治人。佛家之利他是。敎民之思無窮。保民不分疆界。是治人與利他之大公無我心。靜時之修養。正所以爲動時之行爲。設不敎思。不保民。雖時時如對上帝。不愧屋漏。此儒家之所謂獨善其身。佛家之所謂小乘也。

入世治人。民衆咸來。臨之以莊。事正而吉。此初九咸臨貞吉也。

持之於己者。以正而吉。應之於人者。无有不利。此九二咸臨吉无不利也。

臨民之心。若稍懈怠。不以臨民爲懼。而以臨民自喜。无不利者。或變而无攸利。稍有懈怠之心。當惕然自儆。悄然以憂。始能無咎。此六三甘臨。无攸利。既憂之无咎也。

悄然自憂之後。兢兢業業。恐懼之心愈至。六三之无咎咎不長。六四之无咎。位正當。此六四至臨无咎也。

入世治人。知己知彼。尊賢而容衆。嘉善而矜不能。此六五知臨大君之宜吉也。

教思無窮。容保民無疆。志定于內。而人應于外。此上六敦臨吉无咎也。

觀

熟玩觀卦。當深思觀字之義。說文。觀、諦視也。視其相曰看。視其體曰觀。是粗視曰看。細視曰觀。所以修養的境地。必於觀證之。臨卦靜時的修養。動時的行爲。於所觀之境地而言爲臨。於能觀之主體而言爲觀。觀卦之義。是觀之引伸義。一爲觀示之觀。一爲觀瞻之觀。皆是入世臨民之所有事。是臨與觀其名雖二。其事實一。雜卦傳曰。臨觀之義。或與或求。以我臨物故曰與。物來觀我故曰求。觀民之時。有儀可象。有威可畏。不言而信。不教而勸。此盥而不薦。有孚顒若也。臨民之上而觀民。有巽順之德。居中正之位。端拱無爲。下民化之。天不言而四時行。百物生。皆在此靜穆包容之中。而人民觀我。危而不猛。恭而安之態度。無不心悅誠服。論語。所謂爲政以德。譬如北辰。而衆星拱之是也。

省方觀民設教。臨之觀也。不曰避方而曰省方。不曰臨民而曰觀民。不曰施教而曰設教。臨之事。皆觀之事也。六四。我國之光。省方也。九五。觀我生。觀民也。彖辭。以神道設教。設教也。此就政治之施行而言。若就學問之修養而言。曠觀宇宙之大。省方也。靜觀性天之地。觀民也。所謂放之則彌六合。卷之則退藏于密。方便以說之。設教也。所謂循循善誘。靜則爲學問之修養。動則爲政治之施行。觀行雖二。觀理則一。

老子曰。善者吾善之。不善者吾亦善之。信者吾信之。不信者吾亦信之。一視同仁。有敎無類。小人不以不善不信見絕。君子亦不以善信見尊。此初六童觀。（童卽同字）小人无咎。君子吝也。

同觀之後。分別觀之。視其所以。觀其所由。察其所安。有隱微之善。觀之必審。此六二闚觀利女貞也。

同觀之後。繼之以闚觀。必先觀自己一生之行爲。以進退賢不肖。不有同觀。則賢者或見遺。不有闚規。則不肖者或渾進。或進或退。旣不遺賢。不肖者亦不我欺矣。此六三觀我生。進退也。

莊子曰。故君子遠使之而觀其忠。近使之而觀其敬。煩使之而觀其能。卒然問焉而觀其知。急與之期而觀其信。委之以財而觀其仁。告之以危而觀其節。醉之以酒而觀其則。雜之以處而觀其色。能如莊子之觀人。而人無不服矣。此六四觀國之光。利用賓于王也。

用九種之法以觀人。必我自己一生之行爲。一出于正。毫無過咎。此九五觀我生。君子无咎也。必先觀己。始能觀人。本己以觀人。則人一生之行爲。毫無隱行。此上九觀其生。君子无咎也。

噬嗑

熟玩噬嗑卦。當深明噬嗑之義。噬嗑。游牧時代之言語。食肉時齧而合會也。茲之言噬嗑者。俗所謂咬緊牙關。痛改己過自修。如是窒礙者。無不亨通。是以君子貴自訟也。論語君子欲訥其言而敏其行。守口如瓶。吉人之辭自寡也。口雖不言。是非自分。夫人不言言必中。天不言雷電。自彰其威。學者不言。省察自愼。其獨柔順以動。不粗暴也。居中而處。不偏頗也。志向上行。惟恐不當。自訟其過。所以常無過也。

明罰勅法。國家之刑也。戒愼恐懼。學者之刑也。論語君子懷刑。非懷明罰勅法之刑。是懷戒愼恐懼之刑。戰戰兢兢。如臨深淵。如履薄氷。無時不在戒愼恐懼之中。操心危慮。患深。是以能遠。所謂君子有終身之憂。無一朝之患也。

非禮勿視。非禮勿聽。非禮勿言。非禮勿動。禮之防身。過于校械。此初九屨校滅趾。无咎也。

惡之在身。如垢在膚。切膚之痛。必斷而去之。雖傷及面目。而亦有所不惜。此六二噬膚滅鼻。无咎也。

視聽言動之過。外過也。心之過。內過也。制其外以養其內。必細細咀嚼。然後始得過之所在。既知其過如遇毒害。心極不安。惟既知之始雖不安。終則无咎。此六三噬腊肉遇毒。小吝无咎也。

自訟其過。由外及內。由淺及深。刻骨自訟。似乎褊僻之習已去。中正之心漸彰。修爲之道。以逸佚而凶。以艱苦而吉。此九四噬乾胏得金矢。利艱貞吉也。

修養之功愈深。省察之心愈密。前雖中正之心漸彰。此則中正之心確定。然必檢身若不及。制心毋稍懈。而猶不敢過于自信。不求有功。僅免咎。此六五噬乾肉。得黃金。貞厲无咎也。

若不能訟之于內。以去心過。須訟之于外。以去身過。雖亦自訟。訟不切實。不僅无咎。反爲有凶。此上九何校滅耳。凶也。

賁

熟玩賁卦。當深思賁字之義。說文。賁、飾也。有修飾義。論語、貌思恭。古銘、火滅修容。必敬必恭。皆是修飾其容貌之謂。修養者自省于內。噬嗑是也。自修于外。賁是也。君子內方外圓。內方故噬嗑亨。外圓故賁亨。究竟修飾于外。非修養之本。只小利有攸往而已。

以外之圓。文內之剛。以內之方。文外之圓。此所謂溫而厲。危而不猛。恭而安。陽剛而陰柔。剛柔交錯。自然之交錯。天文也。內明而外文。文明以止。人爲之交錯。人文也。自然之交錯。變四時而成萬物。人爲之交錯。成己以成天下。無噬嗑之自省。不能成己。無賁之修飾。不能成天下。以化成天下者。以文化成之也今人常用文化二字。當知不有觀之如對上帝。卽不能有噬嗑之自省。不能有噬嗑之自省。卽不能有賁之修飾。而文化無由成也。

明庶政。无敢折獄。此賁之時所有事也。明庶政。修飾之事。賁之所有事。折獄。自省之事。噬嗑之所有事。修飾不止一端。視聽言動。無事不修。故曰庶政。往噬嗑自省之後當于視聽言動。一一沉之于禮。自省者非禮勿視。修飾者視必于禮。自省者非禮勿聽。修飾者聽必于禮。自省者非禮勿言。修飾者言必于禮。自省者非禮勿動。修飾者動必于禮。一則消極的諸惡莫作。一則積極的衆善奉行。此賁之所以明庶政无敢折獄也。

孟子曰。苦其心志。勞其筋骨。餓其體膚。困乏其身。則是修養者。不經內部的心志當苦。卽外部的筋骨亦當勞。甚且體膚不怕餓。身不怕困乏。所以賁之文飾。不便以溫和表其儀容。尤當以勞苦勤其手足。此初九賁其趾。舍車而徒也。

修飾於外。一時一刻不懈。一鬚一髮不遺。謹小愼微。渾身上下。無稍欠缺。努力其大。不肯忽略其小。努力其顯。不肯忽略其微。此六二賁其須也。

修養于內。謂之涵養。修養于外。謂之修飾。無論內之涵養。外之修飾。不在一時之奮興。而在永久之維持。孟子之所謂勿助勿忘是也。此九三賁如濡如。永貞吉也。

修養者貴有永久之維持。尤貴有繼續之精進。如驥能馳。如馬能嘶。一日千里。循其自然。其初毫不放鬆。防身如盜。用力既久。渙然冰釋。怡然理順。渾身皆是天理。寇仇皆是眷屬。此六四賁如皤如。白馬翰如。匪寇婚媾也。

修養純熟。渾身天理。無事外求。萬物皆備我身。宇宙卽在吾廬。此孔子燕居。申申如也。夭夭如也的氣象。而猶自視坎然。如有不足。愈見沛乎。隨在皆是。此六五賁于丘園。束帛戔戔。吝終吉也。

孔子言仁遠乎哉。我欲仁。斯仁至矣。可見人人皆有仁之本體。不必于外求之。孟子所謂反身而仁是也。惟修養當身體力行。不可求之于文字。而又不能不以文字指其往路。子貢所以言夫子之文章。可得而聞也。夫子之言性與天道。不可得而聞也。與佛說法四十九年。何嘗說一字。同一境界。所以修養者。樸實用功。不可求之于語言文字之間。此上九白賁无咎也。

剝

熟玩剝卦。當深思剝字之義。說文。剝、裂也。分裂之義。剝之自外來也。雜卦傳。剝、爛也。腐爛之義。剝之自內出也。修養未屆純熟。半途易於墮落。外來之剝易制。內出之剝難制。經噬嗑之內省。賁之外飾。修養雖未届純熟。已有相當之程度。剝之墮落。非自外來自內出也。雜卦傳所以言剝爛也。剝自內出。于修養極不利。不定於內而往于外。而引出外。修養之初。制其外以安其內。及其繼也。制其內以寧其外。不然剝之不利。使心有所往也。

內出之剝。最容易牽引外來之剝。本剛強之性。爲柔弱之情所剝。而變內出之剝。不利也。外來之剝。心有所往也。內出之剝。君子道消。外來之剝。小人道長也。當此之時。若任其所之。必至墮落。若強而制之。易于決裂。必順而止之。始可漸去內出之剝。不至有外來之剝。順以止之之道若何。在于一觀其放心而收之。孟子所謂收其放心是也。一觀本心而復之。孟子所謂操則存是也。觀放心之道若何。止其功名利祿之念。使心不放于外也。觀本心之道若何。見堯于羹。見堯于牆。使心歸于一也。修爲之時。要極其自然。勿助勿忘。如天之消長盈虛。乾乾不息。此天之行也。禮記曰。張而不弛。文武不爲也。弛而不張。文武不爲也。君子法天之行以修養。當如是也。

大學曰。知止而后有定。定而后能靜。靜而后能安。厚下安宅。修養之最要也。何謂厚下。基本工夫。何謂安宅。宅、心也。安宅、安心也。何謂基本工夫。知止定靜也。何謂安心。心不妄動。隨在而安也。程子見人靜坐。予稱爲將學。靜爲基本工夫可知。心時時在腔子裏。心要安可知。山附于地剝。墮落之象也。當墮落之時。急宜有基本工夫。以安其心。此卽是順以止之也。

壯身之所止。靜坐時之所依也。孟子之收放心。操則存。皆于靜坐中觀之。靜坐之時。把不住之一點猶由足而起。心搖搖而無所著。此初六剝牀以足。蔑貞凶也。

愈欲靜而動愈甚。把不住之一點。由足而上。辨馬能之足上也。剝至于足上。心搖搖愈無所著此六二剝牀以辨。蔑貞凶也。

當此剝自內出之時。當自知其剝。而有以止之。如其能止。雖剝无咎。此六三剝之无咎也。

止之工夫。極不容易。不可有絲毫勉強。若不知止而強止之。則渾身皆不自然。其剝更甚。此六四剝牀以膚。凶也。

動之形雖則見于足。以及其膚。其原則在于心。一切惟心所造。動原于心。靜亦當原于心。說文。宮、室也。寵尊居也。寵是心。宮人是意。把不住之點。此伏彼起。憧憧往來于心。心沒不見。而意複雜如魚貫而入。若觀心順以止之。則无不利矣。此六五魚貫以宮人寵。无不利也。

能順以止之。此心寂靜常存。而又活潑潑地。本來之心。得所依止。外來之意。剝爛以盡。此上九碩果不食。君子得輿。小人剝廬也。

復

熟玩復卦。當深體復字之義。說文。復、往來也。從彳复聲。复、行故道也。雜卦傳。復、反也。合此諸義。往來於故道之中。反復自省也。修養過程之中。必有懈怠之時。當此時也。卽反復自省。急將往日修養之程序。謹飭其身。論語。溫故而知新。知的學問。由溫故而精進。行的學問。更是由溫故而精進。此復之所以亨也復之修養。思想之出入不念乎其外。固無富貴貧賤之擾亂于其心。亦無羨慕妬嫉之擾于其心。寂然不動。感而遂通天下之故。而憧憧朋來之思想。自然是清淨的。純潔的。反復于往日修養之故道。至于七日之久。精進不懈。舊的純熟。新的群來。再自此精進。利有攸往矣。復之所以亨者。懈怠固是懈怠。猛進亦易于懈怠。其進銳者其退速。事理嘗如是也。復之修養。往來于故道之中。勿助勿忘。動而以順行。此所以能出入無疾。朋來无咎也。自然之運行。以七日爲一期。人爲之修養。亦以七日爲一期。修養至七日之久。粗暴之猛進。成爲精詳之猛進。天行健。自強不息。不息則久。久則徵。徵則悠遠。悠遠則博厚。博厚則高明。人之修養。與天地之運行合。故曰。復其見天地之心乎。

至日閉關。商旅不行。后不省方。此復之修養最重要的方式也。至日者。卽復之修養的日也。閉關自守。任何人。任何事。皆不入于其心。行本商之事。省方本后之事。當此閉關之日。雖商亦不行。雖后亦不省方。而況修養者不是商與后乎。蓋極言之也。

無論懈怠的懈怠。或猛進的懈怠。當復之時。不以故道爲遠。而有悔心。此初九不遠復。无祇悔元吉也。

理可頓悟。事必漸修。前既以銳進而速退。復之修養。當力矯銳進之習。動而以動行。漸漸達到來復之時。此六二休復吉也。

休復不是不動。是靜卽是動。動卽是靜之義也。但是此種境界。猝然做不到。先以休復戒以毋銳進。繼以頻復防其無速退。休復與頻復。不是兩截。是一氣。此六三頻復。厲。无咎也。

休復頻復。一氣修養。自能得動卽靜靜卽動之中行。修養至此。獨來獨往。快然自足。此六四中行獨復也。

獨來獨往。快然自足。復之修養將屆成功之時。此六五敦復。无悔也。

修養的工夫無止境。道高一尺。魔高一丈。其始也因有困難。其終也更多困難。若以獨來獨往快然自足之心。不稍知戒愼恐懼。則敦復卽變爲速復。迷復之災眚。更甚于退速。退速者。可以休復頻復治之。迷復者。必以克制之力以爲對治。對治極不容易。或至大敗。自來修養之工夫。墮落無遺。速退之對治。七日可以來復。迷復之災眚。十年而不克。亢龍有悔。吾人屆修養成功之時。毋以亢龍自足而爲亢龍。至于迷復。此上六迷復凶。有災眚。用行師。終有大敗。以其國君凶。至于十年不克征也。

无妄

熟玩无妄卦。當知无妄有二義。一、說文。妄、亂也。无妄者。无妄亂而誠實也。二、雜卦傳。无妄、災也。无妄者。无希望而墮落也。（馬融、鄭玄、王肅皆云妄猶望、无所希望也、）无妄亂而誠實者。言自復卦初九之不遠復。經過六二之休復。六三之頻復。六四之獨復。以至六五之敦復。此七日來復无妄亂而誠實也。无希望而墮落者。言復卦上六之迷復。至于十年不克征。此无希望而墮落也。无妄亂者。有元亨利貞四德。合乎无之誠實。无希望者。其匪正有眚。不利有攸往。不貞不利。而卒墮落也。无妄亂者。以至大至剛之氣。養其至純至正之心。氣、養於外。心定于內。以有秩序之動。健行不息。氣之至大至剛。成爲心之至大至剛。心之至純至正。成爲氣之至純至正。心氣合一。極其自然。此大亨以正。天之命也。若迷復而修養不正。誤入歧路。則无希望矣。吾人修養之功。最怕懈怠之復。而入迷路。匪正有眚。無貞之得。而有不貞之失。不利有攸往。無利之无入而不自得。有不利無路可走之失。此眞无所希望也。无妄亂雖合乎天之誠實。无希望則天命不祐而墮落。吾人爲修養之行。可不愼哉。

茂對時育萬物。此无妄卦之重要義。言勉配天時。育養萬物。一切之事。不能離開時間空間。修養亦然。隨順時間。修養身心。不言空間者。處此環境之中。可不必言也。禮記學記云。時教必有正業。退息必有居學。不學操縵。不能安弦。不學博依。不能安詩。不學雜服。不能安禮。不興其義。不能樂學。故君子之於學也。藏焉修焉。息焉遊焉。此一生中學之時也。禮記文王世子。春誦夏弦。秋學禮。冬讀書。此一生中學之時也。易乾卦。君子終日乾乾夕惕若厲。此一日中學之時也。修養當定有一定之時。時間既一定。空間之身心。自然隨時間之進步而進步。一暴十寒者。因非茂對時。或彼或此者。亦非茂對時。必茂對時。然後可以育萬物。修養者宜善識此意。此修養之必要也。

无妄亂是誠實義。何謂誠。誠从言从成。言必信成爲言者。此无妄亂之見于外者也。何謂實。實从宀从貫。燕居有一貫之主張。而心定也。此无妄亂之見于內者也。內外皆无妄亂。無所往而不吉矣。此初九无妄往吉也。

若迷復而誤入歧路。縱修養之工未懈怠。必無成功之希望。必先種乃得穫。必先蓄乃得畬。今用工已錯。意欲速成。是未耕何能穫。未蓄行能畬。及早自省。遵正道而行。此六二不耕穫。不蓄畬。則利有攸往也。

不早自省。日在迷復之中。不遵正道而行。皆爲无希望之修養矣。復得之智。被物質之欲牽引以去。則物質之欲日長。精神之欲日消。此六三无妄之災。或繫之牛。行人之得。邑人之災也。

修養只有一條正路。精進者。是本固有之道。努力不懈。此六四可貞无咎也。

懈怠而不精進。此无所希望之疾。尚未走入迷路。不必另以他種方法對治。只要振作精神。已可起无所希望之疾。此九五无妄之疾。勿藥有喜也。

懈怠而无所希望。與走入歧路而无所希望。无所希望雖同。其實不同。懈怠而无所无希望。只要振作精神。本固有之道努力。不必另用他種方法以爲對治。走入歧路而无所希望者。愈努力而愈錯誤。自己雖以爲精進。實則毫無所利。此上九无妄。行有責。无攸利也。

大畜

熟玩大畜卦。當知大畜與小畜。雖同一修養。而時間不同。小畜之修養。是初期之修養。大畜之修養。是无妄之後。精進之修養。是无所希望之後。懺悔之修養。要皆與初期之修養。用功不同。利貞者。貞、修養之事。言從此修養而有利也。發憤忘食。不家食吉也。勇往直前。利涉大川也。剛健者氣之修養如是也。篤實者、意之修養如是也。光輝者、貌之修養如是也。修養不懈。其德日新。湯之盤銘曰。苟日新。日日新。又日新。是日新其德也。剛上者自己修養之決心。尚賢者、取人爲善。修養之謙德。一方面發憤忘食。一方面大烹以養聖賢。雖則勇往直前。而又極其自然也。

多識前言往行。以畜其德。是大畜卦修養之重要義。大畜之修養。是已經用過一翻工夫。無論是精進之修養。或懺悔之修養。前言往行。所識已多。茲之修養。只須把多識的前言往行。以畜其德。不必他求。孟子曰、誦堯之言。服堯之服。是亦堯而已矣。精進不懈。見堯于羹。見堯于牆。卽是多識前言往行。以畜其德也。

孟子云。勿助勿忘。禮記云。藏焉修焉息焉游焉。修養的人。固當然是。但自修養到某種程度以後。必需用猛烈的工夫。不使功虧一簣。所謂精進之修養也。若是誤入迷途。爲懺悔之修養。尤需痛自省察。努力前進。朝乾夕惕。略無休息。此初九有厲利已也。

精進之修養。用猛烈之工夫。懺悔之修養。痛自省察。或不免有爲之太過之處。精神致于疲倦。身體稍有虧損。此九二輿脫輻也。此與小畜九三之輿脫輻不同。小畜是修養之初步。天人交戰于中。故象曰。不能正其寶也。大畜是修養將成。不過用功太過。精神疲倦。身體虧損。而心理則極其純正。故象曰中无尤也。

修養用功太過。不免有輿脫輻的影響。當要回到勿助勿忘。藏焉修焉息焉游焉之常道。始有利于精進之修養。或懺悔之修養。並有利于修養之成功。此九三良馬逐。利艱貞。曰閑輿衞。利有攸往也。

凡人皆有本然之明德。只爲人欲所蔽。明德不見。而明德自在。此禮記大學所謂明明德也。所以修養修之功夫有二。一曰內定。一曰外定。內定者止其心于正。念時時以此正念成爲思想。孟子之所謂操則存是。此六四童牛之牿元吉也。童牛、喻本然之心。牿、喻把心放在腔子裏也。外定者。止其心之邪念。非禮勿視。非禮勿聽。非禮勿言。非禮勿動。此六五豶豕之牙吉也。豶豕、喻邪念。鄭玄注、牙互之誤字。互喻邪念以繩縛之也。

邪念既去。正念常存。此時明德已明。有君子坦蕩蕩的態度。此上九何天之衢亨也。

頤

熟玩頤卦。當體頤字之義。頤養與修養不同。說文。修、飾也。从彡攸聲。彡、是文飾義。修養、是取諸外而養的。有爲法也。說文。頤、顄也。古文作𦣞。象形。從口內言之曰顄。從口外言之曰頤。咀嚼物以養身。頤養、是動諸內而養的。無爲法也。無爲法之頤養。如論語鄉黨篇。記孔子之燕居。中中其容舒。夭夭其色怡。行其所無事。不必外求。藹然之貌。自見于燕居之間。故曰自求口實。

頤之頤養。視大畜之修養尤正。故曰養正則吉也。其頤之法。不取諸外來。取諸自身。故曰觀頤觀其所養。中中容舒。夭夭色怡。渾然與天地同和。毫不著意。自然能養。故曰觀其自養。民胞物與。皆在頤養者懷抱之中。聖人養賢以及萬民。與天地養萬物。同一度量。頤養之養。所以大也。

愼言語。節飲食。是頤養之態度。修養本自愼言語節飲食始。但修養之愼言語節飲食。是有爲之愼節。頤養之愼言語節飲食。是無爲之愼節。愼言語節飲食。儒家八戒中之二戒。有爲之愼節者。戒之初步。猶勉強也。無爲之愼節者。戒之純熟。極自然也。由修養至于頤養。卽由勉強至于自然。頤養之人。言語自然不出諸口。人視之以爲愼。頤養之人。飲食自不留于心。人視之以爲節。不愼之愼。不節之節。愼節之極致也。

修養之法。或讀書。或經驗。外之知能。皆足爲內心之輔助。頤養之法。全靠內心之涵泳。若捨內心之良知良能。不以靜的涵泳爲頤養。而以動的作爲爲頤養。必無是處。此初九。舍爾靈龜。觀我朵頤凶也。朵動也。

修養之法。到大畜上九之時。應以無爲之頤養。以竟全功。乃以動的作爲爲頤養。仍是有爲之法。此顚倒拂常經也。雖有志上進。無有是處。此六二顚頤。拂經于丘頤。征凶也。

違背頤養之常經。蒸沙不能成飯。磨磚不能作鏡。用功雖猛。有爲之法。不能發見本然的良知良能。努力不已。至于十年之久。無有是處。此六三拂頤。貞凶。十年勿用。无攸利也。

應以無爲之法頤養。而以有爲之法頤養。謂之顚頤者。六二顚頤故凶。既知有爲不是頤養之法。而以無爲頤養。亦謂之顚頤。此六四顚頤故吉。既以無爲頤養。而有爲之習慣。不免時有虎視眈眈其欲逐逐之象。但知之既審。有爲之習慣。必能去除。此六四顚頤。吉虎視眈眈。其欲逐逐无咎也。

前拂頤養之常經。現居頤養之正道。其事雖吉。但有爲之習慣。尚不能去除以盡。雖知無爲之可貴。不能如禹之行水。行其所無事。此六五。拂經。居貞吉。不可涉大川也。

無爲之頤養。不可以言語形容。不可以思慮議擬。一落言語思慮。卽違反自然。由自然之道以頤養。只要厲行去除有爲之法。久之自然能如禹之行水。行其所無事。此上九。由頤。厲吉利涉大川也。

大過

熟讀大過卦。當知過字之義。說文。過、度也。度卽渡。廣雅釋詁二。過、渡也。引申爲經過義。公羊六年傳。過時則書。注、歷也。又引申爲過甚義。左昭元年傳。過則爲災。疏、淊也。又引伸爲過失義。論語。不貳過。皇疏。猶失也。孟子。聖人且有過與。注。謬也。大過之過。兼含三義。於己之頤養言爲經過義。以人之視己言爲過甚義。以己之視人言爲過失義。大者多之義。大過者、含有三義也。儒家之學。修己而後治人。潔身以入世。世皆在過失之中。領導之人亦然。此棟撓也。學者以救世爲事。不肯獨善其身。己立立人。己達達人。此利有攸往亨也。

舉世皆濁。衆人皆醉。此棟撓本末弱也。具至大至剛之氣概。有巽順和說之度量。教誨他人。孳孳不倦。善與人同。氣象寬大。獨醒獨清。潔身自好者。其度量未宏也。

獨立不懼。遯世无悶二句。是大過一卦之要義。其所以獨立不懼者。以經過大畜之修養。頤之頤養。內足于己。獨立于世。自能不懼。舉世皆在過失之中。而以我爲過甚。雖遯世亦无悶。此孔子所謂。人不知而不慍。孟子所謂。人知之亦囂囂。人不知亦囂囂是也。必有獨立不懼之氣概。然後有遯世无悶之度量。亦必有遯世无悶之度量。愈見其獨立不懼之氣概。只能獨善其身者。不足以言獨立不懼也。必欲兼善天下者。不足以言遯世无悶也。

欲以善言教人。當以善氣迎人。若以嚴厲態度。剛正言語。其聲色卽拒人于千里之外。君子所以危而不猛。此初六藉用白茅。無咎也。

凡人皆有明德。只因爲物欲所蔽。其根已枯。雖有萌蘖。難期條達。猶之老夫女妻。卽有生育。難期繁衍。無根之木。無源之水。無本之人。不易爲善。此九二枯楊生稊。老夫得其女妻无不利也。

其德已成。其名未立。欲兼善天下。必得其人而輔之。若所輔之人。柔弱而不可輔。雖已有理繁治劇之才。化民成俗之德。而亦不足以有爲。此九三棟撓凶也。

所輔之人剛健可輔。其左右之人。以我之行爲過甚。多方阻之。而亦不足以有爲。此九四棟隆吉。有它吝也。

治國治民。當求實在之效力。不可在表面上做敷衍工作。如已枯之木。雖則生華。必不可久。老婦士夫。雖則組織家庭。決無生育之望。徒爲可醜之行。此九五枯楊生華。老婦得其士夫。无咎无譽也。

橫流泛濫。擧世淹沒。雖有獨立不懼之氣概。不能遯世无悶。鮮不遭殺身喪名之禍。此所以有道則見。無道則隱。隱非我之過。世之過也。此上六過涉滅頂凶也。

坎

熟玩坎卦。當知坎字之義。其義有二。說文。坎、陷也。此坎卦之本義。一、坎與欿同音。孟子。如其自視欿然。則過人遠矣。欿然卽坎然。不自滿之意。此處坎之義。學者初入世。處處皆是險難之象。但世雖險難。終不以己之獨醒獨淸自異。欿然不自滿。此所以重重險難之中。其心理常然通泰。不受險難之環境影響。其處險之行爲。可嘉尚也。

處險難之時。其險難之來。如水流不止。終不塡坎陷而盈。惟處坎者。以至大至剛之氣。充積于中。發見于外。不失己之自信心。始能得人之共信心。自信而人信。所以能往而有功。雖處如天險之不可升。地險之山川丘陵。王公之守國設險的環境中。而我始終以自視欿然之態度。不稍有所動於其心。雖有種種之險。而履險如夷。其態度鎭靜。其應用宏大。皆由頤養中來也。

常德行習敎事二句。是坎卦之重要義。常德行。所以持己也。習敎事。所以待人也。頤養功深。得之於內爲德。見之於外爲行。不有片時之間斷。故曰常。處險難之中。自身常居於無過之地。以事敎人。習而不倦。故曰習敎事。處險難之中。不僅不尤。且誨人不己。非頤養功深者。不能如是。

潔身入世。世多險難。重重險難之中。每自陷于險難而不自知。此初六習坎。入於坎窞凶也。世多險難。而我以欿然不自滿之態度。入於其中。於人無過分之求。於己有自足之樂。此九二坎有險。求小得也。

險難之來。非一其事。衽席之上。亦有險難。防不勝防。稍不謹愼。卽入于坎窞之中。惟有以欿然不自滿之態度處之。而勿自用。雖則无功。當亦无咎。此六三來之坎坎。險且枕。入於坎窞。勿用也。
凡人入世。決不可絕人而立于獨。酒肉徵逐之場。處處皆是危機。我雖不可效世俗之所爲。然亦不可絕人太甚。當有酒食之來往。然人皆習于奢侈。我獨節約自守。雖不能得俗人之贊同。終可无咎。此六四樽酒。簋二。用缶。納約自牖。終无咎也。
世道險難。如水流不止。而坎不盈。我雖以欲然自不滿之態度處之。亦只能平自己之心。僅以无咎。此九五坎不盈。祇既平。无咎也。
世道既險難不平。而又亂事紛起。如徽纆之係。愈縛愈緊。如叢棘之寘。愈塞愈多。潔身入世。本欲治世之險難而平之。乃以欲然不自滿之態度。處于其中。毫無辦法。僅以无咎。處之至于三年之久。仍不得平之之法。于己雖无咎。于世則凶。此上六係用徽纆。寘于叢棘。三歲不得。凶也。

離

熟玩離卦。當深體離字之義。廣雅。離、分也。又遠也。去也。散也。論語、邦分崩離析。孔注。不可會聚。是[illegible]之借字。不即之義。序卦傳。離、麗也。本卦彖辭。麗乎天。麗乎土。言日月草木有所附麗也。是丽之借字。不離之義。坎上六係用徽纆。寘于叢棘之後。即之則束縛愈緊。抑塞愈多。離之則止而不前。雖免徽纆之束縛。終不能通叢棘之抑塞。惟不即不離。其事正。其行亨。譬如畜牝牛而吉。牛者有毅力之物。不離之謂也。牝者有柔順之性。不卽之謂也。

凡人入世。必有一定之主宰。而志有所附麗也。如日月之麗乎天。百穀草木之麗乎土。天經地義。確不可易。人與天地爲三才。上明乎天。下明乎地。自能學修于一身。化成于天下。不卽不離。柔麗中正。麗者、不離之謂。柔者、不卽之謂。修養、要勿助勿忘。行事、要不離不卽。自處中正。處事亨通。猶之牝牛。有堅忍之力、而又有柔順之性也。

繼明照四方。此是離卦重要之義。凡入世處事。貴乎明。尤貴乎繼明。繼明者。如日月之明不息。此象辭日月麗乎天也。照四方者。不僅繼明不息。要必照于四方。使四方受日月之明。而生育萬物。此象辭百穀草木麗乎土也。政施于上。化成于下。不卽不離。民日遷善而不知爲之。此象辭重明麗乎正。乃化成天下也。所以能化成天下者。在于繼明照四方。不卽不離。詩美仲山甫之德。柔亦不茹。剛亦不吐。不侮鰥寡。不畏強毅。此象辭柔麗乎中正也。

欲通叢棘之抑塞。先要嚴自身之敬畏。入世處事。當以敬畏爲先。拿破侖云。法國字典無難字。拿破侖所以終于失敗。諸葛武侯。一生惟謹愼。所以能治弱小之蜀。先難而後獲。入世處事。一定之理。此初九履錯然敬之。无咎也。

入世處事。不可固執一己之見。必就兩方面而執其中。此六二黃離元吉也。左傳。黃、中之色。黃離卽象辭柔麗乎中正也。

若不能繼明。或卽。執一己之見。不問他人之情。唱而不和。或離。稍有鬆弛之心。致成懈怠之事。暮氣不振。此九三日昃之離。不鼓缶而歌。則大耋之嗟凶也。或執一己之見而卽。或有鬆弛之心而離。此不能繼明之象。不能繼明。必不能照四方。四方民衆其強者擾亂。其弱者死亡。此九四突如其來如。焚如。死如。棄如也。已不繼明照四方。應自出涕戚嗟而悔。此六五出涕沱若。戚嗟若。吉也。既自悔。卽自改。心爲一身之主。或卽或離之心。克伐而棄之。此上九王用出征。有嘉。折首獲匪其醜无咎也。

咸

孰玩咸卦。當深體咸字之義。說文。咸皆也。言一人之身修。不可以致承平之治。必人人之身皆修。始可以致承平之治。坎卦雖則常德行以持己。習教事以待人。而坎之上六。三歲不得凶。可見人人不能皆修身。而終無辦法。此修己當以及人。皆之義也。彖辭。咸、感也。言用種種方法以感人也。感者、不僅以身作則。要必以心相應。以身相隨。然後人始感應而隨從。離卦雖則以繼明照四方。而離之九四。突如其來如。焚如。死如。棄如。己雖繼明。四方民衆。卒至強者擾亂。弱者死亡。至六五之出涕戚嗟而自悔。上九出征折首獲醜而自克。必與人爲善。然後承平之治可以致。己欲立而立人。己欲達而達人。君子莫大乎與人爲善。此感之義也。繫辭云。寂然不動。感而遂通天下之故。言感應之速也。故雜卦傳曰。咸、速也。咸有皆義。故亨。有感義。故利。有速義。故貞。而總以卑弱以自持。溫和以待人。取柔之態度而吉也。

咸卦雖有皆義。而作用全在於感義。能愛然後能皆。咸之所以能感人者。尙柔不尙剛。我之氣與人之氣相互感應。智方行圓。止而說也。內剛外柔。男下女也。如天地之化生萬物。有感皆應。聖人以天地之心爲心。治平天下。亦有感皆應。感從心咸聲。一人之心。卽人之心。以己執持言曰恕。如心爲恕。推己以及人也。以人相應言曰感。咸心爲感。人人皆同此心也。故曰觀其所感。而天地萬物之情可見矣。

君子以虛受人。此是咸卦重要之義。咸之所以能感人者。以其虛也。說文。虛、大丘也。虛有二義。一虛大義。一虛空義。二義其實相承。必大而後能空。氣度狹小者。不能虛也。人欲充實者。不能虛也。氣度狹小之人。必定人欲充實。惟大始空。所以虛大虛空爲一義也。廣雅。受、親也。惟虛後能親人。譬如大海。億萬清流注之而受。億萬濁流注之亦能受。此虛大之義。故曰大海。譬如天空。善人惡人。善禽獸惡禽獸。善草木惡草木。皆在覆庇之中而能受。此空之義。故曰天空。君子如海天之大空而虛。尊賢容衆。嘉善矜不能。以虛受人。所以能感人之速。民日遷善而不知所爲之者也。

感人必以漸。勿以過莊嚴之言語容貌。拒人於千里之外。使人摒足而不敢前。必要隨其好尙。使其人與我親近而後感之。此初六咸其拇也。拇、子夏傳作䠞。言步其足跡而行。亦感之第一步也。人親近我。我可以感矣。然感之太驟。易生反應。必安之使其順從。毋迫之轉以害事。此六二咸其腓凶。居吉也。腓脛也。段玉裁云。脛骨後肉。言步跡而行及于脛矣。此感之第二步也。速則凶。居則吉。不可太驟也。

安之使其順從。可以感矣。然己不能大。不能空。不能以虛受人。執我之意而隨之。使順從者或逆于心而生反應。執此以感人。吝道也。此九三咸其股。執其隨。往吝也。說文股、髀下也。膝上爲股。言股比腓更親近矣。必要以虛受人。毋執我意。此感之第三步也。

執我意以感人。其感人之心與感人之事。雖不錯。而被感者則悔而亡矣。悔、恨也。亡、逃也。亡非指身體而言。指心意而言。心意悔恨。不聽我之感而逃亡。則其心往來不定。思想衆多。必不能受我之感。此九四貞吉悔亡。憧憧往來。朋從爾思也。此感之而彼不應也。

被感之人雖悔亡。而我感之不已。以我之心感彼之心。以我之口感彼之口。終始无悔。此九五咸其晦。无悔也。王弼云。晦在心之上。口之下。此彼不應而我猶感也。

我感之不已。彼感于心而以言語相應。此上六咸其輔頰舌也。馬融云。輔、上頷也。輔頰舌者、言語之具。此彼終受我之感。而以言語相應也。

恆卦

孰玩恆卦。當深體恆字之義。說文。恆常也。從心從舟。在二之間。二表示兩岸。一心渡人。在兩岸之間。來往不已。歷久不變。故曰恆。天行健。君子自強不息。不息則久。久則徵。徵則悠遠。悠遠則博厚。博厚則高明。久則徵以上。君子自渡之恆也。徵則悠遠以下。君子渡人之恆也。咸卦雖以虛受人。若不恆。平昔之修養。雖徵于己。未及于人。何以能悠遠。不悠遠則不能積聚而博厚。不博厚則不能充實而高明。君子自渡渡人。由自強、至高明。皆是恆之事。能恆其德。必能亨通。縱不亨通。亦必无咎。咸卦六爻皆是以虛受人。至上六始有言語之應。感人必以恆。能人己兩受其利。事之正也。以正而行。利有攸往矣。

咸之柔上剛下。感人尚柔不尚剛。恆之剛上柔下。持久尚剛不尚柔。咸恆二卦。剛柔相濟。雷剛物。風柔物。鼓之以雷霆。潤之以風雨。雷以動之。風以宣之。雷風相與。此所以巽而動。剛柔皆應。而能恆也。老子曰。天之道。其猶張弓乎。高者折之。下者舉之。有餘者損之。不足者與之。此感人之時。剛柔相濟。所以能剛柔皆應。故亨无咎利貞。久於其道也。道卽剛柔相濟處恆之道。恆之道。卽天地之道。天之道高明。地之道博厚。人之道悠遠。悠遠則博厚。博厚則高明。悠遠是恆。人之道是恆。天地之道亦是恆。故曰。天地之道。恆久而不已也。始也人法天地。繼而人合天地。法天地者。法天地之恆以自渡。合天地。合天地之恆以渡人。故曰。利有攸往。終則有始也。天之道。日往月來。月往日來。故日月得天而能久照。地之道。寒往暑來。暑往寒來。故四時變化而能久成。人法天地之道以自渡。合天地之道以渡人。故久於其道而天下化成。此道之何。恆之道也。故曰。觀其所成。天下萬物之恆可見矣。

立不易方。此恆卦之要義。行星繞日公轉。而有立不易方之太陽。地球晝夜自轉。而有立不易方之南北極。人法天地之道。建有立不易方之德以自渡。然後合天地之道。用立不易方之德以渡人。不變隨緣。所以能德天地。隨緣不變。所以能合天地。

處恆之道。貴不變。亦貴隨緣。假使只有不變之德。而無隨緣之德。強人以從己。雖則以虛受人。而不能感人。此初六浚恆貞凶。无攸利也。虞翻云。浚、深也。言求之太深。其事則凶。而无所利也。能自悔其無隨緣之德。感人而无所利。若不能堅貞其中之不變。只求外之隨緣。已不能自渡。何能渡人。必也更堅貞其不變之德于中。而隨緣于外。則我之自悔者。始可以無悔矣。此九二悔亡也。亡、讀無。

若不能堅貞其不變之德。爲環境所轉移而隨緣。必不能恆。此九三不恆其德。或承之羞。貞吝也。不能法天地不變隨緣之德以自渡。是自渡無恆而无所得。卽不能合天地隨緣不變之德以渡人。是渡人無恆而无所得。此九四田无禽也。

初六只有不變之德。而无隨緣之德。不能渡人。九二自悔其無隨緣之德。九三爲環境所轉移。不問不變之德。只求隨緣之德。九四失其德而无所得。以種種經驗。轉自疑不變之德尚未堅貞。日以堅貞不變之德爲事。但只可以自渡。不能渡人。此六五恆其德貞婦人吉。夫子凶也。婦人治內。況自渡也。夫子治外。況渡人也。

法天地之道。以不變隨緣之德自渡。不變隨緣。皆在于己。確能自持。而法天地矣。合天地之道。以隨緣不變之德渡人。隨緣不變。皆在于人。始也只有不變。不能隨緣。不可以渡人。繼也只有隨緣。不能不變。更不可以渡人。終也又堅其不變之德。而猶不可以渡人。則處恆之道。未鞏固而搖落矣。此上六振恆凶也。鄭玄云。振、搖落也。

遯卦

孰玩遯卦。當深體遯字之義。說文。遯、逃也。言豕逃也。遯卦之遯。是遁之借字。說文。遁、遷也。從辵盾聲。盾所以扞身蔽目。扞蔽而遷。有退意。雜卦傳曰。遁者、退也。是遁有退讓之意。鄭固碑。逡巡、退讓。巡、卽遁字。又遁、與循通。遁循皆從盾聲。辵彳義同。說文。循、順也。論語。足縮縮如有循。朱駿聲云。如有所般旋回避而逡遁也。據此。遁循義通。論語。夫子循循然善誘人。集解序次貌。卽是施教時。序次而進。如有般旋回避而逡遁之貌。本上數義而讀遁卦。一爲遷退之遁。卽大象君子以遠小人。

一爲循循善誘之遁。卽大象不惡而嚴。恆卦上六。處恆之道。未鞏固而搖落。不能固執我見。遷退以遁。而誨人之心。不能自己。苟有機緣。循循善誘。此孟子所謂不屑之教誨者是亦教誨之之意。佛四攝。以有同事攝也。故曰遁亨小利貞。咸恆之利貞。教人之正道。遯之利貞。以退爲進。教人之權術。故曰小。

遁之所以亨者。以遷退而亨。若不遷退。我愈教之。彼愈不受教。故遁而亨也。施教者修身以應受教者。可以教則教。不可以教不強教。此剛當位而應與時行也。不屑教誨之之教誨。以收循循善誘之功。此小利貞浸而長也。學術上之教人。當體遁卦之義。世無不可教之人。政治上之治人。當體遁卦之義。世無不可治之國。故曰遁之時義大矣哉。

君子以遠小人。不惡而嚴二句。此遁卦重要之義。君子修己以及於人。在社會上則教人。在政治上則治人。當舉世皆濁、衆人皆醉之時。而我以獨清獨醒之身處於其間。我欲教之。則人不受教。我欲治之。世不能治。使我必欲教。則有意之反抗。使我必欲治。則有行之反抗。小人成羣。惟有遷退以遁。此君子所以遠小人也。惟是君子以兼善天下爲志。其遁也。並非潔身自好。如沮溺之流。更不是一瞑不視。如屈原之流。于教育言。有不屑教誨而教誨之意。于政治言。有以退爲進。使人心悔禍之意。不惡者、不僅行爲上無惡之表示。卽意思絕無惡之存在。而嚴者、教人治人之心與行。皆極其嚴肅。對于人不惡。對于己而嚴。此君子處遁之時。遠小人之心與行如是也。

當遯之時。舉世皆爲小人。處處可爲君子之害。蜂蠆有毒。而況于人。當此時也。雖有教人治人之心。無所用處。然事雖不可行。而心則無已。此初六遯尾厲。勿用有攸往也。

使我固執教人治人之心。鞭策之。束縛之。使受教受治者。不能脫我教治之範圍。於人必無所益。不過僅以固我之志而已。此六二執之用黃牛之革。莫之勝說也。說卽脫字。

處遯之時。用鞭策束縛以固執我志。此係遯也。于己則有疾。于事則有厲。老子曰。聖人皆孩之。此是處遯之善法。程氏頤易傳云。臣妾小人女子。懷恩而不知義。親愛之則忠其上。係戀之以私恩。懷小人之道也。略得此意。此九三係遯。有疾厲。畜臣妾吉也。

用不惡而嚴之法。以遠小人。遷退以遯。遯之好也。如是之遯。在君子則不有遯尾厲之害。在小人是否知悔而遷善。則不可知。此九四好遯。君子吉。小人否也。

好遯以後。不有遯尾厲之害。已遠小人。居寧而志正。不僅是好遯。而是嘉遯。如是遠害。故曰吉。嘉是正志。故曰貞吉。此九五嘉遯貞吉也。

能正己志。養晦以待時。所謂窮則獨善其身。達則兼善天下。此肥遯也。子夏傳。肥、饒益也。饒益者。退則有饒益于己。進則有饒益于人。伊尹耕于有莘之野。太公釣於渭水之濱。避亂而遯。皆肥遯也。遯而能肥。進退無不利矣。此上九肥遯。无不利也。

大壯

孰玩大壯卦。當體壯字之義。說文。壯、大也。廣雅。壯、健也。大屬心言。心寬大而能容。有萬皆備于我之氣概、健屬志言。志剛健而不懈。有自強不息之精神。雜卦傳大壯則止。遁則退也。退讓以遁。止于所遁之處。項安世曰。蓄材待時。養銳蓄力。據項氏說。大壯卦是養晦時。精修不懈也。孟子。伊尹耕於有莘之野。而樂堯舜之道焉。非其義也。非其道也。祿之以天下弗顧也。繫馬千駟弗視也。非其義也。非其道也。一介不以與人。一介不以取諸人。處大壯之時。寬大之心。剛健之志。自然人知之亦囂囂。人不知亦囂囂。無事不利。無時不貞也。

大者壯也者。心大而氣壯。其爲氣也至大至剛。惟大而後能壯也。剛以動故壯者。心之所至。志亦至焉。志之所至。氣亦至焉。氣之所至。行亦至焉。處大壯之時。雖則是柔而止。實則是剛以動也。以剛以動之心之志之氣之行。以處柔以止之境。不僅寬大能容。剛健不懈。而必中正以自處。天地之所以不息而悠久者。其以中正。人法天地而合于天地。故曰正大而天地之情可以見矣。

非禮弗履一句。是大壯卦之重要義。人必有不爲也。然後可以有爲。不爲非禮之事。理直氣壯。所以自反而縮。雖千萬人吾往矣。處大壯之時。雖不是有攸往。必有不爲之操。以待有爲之時。居則曰不吾知也。如或知爾。則何以哉。經小畜之修養。頤之頤養以後。自不至有非禮之履。但退讓以遁。志或消沈。雖無求知之心。不能不有應知之具。此所以非禮弗履也。

當遁之後。不可再退。亦不可遽進。當止于其所。養晦待時。若遽進必凶。惟堅強信心。雖世不信我。我的自信力更堅強。此初九壯于趾。征凶。有孚也。趾卽止字。

自信力堅強。不爲環境所轉移。中心自正。心正任何環境困難。皆不足以擾我之胸懷。雖凶亦吉。此九二貞吉也。貞正也。

處壯之時。若以壯自用。是小人之行。有壯而不用。是君子之行。京房云。壯一也。小人用之。君子有而不用。卽是此意。罔作無字解。若必欲用之。雖正亦危。前途荊棘甚多。我雖守正而前。必爲荊棘所塞。迷陽傷足。道不可行。此九三小人用壯。君子用罔。貞厲。羝羊觸藩。羸其角也。

我守九二之貞吉。理直氣壯。若不能止于其所。雖前途之荊棘。不能阻我。必有更大之阻力。使我不能前進。此九四貞吉悔亡。藩決不羸。壯于大輿之輹也。

遇更大的阻力。猶抱理直氣壯之心前進。結果必自傷其身。心雖無愧。事終無益。仍不免是小人之用壯。此六五喪羊于易。无悔也。

遵養時晦。不是明哲保身。是待時而動。若不知難而止。必冒險以進。結果必處于不能退不能進之勢。無有所利。惟有知進而止。靜待他日之進。知難則進退自如。不僅有此時止之吉。而有他日進之吉。此上六羝羊觸藩。不能退。不能遂。无攸利。艱則吉也。

晉卦

孰玩晉卦。當深體晉字之義。說文。晉、進也。日出萬物進。從日、從臸、會意。說文、臸、到也。從二至。至之孳乳字。亦卽今日所用至之本字。言大壯養晦以後當有所進也。大壯養晦是靜。晉上行是動。序卦傳晉者、進也。從臸之義也。大壯養晦時是夜。晉上行時是晝。雜卦傳晉、晝也。從日之義也。大壯養晦時不能進而進。至于不能退不能遂。無有所利。然知難而止。而咎不長久。晉是上行時。蓋養晦既久。于人言而康健。于馬言而蕃庶。所以當晉之時。可以晝日三接。與世相周旋也。

晉之所以宜進者。日出地上。麗乎中天。大明之時也。舉世之濁與醉。以日出而清醒也。當此之時。以前途無藩籬之阻塞。不必剛健而前進。至遭羝羊觸藩。不能退不能遂之事。可以柔順而上行。以康健之人。用藩庶之馬。晝日三接。而無阻塞也。

自昭明德一句。是晉卦之重要義。德者內得于己。外德于人也。大壯養晦時之非禮弗履。是內得于己也。晉上行時之自昭明德。是外得於人也。無內得于己之德。必不能外得于人。無外得于人之德。必是無內得于己。有所不爲。然後可以能進取。所以有大壯之非禮弗履。始有晉之自昭明德也。明德、是大壯時所養之德。卽小畜時所修之德。本人生所固有。至晉時始能昭之。曰自昭者。言固有明德。要以自己的力量。施展出來。尚書堯典。克明峻德。克明、卽自昭之義。

晉是進而上行之卦。但進之過程中。必有許多波折。雖有波折。其事則吉。雖不能孚信于人。寬裕以處之。必能无咎。此初六晉如摧如。貞吉。罔孚。裕无咎也。

進而上行。而受波折。當然不免於憂愁。當以中正自處。中則能寬裕。正則不偏倚。自能在此波折之中。吉而獲福。自處中正。毅力生焉。毅力是成功之母。中心是毅力之母。此六二晉如愁如。貞吉。受茲介福。于其王母也。

毅力不懈。羣衆罔孚者。必漸漸服從。此六三衆允悔亡也。

進而上行。不是一蹴可幾。雖則衆允悔亡。而羣衆之中。尚有少數凶頑。不能感化者。我雖以中正自處。而于進行之大局。頗有危厲。此九四晉如鼫鼠。貞厲也。

當上進之時。自己時時以中正自持。六三之衆允是得。九四之鼫鼠是失。我不以得失自恤。秉中正之心以上進。自能吉无不利。此六五悔亡。失得勿恤。往吉无不利也。

少數凶頑不能感化。在政治上惟有用刑罰。在教育上惟有用朴責。刑罰朴責雖危。而對于凶頑不能感化者。不能不如是。雖危而吉必无他咎。但是不能感化凶頑。而必用刑罰或朴責。則己之中心之德。尚未能廣。此上九晉其角。維用伐邑。厲吉无咎。貞吝也。

明夷

孰玩明夷卦。當深體明夷二字之義。夷、痍之借字。說文。痍、傷也。明痍者、明而傷也。有二義。于世的一方面言。小人道長。君子道消。卽彖辭之明入地中明夷是也。于己的一方面言。晉而上行。己雖有明之德。未免有世之夷。卽序卦進必有所傷是也。於己又有二義。進有所傷。卽不能鋒芒太露。爲衆矢之的。卽彖辭晦其明也是也。自晦其明。不是消極的。仍是積極的。以暫時之晦。爲異日之明。卽大象之用晦而明是也。雜卦傳曰。明夷、誅也。白虎通。誅、責也。晦其明與用晦而明。在于責字。處明夷之時。當時時鞭責自己。不僅是明哲保身而晦其明。要正己以及其人。不是輕世肆志。當要責世以進于善。始能用晦而明。合此諸義以處明夷。無往不利。無時不貞。明夷之利貞與大壯之利貞不同。大壯只就己的一面而言。明夷是就己與人的兩方面而言。加一艱字。必艱而後能利。亦必艱不失其貞。處明夷之時。當小心謹愼。艱難以任事也。

明入地中者。我雖進而上行。晦盲否塞。世猶紊亂也。處這明入地中的時候。惟有文明蘊于內。柔順見于外。任何艱難困苦。我總以艱難困苦自持。前進必是光明。于人而利。于己不失正。自晦其明。努力奮鬥。自心雖有許多苦悶。藏于內不形于外。所謂內難也。堅貞之志。不爲任何環境所轉移。所謂能正其志也。

君子以蒞衆。用晦而明兩句。是明夷卦之重要義。明夷之時。不是大壯養晦之時。是晉之後君子蒞衆之時。雖則是明入地中。暫時不能不自晦其明。晦其明。不是養晦。是用晦。用晦是手段。明是目的。君子蒞衆目的在于明。當明入地中之時。持一己的明。與世周旋。必受世之傷而明夷更甚。與蒞衆之目的。必不能達到。惟有用暫時之晦以求異日之明。尺蠖之屈。以求仰也。卽是此意。處明夷之時。有所作爲。必受摧折。然不可以摧折之故。自懈于志。有所作爲而行一事。計盡三日。不暇食而不惜。持此以往。宜乎无不利。而爲明夷之主者。猶言爲不是也。明夷之主。言己之對象。此初九明夷于飛。垂其翼。君子于行。三日不食。有攸往。主人有言是也。

有攸往主人有言。我之明。必受世之夷。不僅精神之傷。或且身體之傷。雖則有傷而愈振作精神。俗所謂龍馬精神。愈艱辛而愈飽滿。雖有夷之凶。自有明之吉。此六二。明夷。夷于左股。用拯馬。壯吉是也。

精神飽滿。與明夷之世周旋。必能以己之明。破世之暗。而入于光明之域。獲對方首領的諒解。但亦不可操之太急。此九三。明夷于南狩。得其大首。不可疾貞是也。南狩。猶光明之域。

既得首領諒解。漸漸感化其左右之人。入其胸腹而獲其心意。本爲晦的門庭。今出晦的門庭而入于明。此六四入于左腹。獲明夷之心。于出門庭是也。

世人能出晦入明。皆是已用晦而明的力量。大象所示君子以蒞衆。用晦而明。至是始能做到。此六五箕子之明夷。利貞是也。箕、蜀才本作其。其子。言處明夷之人也。卦辭言利艱貞。爻辭言利貞。爻辭之利貞。由一艱字而來。初二三四爻。皆是艱之事也。

雖則是用晦而明。猶有不明之晦。擾之世。不能一時可以安寧。蓋根本不善。我雖用晦而明之。如登于天。不久卽棄明而晦。如入于地。此上六。不明晦。初登于天。後入于地是也。

家人卦

執玩家人卦。當知家人之範圍。並當知家與國之關係。儒家之學。修己治人。壹是皆以修身爲本。但修身之後。治國之前。有一齊家。齊家者。齊一己之家。以及人人之家也。詩周南召南。皆是文王齊一己之家、以及人人之家之事。序卦。傷于外者。必反于家。言明夷傷于外。家人反于家也。彖辭。父父子子兄兄弟弟夫夫婦婦。此家之範圍也。哀公問政。孔子告以君君臣臣父父子子。孟子言、刑于寡妻。至于兄弟。以迓于家邦。又言、人人親其親。長其長。而天下平。大學言、宜其家人。而後可以教國人。此家與國之關係也。儒家倫理的政治學。卽由於此。中國恆言國家。國以家爲本也。家雖合父子兄弟夫婦而言。其要在于夫婦。孔子答哀公問政。大婚爲大。國以家爲本。家以夫婦爲本。夫婦以婚姻爲本。推其始而言也。此家人卦辭。所以言家人利女貞。蓋家人之利。在于女之貞。此古時所以重婚姻之禮也。毛傳小序言。婚姻之禮廢。夫婦之道缺矣。自由結婚者。必多自由離婚。究竟婚姻之道。以何爲至善。未能定也。

凡人皆有本位。夫婦結合爲一家。若無男女的本位。則家庭的組織。必不鞏固。女之本位在內。家以內之事。女子主之。女位正乎內是也。男之本位在外。家以外之事。男子主之。男正位乎外是也。照男女平等而言。女正位乎內。男亦應當正位乎內。男正位乎外。女亦何嘗不可正位乎外。內外之位不正。家庭之組織。必不鞏固。女正位在內。男正位在外。是自然之事。近世辦托兒所。卽所以補救此種缺陷。然非自然。無論其只有金錢的關係。毫無親愛之可言。設使女子知識能力皆與男子平等。皆欲正位乎外。誰肯爲托兒之職業乎。中國數千年來。皆是男統家庭之內。以父爲主。而母副之。故曰、家人有嚴君焉。父母之謂也。嚴君統父母而言。位雖分內外。名不分尊卑。必各正其位而名始可維持于常久。由是而父父子子兄兄弟弟夫夫婦婦之名分定。一家之名分定。一家正。家家之名分定。家家正。故曰家正而天下定矣。

言有物而行有恆。此家人卦之重要義。言行是人的思想所表見。家人是齊家之卦。一切皆以言行表見而爲一家的人法則。言有物者。不戲言。不假言。使子女自小養成一種誠實之習慣。行有恆者。每日有一定的工作。日日不間斷。使子女自小養成一種勤謹之習慣。言行在家內養成。一入社會。自然言行皆有法則。所以不出家而成教于國也。今日家庭無教育。學校中僅爲知識權能之灌注。言之無物。行而無恆。造成整個的社會不安寧。家教失其效也。

現在稍有知識的人。喜言國事。不喜言家事。青年男女尤甚。要曉得一家之事不能防閑而整理之。必不能防閑一國之事而整理之。此初九閑有家悔亡也。

飲食是人生最切要的。一人如是。一家亦如是。一國亦如是。男女同居。結爲一家。男主外。女主內。是自然之事。現在中等人家。飲食之事。皆僱人爲之。女子則以游戲爲事。立于人類平等而言。此是最不道德的事。就是立于一家而言。亦不宜如是。此六二。无攸遂。在中饋。貞吉也。現在的女子。皆不爲飲食之事。而主中饋。迫于環境。偶一爲之。熱天尤以爲苦。驕奢戲笑。不事職業。此九三。家人嗃嗃。悔厲吉。婦子嘻嘻。終吝也。

能各正其位。而有職業。其家必富。正位卽所以富家。所謂在本位上努力也。此六四。富家大吉也。一家在本位上努力。一家富。家家在本位上努力。家家富。家家富有。國不憂貧。此九五。王假有家。勿恤吉也。

何以能使家家在本位上努力。必政治領導的人。社會領導的人。以身作則。此上九。有孚威如。終吉也。

睽卦

孰玩睽卦。當先了解睽字之義。及處睽之道。說文。睽、目不相視也。序卦。睽者、乖也。說文。乖、背呂也。先由目不相視。繼至面不相嚮。言一家之人。乖睽而心嚮外也。家人上九。有孚威如。終吉。雖家長反身自省。以身作則。而一家之中。不能驟然感化。不免有乖睽之事。彖辭所謂二女同居。其志不同行也。凡事皆不能一蹴可幾。齊家亦然。使操之過急。不能忍耐以相處。則不同行者。卽永遠無由同矣。惟有忍耐于乖睽。徐徐以感化明乖睽之氣。則不同行者。當能卒使之同。彖辭所謂男女睽而其志通也。俗云。不癡不聾。不作家翁。一家之主。不可因細微之事。處處認眞。精明過度。蓋一家之中。必有小事之糾紛。只要大體不失。以志而異者。當漸以情而同。處大環境紊亂之時。只得如是。此卦辭所謂小事吉也。言雖有小事之糾紛。而大體吉也。

家庭之糾紛。多由於婦人。婦人見識狹小。只有一己之私。而無大衆之公。此二女同居。其志不同行也。爲家長者。當處之以公正之心。持之以忍耐之度。一家之人。徐徐感化。自能說而麗乎明。柔進而上行。得中而應乎剛也。明、中、剛。家長之態度也。說、柔、得中、應剛。家人之行爲也。家庭制度。大體維持於不墜。雖有小事之糾紛。而大體尙吉。推而言之。天上地下。天地睽也。天地雖睽。其事則同。男外女內。男女睽也。男女雖睽。其志則通。鳥飛獸走。萬物睽也。萬物雖睽。其事則類。善以處之。同而異者。皆可異而同矣。不異。不足以爲天地男女萬物。各盡其性。不同。不足以合天地男女萬物。共盡其性。論語言。君子和而不同。和者、異而同也。不同者、同而異也。深明同而異、異而同之理。不要因其異而異之。更不要一其同而同之。此睽之時用所以大也。

君子以同而異一句。此處乖睽家庭最重要之義。乖睽之家庭。其志各異。家長若因其異而異之。則其異日甚。不如因其異而同之。久之異者亦同矣。若家長必欲以理解之同。一其同而同之。不僅其內部之志各異者。無法可同。卽外部之行相同者。亦不能常同。惟不同其同。而同其異。則異者皆在同之中。久之同者自不異矣。能深明同而異之理。實行同而異之事。不僅可以處乖睽之家。並可以處乖睽之國也。

一家之中。瑣碎之事甚多。或因牛馬之失而乖睽。或因惡人之來而乖睽。使不能忍耐以處之。小事變爲大事。乖睽者愈乖睽矣。若能以忍耐處之。已失之牛馬。往往失而復得。惡人雖來。亦未有咎。此初九。悔亡。喪馬勿逐自復。見惡人无咎也。

乖睽之家庭。人各異志。皆欲向家長而訴之。家長出。外遇之于巷。家長以同而異之道處之。得以相安無事。此九二。遇主於巷。无咎也。

一家之人。各有異志。在內既乖睽。必來在外之乖睽。或曳輿而來。或牽牛而來。其來者。多半刑餘醜厲之人。乖氣致異。勢極洶洶。是無初也。家長亦以同而異之道。忍耐處之。卒無事而散。是有終也。此六三。見輿曳。其牛掣。其人天且劓。无初有終也。

一家乖睽。家長以同而異之道。忍耐處之。兄弟之間。或能隱忍相安。兄弟各人之妻。尚不能隱忍。其兄弟或避他而去。因睽而孤。其睽更甚。家長仍以同而異之道。忍耐處之。卒致各遇元夫。而交孚。其事雖危。以忍耐之故而無咎。此九四。睽孤。遇元夫。交孚。厲无咎也。

一家乖睽。一族之家。亦必乖睽。環境之影響。必然之事也。家之乖睽。固是噬膚之痛。族之乖睽。亦是噬膚之痛。家長既以同而異之道。忍耐處一家。而悔亡。亦以同而異之道。忍耐處一族。亦必往而无咎。此六五。悔亡。厥宗噬膚。往何咎也。

乖睽未至和好時。家長雖以同而異之道處之。一時未能異而同。在一家而個人孤。在一族而一家孤。要之皆是睽孤。或以打罵之故。如見豕負塗。或以徵逐之故。如載鬼一車。甚至爭鬥。張弧脫弧。皆是婚媾而非盜寇。家長始終以同而異之道。忍耐處之。卒使羣疑相釋、遇兩而解。此上九睽孤。見豕負塗。載鬼一車。先張之弧。後說之弧。匪寇婚媾。往遇雨則吉也。

蹇卦

孰玩蹇卦。當知蹇字之義。蹇從足。亦從言作謇。從足者。行難也。從言者。言難也。睽上九羣疑亡以後。可以互相合作矣。而言行之難。繼續而生。處蹇之時。當堅決志生。在任何困難。要逆流而上。不可隨波逐流。順流俱下。此卦辭所謂利西南。不利東北也。西南高。東北下。逆流而上。雖蹇而利。順流而下。雖不蹇而不利。利在逆流而上。闢開黑暗。見大光明而吉也。

合作之初。言行之難。重重疊生。險阻在前。毫不見有平坦之路。見險阻而不止。一意孤行。則困難更甚。惟止而深思遠慮。決定所行之方向。西南地勢雖險。然往而得中。東北地勢雖不險。然其道則窮。寧逆流而上。與蹇奮鬥而利。不順流而下。與蹇隨順而不利。處蹇之時。不鹵莽。不懈怠。外觀世。內觀己。審愼而進。終能闢開黑暗。見大光明。往而有功。必能當位而正邦。得處蹇之道。蹇之用所以大也。。

反身修德。此蹇卦最重要之義。處蹇之時。只見人之不是。不見我之不是。以爲以我之是。斥人之不是。實則不是與不是相衝突衝。而糾紛愈甚。處此之時。當反身修德。德者、外得于人內得于己也。人果是我果不是耶。當去我之不是。以就人之是。人果不是我亦不是耶。當先去我之不是。然後化人之不是。人果是我亦是耶。當平心靜氣。徐陳兩是之異。以求兩是之同。人果不是我果是耶。亦當平心靜氣。徐以我之是。以感人之不是。無我見無人見。不問是之在我或在人。不問不是之在我或在人。只有是不是之見。無人我之見。此反身修德之謂也。

處蹇之時。與人合作。以反身修德而往。雖未必卽時可以告成。而人對于我處蹇之態度。必稱譽之。此初六往蹇來譽也。

處蹇之時。終始持反身修德之態度。只思所以處蹇之道。而解其困難。不爲自身之利害。此六二王臣蹇蹇。匪躬之故也。

反身修德。眞積力久。始之稱譽我者。漸漸亦反身修德。此九三。往蹇來反也。

以我之反身修德。漸漸感動人之反身修德。以一人之反身修德。漸漸感動二人以上之反身修德。此六四。往蹇來連也。連、卽聯字。

以二人以上之反身修德。漸漸感動多數人之反身修德。以蹇之故皆得處蹇之道。多難興邦。此蹇之所以士也。此九五大蹇朋來也。我先以反身修德而往。卒得大衆皆反身修德而來親我。闢開黑暗。見大光明。无往不吉矣。此上六往蹇來碩。吉利見大人也。碩大也。

解卦

孰玩解卦。當深思解字之義。凡人處一事。必先自己了解。然後得他人之諒解。必先得他人之諒解。然後得情理之相解。治絲急則結。緩則解。蹇上六則往蹇來碩吉利見大人。而困難猶未解也。困難未解。仍當在困難中奮鬥。此解所以與蹇同利西南也。雜卦傳曰。解、緩也。是治絲緩則解之義。雖在困難之中奮鬥。必堅守困難之環境。所以无所往也。處解之時。忍耐如此。對事之情理。必已了解。他方之來者。亦漸漸諒解。无所往。指己方而言。有攸往。指他方而言。事之解。不在于解之日。此之謂夙吉也。

處解之時。與困難相奮鬥。此險以動也。無困難即無奮鬥。安常處順。無以見才力。有困難不能奮鬥。氣灰志惰。無以濟艱辛。必奮鬥始可出于困難之中。此動而免乎險解也。蹇之利西南往得中。得中就己方言也。解之利西南往得衆。得衆就他方言也。以己之了解。得人之諒解。其來復吉。乃得中也。言人之諒解。而來就我。得中、就他方言也。有攸往夙吉。往有功也。言解之成功。不在于解之日。在于未解之先。有我之了解。他之諒解。相說以解。有功、就已方言也。天地之鬱氣解而雷雨作。言嫌疑已解。努力合作也。雷雨作而百果草木皆甲坼。言努力合作而事業發達也。此解之時所以大也。赦過宥罪。此解卦重要之事。過者、無心之失。罪者、有意之犯。無論團體與團體。個人與個人。兩方面必各有無心之失與有意之犯。當蹇之時。各于其對方之過罪。無赦之宥之可言。當解之時。各于其對方之過罪。猶不能赦之宥之。必不能相說以解。必各于對方之過。直截赦之。各於對方之罪。比于情理而宥之。由各自了解。至于互相諒解。自然能實行決解而赦之宥之。必互相赦過宥罪。斯可謂之解也。

當解之初。我能澈底了解。雖不能得對方之諒解。然無他咎。此初六无咎也。

當解之第二步。會合兩方面之衆。田獵而和解之。（在今日、以其他種會合式行之。）以此方之所得。贈之彼方。亦以相當之物贈之。此九二田獲三狐。得黃天。貞吉也。

困難之解。必不能一蹴可以成功。況一團體之中。必不能人人卽時諒解。當會合和解之時。或有意外之糾紛。如各得所獲而歸。致寇至之刼。此六三。負且乘。致寇至。貞吝也。

處解之時。如有意外之糾紛。惟有就當前之事而解之。切不可多所牽聯。以一人之不諒解。影響大衆。意外之糾紛。既不牽聯大衆。大衆之信。卽不受影響。此九四。解而拇。朋至斯孚也。

無論如何困難。抱定赦過宥罪之心以解之。精神所至。必能有孚于大衆。此六五君子維有解。吉。有孚于小人也。

大衆之心旣孚。正式大會合以解之。以己方之了解。獲他方之諒解。實行情理之決解。赦過宥罪。无不利矣。此上六。公用射隼于高墉之上。獲之。无不利也。

損卦

孰玩損卦。當善體損字之義。以處解之後。說文。損、減也。損本減損物數之損。引伸爲減損行爲之損。無論團體與團體。個人與個人。彼此諒解之後。當各自減損。毋使彼此諒解者。再入于蹇難之境。減損其物數。使人我之養。畢給而足。減損其行爲。使人我之力。以徐而復。休養生息。損之義也。中國自勝以後。不知損之義。物數行爲。皆不肯減損。尤其不能懲忿窒慾。外部之蹇雖解。內部之蹇。以不知損之義。不行損之道。遷延時日。終不能解。不肯受有形之損。自損以處解之後。終必受無形之損。彼此皆損。迫于不得不解。此皆不懲忿窒慾的緣故。善體損字之義。若能善體損字之義。實行自損。必人我孚信。以目前言之。大吉无咎。以將來言之。一切之事。皆可努力行之。利有攸往。損之事。當自行爲以及心理。克己復禮之目。在于非禮勿視。非禮勿聽。非禮勿言。非禮勿動。制外養中。行爲最宜謹飭。行爲之損。以食爲最先。余于儒家修養法上言之最詳。曷之用。二簋可用亨。即此事也。亨非祭祀之享。是享受之享。

一般人之損。皆是損人益己。尤其是政治上的人。無不損下益上。此損之道自上行也。損當自損。若實行自損。損而有孚。損己雖不是吉。有孚則是大吉。處解之後能以自損而信于人。不僅无咎。且可有所作爲。利有攸往。當損卽損。不當損卽不損。享受當損。禮儀不當損。二簋之用應有時。卽論語所謂菲飲食而致孝乎鬼神是也。論損之道。應當損剛益柔。高者抑之。低者揚之。但要隨時應變。無必定之執。此損剛益柔有時也。或損或益。或盈或虛。與時偕行。此處損之道也。

懲忿窒慾。是損卦之重要義。當解之後。不能自己滅損。使彼此諒解不能澈底者。皆忿慾害之。忿是對人而生的。慾是自心而生的。慾尤足以誤事。因有慾而有忿。對人不能自制其忿者。是對己不能自制其慾者也。二簋用享。卽是自制其慾之入手處。故曰窒慾。窒者塞其小隙也。語曰涓涓不塞。將成江河。言慾當在小時窒也。孔子言士志于道。而恥惡衣惡食者。未足與議也。孟子言飲食之人。則人賤之。皆是窒慾之行爲。亦卽二簋可用享之行爲。能窒慾。始可以懲忿。人何以要忿人。因人分我之所慾。故我若無慾。忿心自無。窒慾者。慾心尚在。窒之不嚴。發爲忿心。須卽時懲之。窒慾因所以懲忿。懲忿亦所以窒慾。懲窒交須。忿慾並制。對人對己。絲毫不可放鬆也。

當解之時。是諒解於心。諒解於言。尚未諒解于事也。當損之時。是諒解於心。諒解於言之後。已至諒解於事之頃。當此之時。宜速乘時而往。必可无咎。只須酌損之。而事以濟。若不速往。遷延時日。

將生他變。處損之初。久宜速往。此初九。已事遄往。无咎。酌損之也。

處損之道。利于守正。亂動則凶。初九之遄往无咎。乘諒解之時也。九二之征凶。違處損之道也。處損之道若何。于心理上言。懲忿窒慾。於行爲上言。二簋用享。要皆是對自己減省。若對於他人。不僅不損。而反益之。此九二。利貞。征凶。弗損益之也。

諒解之後。實行損己以合作。若與三個團體合作。一個團體的意見。與兩個團體的意見不同。則棄一個團體意見不用。服從多數也。若與一個團體合作。卽從其意見。犧牲自己也。此六三。三人行。則損一人。一人行。則得其友也。

處損之道。以疾速爲要。初九之遄往无咎。當解之後。損之初也。六四之使遄有喜。當損之時。行損之事也。此六四。損其疾。使遄有喜。无咎也。

我以減省自處而益人。人受我之感化。亦以減省自處而益我。當此之時。我不可違其益我之美意。同執損己之見。不受其益。人我各自損己益人。眞是諒解以後大吉之事。此六五。或益之十朋之龜。弗克違。元吉也。

彼此皆是損己益人。實行處損之道。對于人弗損益之也。九二之弗損益之。言其理。故利貞征凶。上九之弗損益之。言其事。故无咎貞吉。不僅當時无咎貞吉。而利有攸往。其發展將在後也。其所以能利有攸往者。以其大衆之公。無一己之私。此上九。弗損益之。无咎。貞吉。利有攸往。得臣无家也。

益卦

孰玩益卦。當深體益字之義。說文。益、饒益也。從水在皿上。饒、飽也。以字形言。水出于皿上爲益。以字義言。食果於腹爲益。引申爲一切益之稱。益卦之益。損己之盈。以益人之虛。于己言爲損。于人言爲益。但是益人卽所以益己。于己言亦可謂益也。益人、是事物之益。益己、是德行之益。繫辭傳云。益德之裕也。不以物質滋養。以精神滋養。正是「益德之裕也」之意。善體此意。无往而不利。涉大川毫無窒礙矣。

禮記大學云。財聚則民散。財散則民聚。散財聚民。是損上益下也。藏富於民。則民之生活足。生活足。則頌聲作。是民說无疆也。孔子告哀公曰。百姓足。君孰與不足。孟子言。養生喪死無憾。是王道之始。是自上下下。其道大光也。光卽廣字。商鞅經濟學。是強國富民。管仲經濟學。是富民強國。損下益上。發展國力者。商鞅之經濟學說也。損上益下。充實民力者。管仲之經濟學說也。民力充實。國力自然發展。孟子言。省刑罰。薄稅斂。深耕易耨。壯者以暇日終其孝弟忠信。入以事其父兄。出以事其長上。可使制梃。以撻秦楚之堅甲利兵矣。損上益下之極。以中之德居正之位。无所往而不利。是利有攸往。中正有慶也。倉廩足而知禮節。衣食足而知廉恥。擁有旣庶而富旣富而敎之民衆。涉大川毫無阻礙。是利涉大川。益道乃行也。損上益下之行爲。動而愈順。民日富。國日強。近者悅。遠者來。是益動而巽。日進无疆也。天地位。萬物育。其德性爲中和。其行爲爲損上益下。是天施地生。其益无方也。損上益下之道。行之純熟。春生、夏長、秋收、冬藏。無所容心于其間。極其自然。皆是益之事。是凡益之道。與時偕行也。

見善則遷。有過則改兩句。是益卦之重要義。處益之時。當以此兩句。牢記于心。時時提撕而警惕之。則損上益下之行爲。能終始不懈。何謂善。凡事有益民生者謂之善。善與不善相對。凡事有損于民生者。謂之不善。有心爲之爲不善。無心爲之爲過。見有益于民生之事。遷之毋稍遲延。如六四之利用爲依遷國是也。見有損于民生之事。改之亦毋稍遲。如六三益之用凶事是也。見善則遷固難。有過則改尤難。見善則遷。好名之人。或可爲之。有過則改。非懲忿窒慾純熟者。必不能爲。有絲毫忿慾未去。有過必不能知。卽知亦不能改。且明明是遷善有益于民生之事。或以時間空間之故。有益于民生者。變爲有損于民生。此之謂之過。過者、行之太過。無心之損下益上。因是過。有心之損上益下。行之太過。亦是過。如取法歐美良好政治。行之中國。是見善則遷也。行之太過。不適合空間。不僅無益于民生。反有損于民生。此等之過。應當卽改。然而非忿慾去盡。有大無畏之精神者。必不能改。此有過則改爲尤難也。

當損上益下之初。當大告民衆。俾民衆曉然損上益下之心理。然後損上益下之行爲。始能下令如流水之赴壑。而無阻礙。蓋民衆易以落成。難以圖始。所以當大告民衆使其曉然。此初九。利用爲大作。元吉。无咎也。

民衆既曉然我損上益下之心理。復見我損上益下之行爲。心心相感。自然有損下益上之行爲。以相報答。損之六五。或益之十朋之龜。行損之時。偶然之事也。益六二。或益之十朋之龜。行益之時。普遍之事也。故損之弗違爲元吉。益之弗違爲永貞吉。所以能永貞吉者。將民衆之損下益上。公之大衆。不僅視爲上下之報答。此六二。或益之十朋之龜。弗克違。永貞吉。王用享于帝。吉也。

彖辭言。凡益之道。與時偕行。與時偕行者。當益則益。不當益卽不益也。損少數以益多數。以損爲益。執中而行。民衆信之。或益或損。公之大衆。此六三。益之用凶事。无咎。有孚中行。告公用圭也。處益之時。執中而行。惟衆是從。不有我見。卽大至遷國之事。亦以衆爲依。此六四。中行。告公從。利用爲依遷國也。

有損上益下之惠心。民衆必孚。惠心既堅。勿問而大吉也。有損上益下之惠德。民衆愈孚。惠德既布。大得民志也。此九五。有孚惠心。勿問元吉。有孚惠我德也。

與時偕行之益。或益或損。執中而行。但須執中不變。持之以恆心。非然者。一時執中。一時不執中。或益或損。卽不能與時偕行。六三之益之用凶事。注重于有孚中行告之也。上九之莫益之或擊之。注重于立心勿恆凶。戒之也。此上九莫益之或擊之。立心勿恆凶也。

夬卦

孰玩夬卦。當深體夬字之義。說文、夬、分決也。分決者、分別而決定也。雜卦傳。夬、決也。剛決柔也。君子道長。小人道消也。言以剛陽之德性。決柔陰之事情。自然君子之道日長。小人之道日消。夬卦是處理一切糾紛之人事。振作自安墮落之民情。所抱的決心。在未具決心以前。要當分別審慎。事理若何。情理若何。決定一個目的。然後本此目的。施行手腕。人己的損益。大節有十。細目有四十。所以有分決之必要。云何爲十。

㈠損己益人

損己之物質。以益人之物質。

損己之物質。以益人之精神。

損己之精神。以益人之物質。

損己之精神。以益人之精神。

㈡損人益己

損人之物質。以益己之物質。

損人之物質。以益己之精神。

損人之精神。以益己之物質。

損人之精神。以益己之精神。

(三)益己即所以益人

益己之物質。以益人之物質。

益己之物質。以益人之精神。

益己之精神。以益人之物質。

益己之精神。以益人之精神。

(四)益人即所以益己

益人之物質。以益己之物質。

益人之物質。以益己之精神。

益人之精神。以益己之物質。

益人之精神。以益己之精神。

(五)損己以致損人

損己之物質。以至于損人之物質。

損己之物質。以至于損人之精神。

損己之精神。以至于損人之物質。

損己之精神。以至于損人之精神。

㈥損人以致損己

損人之物質。以至于損己之物質。

損人之物質。以至于損己之精神。

損人之精神。以至于損己之物質。

損人之精神。以至于損己之精神。

㈦損己卽所以益己

損己之物質。以益己之精神。

損己之物質。以益己之物質。

損己之精神。以益己之物質。

損己之精神。以益己之精神。

㈧損人卽所以益人

損人之物質。以益人之物質。

損人之物質。以益人之精神。

損人之精神。以益人之物質。
損人之精神。以益人之精神。

(九)益己卽所以損己
益己之物質。以損己之物質。
益己之物質。以損己之精神。
益己之精神。以損己之物質。
益己之精神。以損己之精神。

(十)益人卽所以損人
益人之物質。以損人之物質。
益人之物質。以損人之精神。
益人之精神。以損人之物質。
益人之精神。以損人之精神。

以上所舉損益大節十。細目四十。所以吾人行損益時。有分別決定的必要。此夬卦之所以重要也。且每一節之益損。其結果或損或益。尚未能一定。所以吾人行損益時。更有分別決定的必要。此夬之所以尤重要也。行損益時。既分別決定後。當一秉至公。宣揚于大衆。此卦辭之所謂揚于王庭也。明信其法。宣其號令。嚴厲以守。此卦辭之所謂孚號有厲也。對于近告誡有加。對于遠不以武力相尙。此卦辭之所謂告自邑不利卽戎也。抱如此堅決之心。剛強不屈。此卦辭之所謂利有攸往也。

夬卦是分別決定之行。本剛陽之德性。以決柔陰之事情。但必須溫而厲。危而不猛。受我決者皆心悅以誠服。此彖辭之所謂健而說。決而和也。宣布于大衆。彼此交互。毫無猜忌之心。此彖辭之所謂柔乘五剛也。彼此毫無猜忌。號令雖嚴。施行自廣。此彖之所謂其危乃光也。對于近誥誡有加。對于遠不尙武力。若尙武力。必不能行。此彖之所謂所尙乃窮也。以剛決柔。柔必厲。剛必伸。其功告成。此彖辭之所謂剛長乃終也。

施祿及下居德則忌（余作周易古史觀本王弼說則忌改爲明忌茲細思可不必改）二句。是分別決定後。行損益時之重要行爲也。施祿及下者。無論或損或益。必先施祿及下。使受我決者之傾向我也。居德則忌者。言行損益之時。雖受決者皆傾向于我。不可有絲毫自德之心存于其中。更不可有絲毫自得之色表于外。故曰居德則忌也。

當夬之初。必詳細審愼。固定脚跟。立于不敗之地。若無必勝之把握。遽往行決。咎卽隨之。此初九。壯于前趾。往不勝。爲咎也。

行夬之時。脚跟固定。依中道而行。或損或益。警惕于心。宣布于衆。雖前進有無窮之危險。行于中道。獨立不懼。此九二。惕號。莫夜有戎。勿恤也。

行夬之時。若自德之色見于面。受我決者。必有若干之反應。此大象之所謂居德則忌也。君子處此。毫無居德之色見于面。審愼十大節四十細目之損益。認識淸楚。獨行其是。風雨載途。衣履沾濕。作有慍怒之事。殊不介意。此九三。壯于頄。有凶。君子夬夬。獨行遇雨。若濡有慍。无咎也。

或損或益。在己雖認識淸楚。而實行之時。必有種種困難。或居處不安。或行止不定。衆多之民衆。必先損益一人。以樹風聲。猶之羣羊。牽其一而羣羊隨之。我心旣決。議論龐雜。置之不能。此九四。臀无膚。其行次且。牽羊悔亡。聞言不信也。

損益旣認識淸楚。本施祿及下。居德則忌之態度。溫其色。和其心。依中道行。必无咎也。此九五。莧陸夬夬。中行。无咎也。莧虡本作莞。陸解睦。

行夬之時。必要公布于大衆。使大衆了然于心。若不公布。則疑懼滋多。終必有凶。此上六。无號。終有凶也。

姤卦

執玩姤卦。當知姤字之義。說文無姤。字作媾。又假借爲遘。說文。遘、遇也。言損益決定後而與世相遘遇也。不用遘而用姤者。從女。取柔和與世相交接也。從后。決定後自有主張也。姤女壯者。女卽從女之意。壯卽從后之意。此卽尙書皐陶謨。寬而栗。柔而立。愿而恭。亂而敬。擾而毅。直而溫。簡而廉。剛而塞。彊而義之九德。與世相交相接。不柔和卽不能得衆。無主張卽爲人所轉移。此姤卦所以言女壯也。女壯者。雖抱柔和之態度。而不一以柔和爲用。此卦辭所以言勿用取女也。論語。禮之用。和爲貴。知和而和。不以禮節之。亦不可行。卽姤卦之意。

處姤之時。以柔和之態度。遇剛健之民衆。故曰柔遇剛也。但不可一以柔和之手腕。以柔濟柔。事必不成。故曰勿用取女。不可與長也。遇剛健之民衆。固當以柔和之態度應付之。但必剛柔相濟。俾萬品之民衆。皆來親近我。而與我志意相通。故曰天地相遇。品物成章也。我自處于中正。不偏不倚。剛健之民衆。爲我之中正所感化。損益之道。大行于天下。故曰剛遇中正。天下大行也。如此處姤。姤之時義所以大也。

以施命誥四方。是處姤之時重要之事。夬之時。決之于己。姤之時。行之于人也。行之于人。必要使人明白我之態度。對于我無絲毫疑懼之心。而我決定或損或益之行爲。隨時應付。皆可爲我所欲爲。所以無論在政治上。在社會上。必要取得民衆信仰爲第一要事。施命誥四方。此取得民衆之重要事也。施命誥四方。如天下風行。春風至而草木折甲。秋風至而草木衰落。絲毫不容假借。使誥四方之命。一失信用。任何好的政策。用好的手腕。皆無法施行也。

取得民衆信仰。固在大經大法之誥命。而尤在行爲上之表見。古者親民之官。深入民衆。相親如父子兄弟。然或見其紡織工作合法而稱贊之。或見其畜牧工作不合法而指示之。比戶巡視。孳孳不倦。此初六。繫于金柅。貞吉。有攸往。見凶。羸豕孚蹢躅也。

不僅留意民衆生活之道。如初爻所云。並且入其庖中。留意于生活之事。見庖有魚。足徵人民不饑餓矣。人民與官吏毫無疑懼。坦然相處。因無有如都市式之開歡迎會。亦無有如鄉鄙式之搶刼民財。此九二。包有魚。无咎。不利賓也。

于行爲上處處表見愛民之態度。人民雖有艱難困苦的。亦必信仰而不疑。此九三。臀无膚。其行次且。厲。无大咎也。

雖則決定施祿及下之行爲。與民相遇。博施濟衆。堯舜猶病。荒遠之人民。當有因生活困難。互相起釁者。此九四。包無魚。起凶也。

與民衆相遇。當然以解決民衆之生活爲職志。所謂解決民衆之生活者。不必爲有形之施濟。當指其生活之道。此九五。以杞包瓜。含章。有隕自天也。

此等與民相遇之行爲。雖其細已甚。然相親相愛。只有利而無害。此上九。姤其角。吝。无咎也。

萃卦

執玩萃卦。當了解萃字之義。序卦傳。物相遇而後聚。故受之以萃。萃者聚也。雜卦傳亦曰。萃、聚也。

然則何以不用聚而用萃。說文。萃、草貌。朱駿聲云。草萃貌。言民衆相聚。如草萃貌而不甚整齊也。我既與民衆相交接。而必思有以聚之。無知之民衆。聚之殊不容易。在宗法時代。立祖廟以示愼終追遠之意。宗法解散。亦必有團體之組織。以聚分散之民衆。領導組織的。必至公無私。而有大人之度。與民衆相見。又須顧到民衆習慣。讌享以親近之。以如此之態度。整理民衆。自然無所而不利。雖如草萃貌之民衆。而卒可以聚也。

如草萃貌之民衆。似不容易聚。而萃可以聚者。在于順民衆之習慣。而有以說其心。但非一味順說。必自處中正。而後民衆應之。此順以說。剛中而應。故聚也。國者家之積也。現在雖家族制解散。然民衆之愛家。終勝于愛國。雖不必立祖廟以示愼宗追遠。但必使子孝父慈兄友弟恭。各有家庭之樂。家安寧而國自安寧。此王假有廟。致孝享也。惟是領導之人。必有中正之心。自容之度。使民衆信任而不移。此利見大人亨。聚以正也。有中正之心。自然無所偏倚。有包容之度。自然無所愛憎。不大違民衆之習慣。使家給人足。孟子所謂七十者衣帛食肉。黎民不饑不塞。此用大牲吉。利有攸往。順天命也。萃卦之聚。純任自然。故曰。觀其所聚。而天地萬物之情可見矣。

以除戎器。戒不虞。此萃卦之所有事也。以國際言。有國際之侵略。以國內言。有國內之擾亂。皆是不虞之當戒者。除、治也。戎器、兵器。除戎以防國際之不虞。兼以防國內之不虞。此萃者之所有事。但除戎器。是防不虞之戒。不可以除戎器爲萃之事。除戎器。戒不虞者。所謂兵可千日不用。不可一日不備也。

萃民者。雖具有中正之心。包容之度。如草萃貌之民衆。始雖信之。終乃疑之。萃民者、萃之心。堅決不渝。縱民衆亂之不已。而平盡氣。理其亂而萃之。雖民衆號笑不一。而我不以民衆之號笑爲可憂。努力于萃之工作。抱此決心而往。必無咎也。此初六。有孚不終。乃亂乃萃。若號一握爲笑。勿恤。往无咎也。

乃亂乃萃之時。不要違背民衆之習慣。使民衆感覺前途之危險。無妨利民衆之習慣。使民衆感覺前途之安寧。此所謂引吉也。能引吉以萃民衆。必無他咎。所謂利用民衆之習慣者。只要大法正法不違背。現在雖是要開民知。破除迷信。但民知未甚開之處。亦可隨民衆迷信之習慣使其信仰。而徐徐教之。所謂利用如是。此六二。引吉无咎。孚如利用禴也。

民衆知識已開發之處。不必利用民衆之習慣而教之。民衆知識未甚開發之處。利用民衆之習慣信而後教之。此九四。大吉无咎也。

組織民衆。不能人人皆有職位。必擇其稍有知識者。萃之使有職位。以輔助整理之工作。於理於事。皆可无咎。然如草萃貌之民衆。其知識未開發者。或因無職位之故。疑而不信。其有職位之長。雖能萃之者之命令。治戎器。戒不虞。其疑而不信之民衆。甚且悔恨而逃亡。此九五。萃有位。无咎。匪孚。元永貞。悔亡也。

其知識未開發之民衆。因無職位之故。雖未逃亡。未免不信任萃之者。而有齎咨涕洟之事。我誠抱中正之心。包容之度。努力于萃之工作。雖有齎咨涕洟之事。于萃之大體言。必定无咎。此上六。齎咨涕洟。无咎也。

升卦

孰玩升卦。當知升字之義。升、登之借字。亦作昇。作陞。馬融云。昇、高也。鄭玄云。昇、上也。廣雅云。陞、進也。升卦繼萃卦既聚之後。進而上陞而組織之也。故序卦云。聚而上謂之升也。升元亨者。元者、善之長。亨者、嘉之會。組織民衆。以善長民而爲嘉會也。我既誠心愛于民。民亦誠心親乎我。是以用見大人勿恤也。南征吉者。南者光明之方。向光明路而征。必吉也。

民衆雖柔。未萃之前。必不可升。既萃之後而升之。故曰。柔以時升也。當其可之謂時。時之義最要。以時升者。必能巽而順。惟是升之相應。雖在民衆。升之主動。則在政治領導之人。所以剛中而應也。於升之一方面言。既巽而順。于升之兩方言。剛中而應。是以大吉也。升之事既大吉。是以有慶而志行也。

以順德。積小以高大。是升卦重要之義。登進民衆而組織之者。當善體此義。順德、順民衆之心理也。民之所好好之。民之所惡惡之。此所謂順德也。既有順民之德。亦不可操之太急。持之太嚴。以漸而進。此所謂積小以高大也。明乎此義。凡違反民情而求速效者。必不能登進民衆而組織之。僅有順德。不能積小以高大。組織民衆。必不成功。僅有積小以高大而無順德。組織民衆。亦不成功。而況二者皆無之乎。

巽而順。剛中而應。處萃之後。信乎可升之時也。說文。允、信也。王注釋允爲當。以爲初與九二九三合志俱升。當升之時。升必大得。全謂允宜。釋信略如尙書堯典允恭克讓之允。論語允執其中之允。上下之志合。允宜上升而大吉。此初六允升大吉也。

允升大吉。以理言也。初升之時。當利用民衆之習慣。取得民衆之信仰。萃九二之孚乃利用禴于萃之時。利用禴以信之。此爻之孚乃利用禴于升之時。亦利用禴以信之。辭同而義不同。所以、萃不言无咎。升言无咎。辭同者其事同也。義不同者其時不同也。此九二孚乃利用禴无咎也。

率領民衆升大丘之上。利用民衆之習慣。舉行登進之典禮。使民衆毫無所疑。此九三。升虛邑也。說文。虛、大丘也。

旣率領民衆。升大丘之上。使民衆毫無所疑。更進而率領民衆。會于首都。九三之升虛邑。預備會也。此王之會于岐山。正式會也。民衆無疑而心順。必吉而無咎也。此六四。王用亨于岐山。吉无咎也。

正式大會之後。升者及升之者。皆大得其志。其事吉也。旣會之後。當分別其賢愚而階升之。階升者。言登進有等級也。此六五貞吉升階也。升階即階升。乃亂乃萃之民衆我以中正之心包容之度。爲我所萃率領以升。升虛道。亨于岐山。卒至貞吉。當分別其賢愚而階升之時。必有不能升而近我者。此之謂冥升也。此爻之冥升。即萃卦上六齎咨涕洟之人。而升之者。仍當以中正之心。包容之度。潔己修身。施於爲政。毫不稍息。此上六冥升。利于不息之貞也。

困卦

孰玩困卦。當知困字之義。說文。困、故廬也。引伸爲困窮困難之困。所謂困窮者。境之困。序卦之升而不已必困也。所謂困難者。心之困。象辭之困而不失其所亨。其唯君子乎也。因境之困。而有心之困。因心之困。不怕境之困。此困所以亨也。孟子、動心忍性。增益其所不能。此處困之事也。處困而能困心衡慮。此所以大人吉无咎也。處困之時。當時時磨鍊身心而實行之。若不能實行。徒以言辭爲說。尚口乃窮也。

冥升之民衆。我以不息之貞升之。終不能得民衆之諒解。雖有剛健之德。爲冥升之民衆所掩。是以困也。處此困窮之時。險象環生。若以險治險。則其險更甚。惟有不怕困難。和說以解之。雖困不失其所亨。惟君子乃能如是也。但一味和說。而無剛中之德。則困窮仍不能解。剛者、不屈不撓也。

中者、不偏不倚也。有不屈不撓之志。不偏不倚之心。不爲人言所左右。不爲環境所轉移。任何境之困。必以心之困以解之。此所以貞大人吉也。若無剛中之德。徒以言辭爲解。雖言者諄諄。而聽者藐藐。此所以有言不信。尙口乃窮也。

致命遂志。是處困之重要義。命者、性也。盡己之性。以盡人之性。盡人之性。以盡物之性。謂之致。致、推而極之極也。不言性而言命者。性之理微。命之言顯。致命猶俗所謂拚命也。志者、心之所之。自損益以後。決之于心而早定也。自姤而萃而升。皆是此志之行爲。致命卽所以遂最初之志也。以此可見要遂志。必要致命。能致命。無不可遂志。所以不肯致命者。皆是無志者也。志之所定。性命以之。此之謂也。

不能致命遂志之人。悠悠忽忽。毫無振作之氣。馴致于退步。日忽一日。年忽一年。因循三歲之久。而無所表見。此初六臀困于株木。入于幽谷。三歲不覿。眞孟子之所謂下喬木而入于幽谷也。

不能致命遂志之人。日以飲食爲事。只得遷徙于明顯之環境中。一新其耳目。利用種種方法以鼓勵之。冥升之民衆。其遷徙時雖凶。其理則无咎。此九二困于酒食。朱紱方來。利用享祀。征凶。无咎也。

冥升之民衆。本無有志。何能致命。安土重遷。雖困于砂石草棘之中。不知其舊的環境爲危險。必致于家室死亡而後已。此六三困于石。據于蒺藜。入于其宮。不見其妻。凶也。

冥升之民衆。雖無有志。不能致命。而我必以致命遂志以遷徙之。雖遷徙之時。遲遲吾來。而道路之中。困難殊甚。惟一時雖感遷徙之困難。而終久必獲遷徙之利益。此九四。來徐徐。困于金車。吝有終也。

冥升之民衆。雖遷徙到明顯之地。而怠惰成性。如受天刑。無以自解。惟我以致命遂志之決心。徐爲之說。幷利用種種方法以鼓勵之。以解其怠惰之天刑。此九五。劓刖。困于赤紱。乃徐有說。利用祭祀也。

我雖以致命遂志之決心。徐爲之說。幷利用種種方法以鼓勵之。而怠惰成天刑之民衆。自困于草棘之中。其臲卼非一時所能解。惟有需于歲月。待其自動而自悔。悔而又悔。始可以用率領以往。無不吉矣。莫致命遂志之效也。此上六。困于葛藟。于臲卼。曰動悔有悔。征吉也。

井卦

孰玩井卦。當知井字之義。其義有二。一汲水之井。井所以養人。象辭井養而不窮是也。一井田之井。各安其居。各樂其業。卦辭之改邑不改井。往來井井是也。人民不能離開生活。困上六困于葛藟。此序卦之困乎上也。從事于生活之注意。此序卦之反乎下也。井卦之所以次困卦也。井以養人而奠民居。是以知生活之要也。社會政治。不能同時改革。政治安定。而改革社會。社會雖形紊亂。人民猶不感紊亂之苦。以有政治爲之中心也。社會安定。改革政治。政治雖形紊亂。人民亦不感紊亂之苦。以有社會爲之中心也。此卦辭改邑不改井。是政治改革。社會安定也。人民在此政治改革之中。安其鑿井而飲。耕田而食之常。故曰无喪无得。往來井井也。汔至亦未繘井。羸其瓶。凶者。虞翻云、汔。幾也。荀爽云、繘者綆、汲之具也。朱熹云羸敗也。言人民受改革政治之影響。流散歸來。井田未改。汲水之井廢壞。幾至于不能汲。汲之而敗其瓶。其凶如是而已。若邑旣改而井又改。失其舊業。生活無着。其凶當更甚也。汲水之井。其事雖小。源源而來。其養人而不窮也。政治雖改。社會不改。以生活是人民之中心。人民不受改革政治之影響。故曰改邑不改井。乃以剛中也。不過汲水之井廢壞。不能汲而用之。有功於人。故曰汔至亦未繘井。未有功也。苟汲之。汲水之瓶必敗。故曰羸其瓶。是其凶也。可見政治當注意人民之生活。只要井田之井未破敗。汲水之井破敗。其凶不過羸其瓶而已。若井田之井破敗。舊業盡廢。生活無着。不能往來井井。社會搖動。亂象叢生。斷非一時所能安定也。勞民勸相。是井卦之重要義。勞、動詞。勞民以耕種也。相、出入相友、守望相助、疾病相扶持之相。勸民互相輔助也。井田之井未改。只有勞民以耕種。勸民互相輔助。人民生活自然復其常態。雖汲水之井廢壞。修之比較容易也。

汲水之井。爲泥淤塞。汙濁不能食。漸漸廢棄而爲舊井。雖有井之形。而無井之實。有井而無水。不僅人不能食。禽亦不能食之。此初六井泥不食。舊井无禽也。此人民流亡歸來。看見汲水之井淤塞之形。

治井而去其淤塞。而井遂深。然有無數蝦在其中。以一瓶汲而去之。遂至羸其瓶。此九二井谷射鮒。甕敝漏也。谷、深也。射、斁之借字。鮒、子夏傳井中蝦蟆。甕敝漏。卽卦辭之羸其瓶。此言治井之事。無數之蝦蟆已去。穢汚已盡。漸有清潔之意。然猶不可食。蓋流亡歸來。井雖可汲。而心總未免惻然也。井雖不改而邑改。對于新王之政。終覺惴惴。此九三井渫不食。爲我心惻。可用汲。王明。並受其福也。此治井已可汲。而對于新王之政懸之于心也。

治井不僅去其淤塞。且以瓦甃之。可保永久之清潔。此六四井甃无咎也。甃。馬融云。爲瓦裏下達上也。此言治中而甃以瓦也。

治井甃以瓦。源源而來之泉。寒而洌。可以食也。此九五井洌。寒泉食也。王弼云。洌、潔也。此治井甃以瓦以後。清潔之泉。源源而來。可以食也。

清潔之泉源源而來。汲水之人日多。井雖有幹有蓋。可以不用。以汲水之人太多。無容蓋也。以此可知人民生活安定。九三之王明。信于衆也。此上六井收勿幕。有孚元吉也。陸浩云。收、幹也。虞翻云。幕、蓋也。此言治井之功告成也。

井卦卦辭。改邑不改井。井井田之井。未破壞也。汔至亦未繘井。羸其瓶。汲水之井已破壞也。所以六爻皆言治汲水之井之事。汲水之井。關于人民之生活。小于井田之井而必經若干時期。始能至井以勿幕。有孚元吉。奈之何言政治者。不顧人民之生活也。雖小至汲水之井。亦要注意及之。況其大者乎。

革卦

孰玩革卦。當知革字之義。說文。獸皮治去其毛曰革。革爲更革之革。引伸爲改革之革。雜卦傳革去故也。于個人言。于社會言。去其舊染之汙曰革。井、養人者也。有所養然後有所敎。革者、敎民改過之事也。人民舊染之汙非一日可以洗滌以盡。湯之盤銘曰。苟日新。日日新。又日新。必積年累月乃可以孚也。而其所以革之者。必要體仁以長人。嘉會以合禮。利物以和義。貞固以幹事。四德具而悔乃亡也。

民非水火不能生活。善用之。本相需而生。不善用之。雖同性之二女。其志亦不相得。況水火之不同性乎。去除舊染不相得之汙。而爲相需之用。此革之所以重要也。但是改革非一日之功。必積年累月。而人民始信之。由野蠻而漸進于文明。使人民確知文明生活之足悅。毫不感覺改革之痛苦。自亨通入于正道。所謂民日遷善而不知爲之者。此革而當其悔乃亡也。天地有四時之改革。而春生、夏長、秋收、冬藏。順乎自然之運行。而歲以成。湯武革命。上順乎天之自然。下應乎人之自然。天之自然者。天生物之自然也。人之自然者。人生活之自然也。自然改革。所謂不識不知。

順帝之則。此革之所以大也。後世皆是勉強。一反其自然。上不順天。下不應人。此所以愈改革。而民衆愈痛苦也。

治曆明時。此革卦重要之義。治曆者。上順乎天也。明時者。下應乎人也。凡人離不開生活。生活足。然後可以改革以向善。井卦之勞民勸相。使之互相輔助。努力于生活也。革卦之治曆明時。使之利用天時人事之自然。充裕其生活也。政治只要注意人民之生活。百姓足。君孰與不足。百姓不足。君孰與足。苟無歲。何有民。苟無民。何有君。此其義君主時代知之。民主時代不知。可歎也。

改革要先具堅決之志。然後可以有爲。志之堅決。過于用黃牛之革之鞏。此初九鞏用黃牛之革也。

改革之志既堅決。積年累月而不懈。无求近功。无謀小利。前途皆是光明之域。志堅決于心。行堅決于心。本此以往。無不吉也。雖有波折。終必无咎。此六二。巳日乃革之。征吉无咎也。

凡事不能一蹴可幾。改革之事。其困難更甚。抱改革之志以往。荆棘重重。其事多厲。但志既堅決。無論前途任何困難。一而再。再而三。絕決以赴之。妨委以就之。必達到改革之志而後巳。終必有孚于民衆也。此九三。征凶。貞厲。革言三就。有孚也。

改革之志。努力不巳。種種困難。逐漸消滅。我之志大白。民之信日深。然後放手去做。改正朔。易服色。交法律。皆可以惟我所欲爲。此九四。悔亡。有孚。改命吉也。

改革之事。先要由政治引領的人。社會上領導的人做起。樹之風聲。造成一種趨勢。以身敎者從。其言敎者訟。若處處以身敎。此孟子所謂未能上好仁而下不好義者也。此九五。大人虎變。未占有孚也。

上行下效。此中國數千年傳統之習慣。雖曰民主。而改革之事。必要由政治上領導人。社會上領導人主之。人民不能主也。只要在上者。誠心改革。見之于行爲。在下者。雖不能個個心悅誠服。而表面必跟隨以改革。但改革既定。不可輕易又改革。朝令夕更。民無適從。必積年累月持之不懈。則革面者。亦漸漸革心。此上六。君子豹變。小人革面。征凶。居貞吉也。

鼎卦

孰玩鼎卦。當知鼎字之義。說文。鼎、三足兩耳。和五味之寶器也。鼎爲飲食烹飪之器。亦爲國家之重器。凡人不能離開生活。全民之生活安寧。卽全國之治安鞏固。此鼎之所以重要也。大象言正位嚴命。正位者、正上下之位。嚴命者、嚴敎令之命。此皆是全民生活解決以後之事。彖辭言亨上帝、養聖賢。亨上帝者、成功以告於神明也。養聖賢者、尊崇輔助解決全民生活之人也。亦是全民生活解決以後之事。從未有不先安寧全民之生活。而政府可以獨生活者也。所以鼎卦六爻。皆言飲食烹飪之事。飲食烹飪。是生活之道。任何人不可一日離者也。雜卦傳。鼎、取新也。於飲食言。

取其烹飪之新滋味。于教養言。取其知禮節知榮辱之新行爲。可以養而後可以教。此卦辭之所以言元吉亨也。元吉者。爲人民之長而吉亨者。嘉會人民。倉廩足教以禮節。衣食足教以榮辱也。鼎之爲器。有正位凝命之象。故曰。鼎、象也。但是鼎雖有正位凝命之象。而實是飲食烹飪之器。故曰以木巽火。烹飪也。政治上至大之事。在全民至小之生活見之。言政治不顧全民之生活。任何好的方法。皆不足以鞏固治安。亨上帝。全民之生活安寧。以告于上帝也。養聖賢。全民之生活安寧。而報功崇德也。政治領導之人。要性情和順。耳目聰明。以柔道上行。然後可以得中而應乎剛健之德。是以可以爲人民之長。嘉會人民。以養以教也。

正位凝命。是鼎卦重要之義。位而日正者。正己之位。以正人之位也。何以言正己之位。己之位。不是一己個人生活之位。是全民大衆生活之位。何以言正人之位。使全民皆安其生活之本位。出入相友。守望相助也。命而曰凝者。凝有審愼嚴肅義。凡發一號令。必審愼考察于先。嚴肅執行于後。其位端正。如鼎之固立其所。其命凝定。如鼎之課和五味。中國傳統的生活。是互助生活。現在的生活。是鬥爭生活。政府與人民鬥爭。團體與團體鬥爭。個人與個人鬥爭。此所以政治與社會皆不安寧也。

飲食以有益于身體爲本位。其無益于身體之飲食。顚踣而棄之。飲食安寧。全家和樂。革之二女同居。其志不同行者。亦和樂而好合矣。此初六。鼎顚趾。利出否。得妾以其子。无咎也。

一家之中。男女合作而和樂。飲食烹飪之事。皆女子司之。有時女子有疾病。男子亦司飲食烹飪之事。此九二鼎有實。我仇有疾。不我能卽吉也。仇、匹也。卽詩關雎君子好仇之仇。男子司飲食烹飪之事。終不如女子之在行。其鼎耳變更而實塞。不能運用自如。其烹飪之物。不能食也。惟和有加。雖虧終吉。此九三。鼎耳革。其行塞。雉膏不食。方雨虧悔。終吉也。男子司飲食烹飪之事。不僅鼎耳塞。而鼎足亦至于折。不僅所烹飪之物不能食。且覆于地。其形渥矣。此九四。鼎折足。覆公餗。其形渥。凶也。

運用鼎爲飲食烹飪之器。當輔以舉鼎之具。始可運用自如。九三之鼎耳革。其行塞。雉膏不食。九四之鼎折足。覆公餗。其形渥。皆是無舉鼎之具。以至如此。今輔以舉鼎之具。所以利貞也。此六五。鼎黃耳金鉉。利貞也。

舉鼎之具。或以金爲之。或以玉爲之。金、銅類。玉、石類。但是金傳熱。玉不傳熱。用金不如用玉。此上九。鼎玉鉉。大吉。无不利也。六爻皆言飲食烹飪瑣碎之事。詎如全民瑣碎之事。卽是政治之大道。政治上領導之人。當特別注意及之。

第五篇

易理與飛行

第五篇　易理與飛行

張德光

緒　說

宇宙間自然現象的運行，莫不本着對稱平衡與和諧的原理進行着，不論是地球自轉，和地球繞太陽而公轉，或太陽系繞着銀河系而旋轉，均有一定的原則與程序，設若這些原則與程序一亂，則宇宙勢必大亂，極可能趨於毀滅，因此宇宙間之所以能並行不悖，萬物之所以能並育不害，就是能對稱平衡與和諧。

我國先聖本諸仰觀俯察，對宇宙之運行變化早已體察出對稱平衡與和諧的原理，且筆之於書，以用之於人事，以爲典範，這就是易經。

茲就易經太極、八卦、河圖與洛書簡要的說明對稱平衡與和諧的原理。

㈠、太極：易經繫辭傳曰：「易有太極，是生兩儀，兩儀生四象，四象生八卦」。所謂太極乃是宇宙之本體，萬物之起始，人類思想之泉源。其形狀如圖一所示。

圖一　太極圖

圖一爲太極圖，從中央以一條S型曲線分而爲二，白者爲陽，黑者爲陰，其中黑白兩個圓點分別包藏於陰陽之中。此代表着陰中有陽，陽中有陰，從整個圖面上看去，很明顯的顯示出對稱平衡與和諧，太極象徵着宇宙之萬有，是生生不息，週行不殆，若不本乎對稱、平衡，其何以至此。

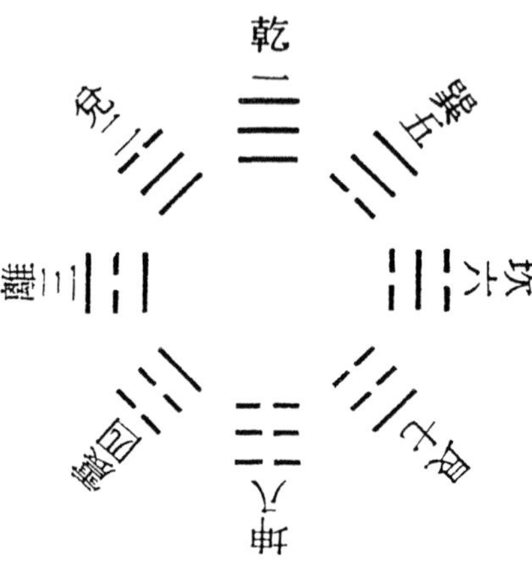

圖二　伏羲八卦方位圖

㈡、八卦：爲我國先聖伏羲氏所創作，象徵宇宙之現象，乃宇宙組成之根本要素，囊括萬象，統含宇宙。

圖二爲伏羲先天八卦，以陰陽的爻象言，乾與坤相對而爲錯卦，兌與艮相對也是錯卦，離與坎相對也是錯卦，震與巽相對仍是錯卦。以乾一兌二離三震四巽五坎六艮七坤八之序數言，乾坤一與八相加爲九。兌二與艮七相加爲九，

離三與坎六相加爲九，震四與巽五相加爲九。再以方位言，其東南西北與四隅，莫不呈現出對稱、平衡與和諧之狀態，眞是天衣無縫。若再以相對卦數之和「九」置於中心，在自然數中，九爲極數，若將八卦天體旋轉，此居中之「九」不啻是一個實心軸。若反而言之，中間不用「九」數，爲空位，此又可視爲空中軸，眞是奧妙非常。故孔子繫辭傳曰：「天地定位，山澤通氣，雷風相薄，水火不相射，八卦相錯」。已把宇宙間之奧妙揭發無遺。

(三)、河圖：河圖乃是從六千多年前伏羲氏時代開始，先後在黃河發現，其圖乃是在圓體玉球上刻有一到十的十個自然數，或是在龜甲上刻有十進位之幾何數字圖形，

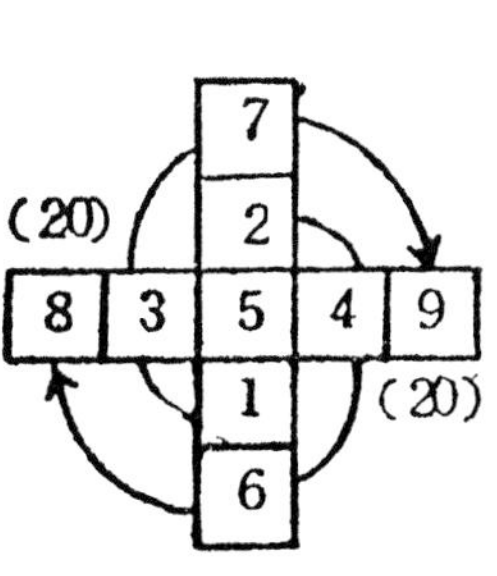

圖三　河圖雙螺旋

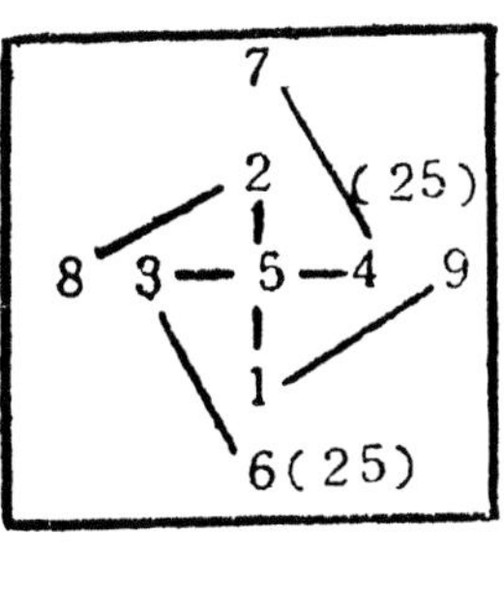

圖四　河圖卍方陣

這裡僅以數字就河圖之方位排列而加以簡要的說明。

前二圖為我國易數泰斗黎凱旋師所作之河圖雙螺旋與卍字方陣圖，圖三顯示出兩條由內而外的螺旋曲線，其數字之和各為二十。圖四顯示出正反兩個卍字圖形。由這兩個圖上一看，卽可覺察出其中對稱平衡的原理，而且甚為美觀大方。

㈣、洛書：洛書乃是從六千四百多年前先後在黃河及洛水所發現，在龜甲上刻有一至九的九個自然數，且構成幾何圖形，這裡僅依洛書圖形之方位以數字排列成九宮圖，並加以簡單之說明：

4	9	2
3	5	7
8	1	6

圖五　洛書九宮

圖五為洛書九宮，其中一至九的九個自然數，按圖中所列，其縱、橫、斜數字之和均為十五，而以大配小，以達成平衡與對稱。且五居中央，這說明宇宙間任何事物，皆有其中心。而宇宙間自然現象是變動不居週行不殆的，但變動與週行必依其中心，否則必失去其平衡。又一至九之九個數字，如排列成直線，其「五」恰好是在中間點，凡物欲達平衡，必有其中心點與支點，否則就失却平衡，在運動中必不協調。圖五僅是洛書九宮的基本三三方陣，此外尚有唐、宋儒

家所推衍的四四方陣、五五方陣、乃至無數的方陣，更有西方的魔術方陣與中外的立體方陣，林林總總，成千成萬，這說明宇宙的現象是由簡而繁，由原始而及於無窮無盡。但不論其如何變化，其中絕對不能離開對稱與平衡的原理，否則就無法成立。

以上由太極、八卦、河圖與洛書，分別簡要的說明了對稱平衡與和諧的原理。今用之於飛行上又如何呢？茲就兩方面加以說明之：

一、從飛機的硬體說

一架飛機在設計上絕對不可以違背對稱平衡與和諧的原理，違者必不成立，例如圖六(1)所示是一架新型的波音七三七型飛機，從圖上一看卽覺得旣美觀又大方，予人以一種清新的印象。其所以如此，就是其各個部位都顯得調和與勻稱，由機頭至機尾，顯示流線與調和，兩個機翼，兩具引擎莫不對稱地裝置於機身兩邊，以求平衡。

此外如連接機翼上的附翼與阻板都是兩兩對稱，而輪子的排列設計亦是本於等邊三角形而排列之，以求對稱平衡。如圖六(2)這是就飛機的外部言。

若以飛機的內部言，如圖七所示，此圖爲飛機駕駛艙內的情形，從圖上看去，兩個駕駛盤，兩個油門，以及儀表板上所有的儀表，莫不兩兩相對稱。這種位置之排列

圖六(1)　波音七三七型飛機

圖六(2)　波音七三七仰面圖

圖七　駕駛艙內儀表

是經過詳細的思考與設計而來的，是以飛機之性能與駕駛員之心理爲依據的。

比如某些儀表是主要的儀表，就裝在駕駛員之正前方顯明的位置，副儀表則裝在較遠的位置，飛機發動機儀表必須依照次序而兩兩排列之，使飛行人員一望卽知，以避免疲勞。

此外從儀表板上整個看去，是要顯現出美觀與清晰，這些都必須要借對稱平衡方可幾及。

再就飛機之客艙言，如圖八所示，艙內的坐位均相對排列着。使飛機整個的載重量均衡地裝於飛機的重心位置，在飛機的裝載上有個名詞，叫

圖八　客艙內部

作「載重與平衡」。其意義是不管是載人或是裝貨，於裝載時必須要裝在飛機的重力中心範圍以內，以保持其平衡，如超過其範圍，就會失去平衡，失去平衡在飛行當中就難以操縱，甚至無法操縱而導致危險。

以上僅就定翼機加以說明。茲再以直昇機予以解說，如圖九所示，這是一架法國製直昇機，從圖上看去，它穩穩當當地飛行於空中，其所以如此，乃是凡是一切的作用力都達之於平衡、均等，否則它不可能如此平穩的飛行於空中。

它的重心在旋轉翼的下方，四片旋翼以九十度的角度排列着，它的尾

圖九　法國 SA365N 型直昇機

圖十　美國波音 234 型直昇機

上有一個尾旋翼，是包藏在機尾內部，其所以藏在內部是避免傷及人員，其作用在產生一個抗力，以抵消主旋翼旋轉時，機身所產生之扭力，我們都知道，凡作用力必生反作用力，當主旋翼旋轉時，機身必定向相反的方向扭動，為了抵消機身之扭力，所以才以尾旋翼來抵消之，以求整個的平衡，否則機身會不停的轉動，飛機根本就無法操縱，更遑論於飛上天了。

再如圖十，這是屬於英航一架美製波音二三四型直昇機，這種飛機可稱得上是大型的了，它可載四十四個客人，航程也遠，從圖上看去，有兩組主旋翼，每組各以三片旋翼組成，其間的角度各為一百二十度，這一架不似前一架似的裝有尾旋翼，其理由為何？是因為它沒有扭力，它的兩組主旋翼作相反方向的旋轉，以抵消扭力而達於平衡，使飛機可在空中平穩地翺翔。

由以上所述，我想凡是坐過飛機的人，甚至看過飛機的人，對於飛機的形狀與結構，只要一看皆知其必合乎對稱平衡與和諧的原理，否則就顯示不出美觀大方與不和諧了。不但飛機如此，卽使是汽車、機車，乃至於三輪車與脚踏車，亦不離平衡對稱與和諧之理了。

二、從飛機的軟體說

飛行原理乃是借飛行上四種力量之陰陽消長以達於平衡對稱與和諧，此四種力爲升力、重力、拉力與阻力。

茲借直昇機在各種飛行狀態下四種力的作用情形依序說明如后：

㈠四種力的作用：由圖十一可看出，升力是飛機上升的力量；重力是飛機本身受地心吸力的力量，其作用方向與升力相反；拉力是飛機前進的力量；阻力是飛機本身受空氣磨擦所產生的力量，其方向與拉力相反。

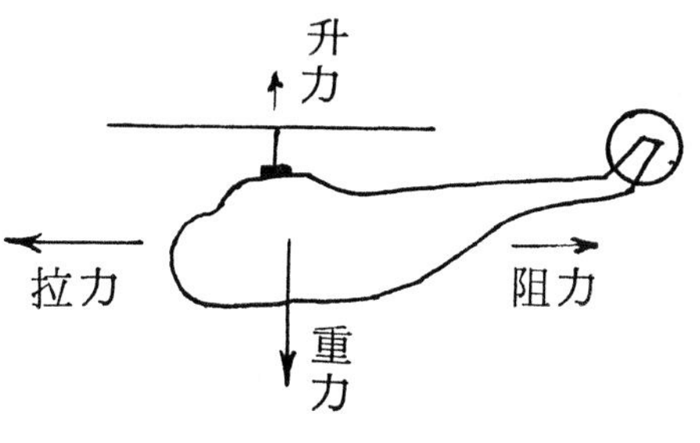

圖十一　四種力的作用

㈠滯空飛行：所謂滯空飛行，是指當飛機於升空後停止於空中一點，不作前進後退與左右之運動，在滯空時，四種力的作用是升力等於重力，拉力等於阻力，亦就是升力與拉力之和等於重力與阻力之和，這種情形只有直昇機才有，是直昇機的特性之一。（如

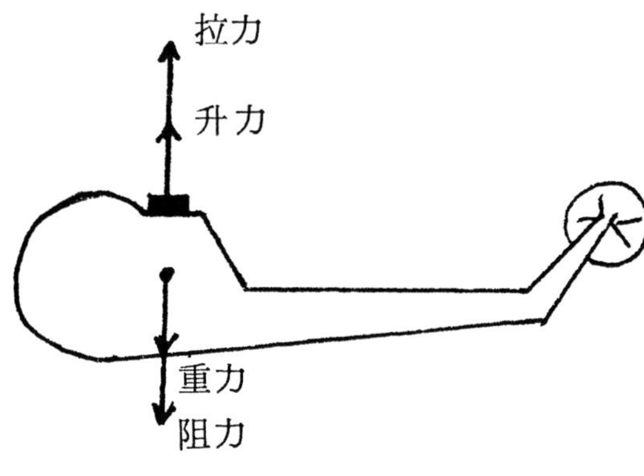

圖十二　滯空飛行

圖十二）

㈢垂直上升與下降：當飛機欲作垂直上升時，其四種力的作用是升力與拉力之和大於重力與阻力之和；當其下降時，其重力與阻力之和大於升力與拉力之和。這種垂直上升下降亦爲直昇機之特性。（如圖十三）

㈣前進飛行：當飛機加速前進時，其升力與拉力所產生的合力必須大於重力與阻力所產生之合力，方可向前與向上爬升（如圖十四）。當飛機前進飛行至某一段落得到速度後，即改變其姿態使之上升。及至上升至某一高度時又調整其姿態而改爲平直飛行。所謂平直平行乃是飛機在空中保持恒定的方向高度與速度的一種飛行狀態，此時四種力的作用是拉力大於阻力，升力等於重力，故飛機能平衡於空中，且恒速向前飛行。

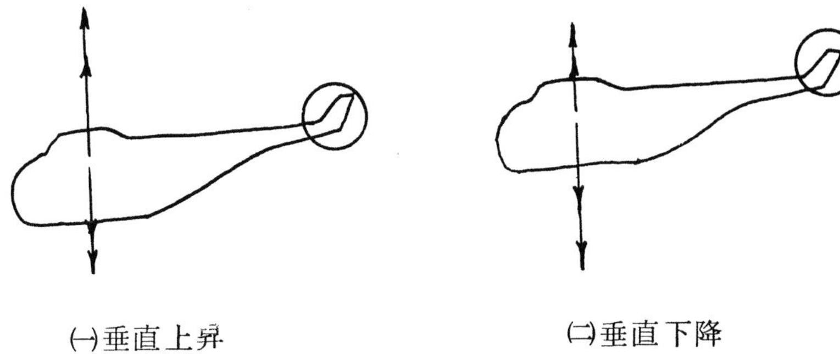

圖十三　垂直飛行

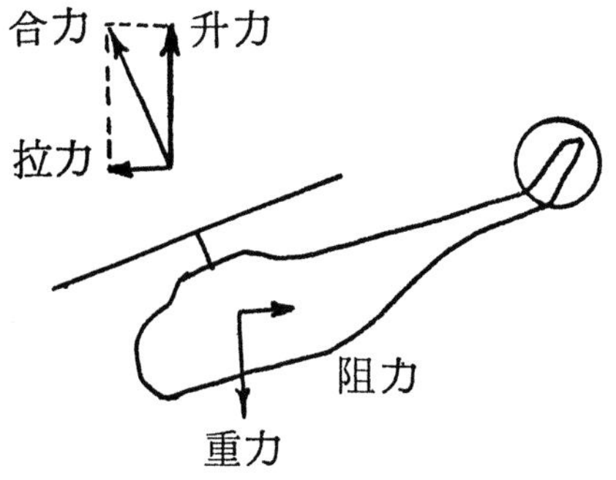

圖十四　前進飛行

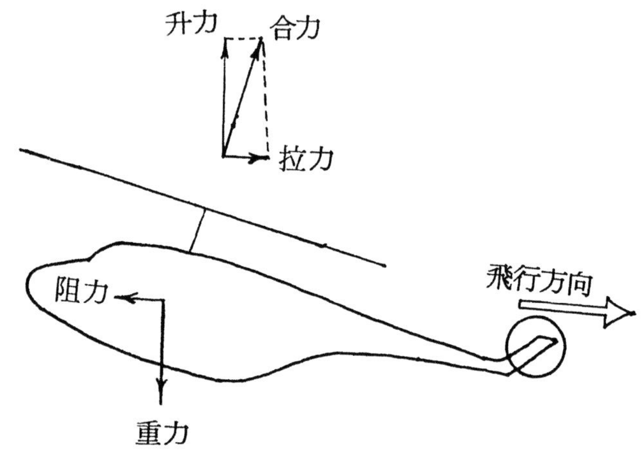

圖十五　後退飛行

㈤後退飛行：後退飛行與前進飛行完全相反，四種力的作用自然亦相反。後退飛行亦只有直升機可以做到，這亦是其特性之一。（如圖十五）

㈥側向飛行：當飛機欲向左方側飛時，其向左方升力與拉力所產生之合力必大於重力與阻力所產生之合力；如欲向右方側飛，其作用力完全相反。側飛亦是直昇機特性之一。（如圖十六）

由以上所述，可知在飛行中只有直昇機可作滯空、左右側飛與後退飛行，一般的定翼機不具有此種特性。故直昇機是屬於多性能的飛機，故其用途也廣。但是無論是何種飛機，其飛行原理都是將四種作用力作陰陽消長之運用，以期達於平衡對

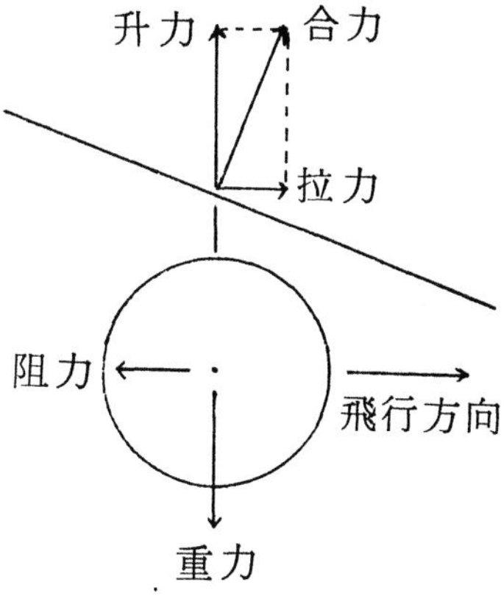

圖十六　側向飛行

稱與和諧。在飛行當中，無論是遇到什麼情況，飛行員第一個直接的反應就是設法將飛機穩住，以恢復其正常的姿態而達於平衡。倘若失去平衡，則飛機必變更其正常的姿態，如此便難於操縱而必導至危險。茲舉兩個衆所週知的例子加以說明：

一、一九八五年二月十九日，中華航空公司一架波音七四七班機，在美國舊金山外海突然由四萬二千呎的高度墜落至九千呎，在刹那間直降三萬二千呎，眞是驚險萬分！我們姑且不論其原因爲何，但無可置疑的，飛機的突然下墜，乃是失去其平衡，以至無法保持其原有的正常姿態與高度，然而在此千鈞一髮之際，苟非駕駛員使出渾身解數將飛機穩住以恢復其正常姿態而達於平衡，則該機必墜海無疑矣！

二、一九八五年八月十二日，日本航空公司一架編號一二三波音七四七巨無霸噴射客機不幸墜毀於長野縣山區，造成五百多人罹難，其中僅四名生還者，是航空史上最嚴重的飛機失事事件。該機於當地時間下午六時十二分從東京羽田機場起飛，目的地大阪，起飛後十三分鐘，亦卽是六點二十五分，駕駛員報知航管，飛機有了麻煩，並請求立卽回航，六點三十分，駕駛員報告飛機失去控制，無法操縱，六點三十三分，駕駛員報告後門脫落，客艙洩壓，六點四十六分駕駛員再報告飛機失去控制，並詢求回返羽田機場之方向，六點五十四分，駕駛員詢問地面告知其飛機的位置，換言之，駕駛員此時已不知其飛行位置，這是飛行所忌諱的，而且這是他與地面最後的一次通話，六點五十五分，羽田機場通知其可作緊急降落，此時駕駛員沒有回答，六點五十七分，該機從雷達幕上消失，旋卽墜毀。從以上的時間上可看出，該機於六點二十五分報知地面航管人員發生問題時起，以至於從雷達幕上消失時止，其間共計三十二分鐘。換言之，駕駛員於飛機失去平衡無法操縱的情況下，堅苦奮鬪了三十二分鐘，以期將飛機恢復到正常平衡狀態，然而終因平衡飛機方向的垂直尾翼部分脫落，竟使駕駛員回天乏術，因而造成了這一件航空史上的不幸事件。

由以上的兩個例子，足證對稱平衡與和諧對於飛行的關係與其重要性，一架飛機欲在藍天白雲裡平平穩穩，自由自在和諧地翺翔，其必要的條件就是要達於平衡與對稱，使首尾一致，兩翼均衡，動力同時運作，使達於機面上的一切作用力均衡相等。

若欲改變姿態而作上升下降，或變更方向而行轉彎，必將所有力量作陰陽消長截長補短之調整，以達於平衡與對稱。否則飛機將無法操縱，如超過某種程度的限制，必導至危險。

筆者每次駕機飛行時，腦海裡不時的思索着易理與飛行原理之間的關係所在，且時時加以印證，發覺兩者之間關係不僅密切，簡直是不謀而合。只是易理選用之範圍更爲廣泛與深邃。換言之，飛行原理實包涵於易理之中，因爲宇宙間一切事物無不有易理存在於其間，此卽所謂彌於六合，退藏於密。且其理簡單易行，又爲宇宙間一切原理與物理之準則而不變易者，故放諸四海而皆準，百世以俟聖人而不惑。對稱、平衡與和諧，其理甚明、甚簡、甚易，將其運用於飛行原理上，則是穩當、可行，有效而安全。

結語

易理是我國古聖對自然界觀察，卽本諸仰觀俯察而來，期間已數千年。而飛機的發明與飛行原理，亦由西方早期的先哲們本諸仰觀俯察而得。在時間上較之易理要落後許多。然而儘管在時間有所先後，但其所得之原理原則皆是用之於民事，其目的在改進人類之生活與增進人類之福祉，故其用心一同而方法也一致。此正所謂東方有聖人，西方有聖人，此心同，此理同。只是西方偏重在物質與科學。而我們所重的是精神與哲學（理想），但是其中亦具有完整的科學思想，而此種思想與精神乃散見於整個文化之中，不同於西方獨樹一枝而加以發揚光大。

如衆所週知的羅盤、火藥、造紙與印刷術，這是我國的四大科學發明，此外火箭和計算機亦是先由我國所發明，而後由西方用之而加以發揚光大。

茲就飛機言，發明直昇機者盡管是西方，但是引發直昇機的基本理念的則是中國的竹蜻蜓，竹蜻蜓是小孩子的一個玩具，是誰發明的？是什麼時候發明的？在我國的史書上沒有記載，但是在西方凡是有關直昇機發展過程的書刊雜誌首先揭出的就是中國的竹蜻蜓，且記載著時間在公元前四世紀。

再就火箭言，在西方記載著火箭的發明人是中國人，名叫萬湖（WAN-HOO），時間是公元十五世紀，他不但發明了火箭，而且欲借火箭的力量而飛向天空，於是他以四十七支火箭縛在身上，身體兩旁分別各裝一個木鳶，猶如兩個翅膀，他又雇用了四十七個苦力，各人手持火把，以他的手勢爲信號，令四十七個苦力同時點燃四十七支火箭，當火箭點著後，由於動力太大，萬湖竟一飛沖天，不知去向，且有好幾位苦力受傷。據當時目擊的苦力傳說，其時聲音很大，漫火瀰天，想來情況是很壯觀的。所憾的是萬湖當場失事身亡，但是他的這種冒險求眞的科學精神，實在令人欽佩！他代表的不僅是火箭的發明家，是欲借火箭垂直升空的飛機設計師，是中國第一位單飛的駕駛員與飛行員，是中國第一位航空失事者，是全世界航空史上第六位失事者。由於他的失事，美國民航局以此爲鑒，乃指示以後有類似的試飛，只限於無人駕駛。僅此一點，就不知挽救了爾後多少科學家的生命。這件事情在我國史書上沒有記載，但在西洋的書籍裡却記載得很清晰感人，這說明了什麼，說明了中國的科學乃散見在整個文化生活之中。換言之，科學卽生活，生活卽科學，本來科學的發明在提高生活的層面。旣然如此，科學乃鎔合於整個人類活動之中，不若西洋的獨樹一幟，分門別類的來求取專利。在中國科學思想領域中，似乎沒有專利這類名稱，亦無所謂仿冒保護與設限這些名詞。在中國古聖先賢的想法，其所發明的科技，乃是對人類的一種貢獻，只要是對人類有貢獻，誰來使用都一樣，這是王道精神，是世界大同理想，是中國特有的氣質，決不同於西方的霸道主義，這是何等的胸襟！是何等的洒脫！悠悠宇宙，任我遨遊，芸芸衆生，無有私心，中國人豈不榮耀焉！

綜合以上所述，足見易理實包含著飛行原理，更具有科學性。就以八卦之成卦過程言，由太極而兩儀，兩儀而四象，四象而八卦，八卦而十六卦，十六而三十二，三十二而六十四，以致於無窮無盡，其由一而至於萬物，其由本而達於無盡之宇宙，其過程所形成之幾何級數莫不具有嚴整之組織與完密之體系，在在代表著科學性，今天我們科學落後，只能說是人謀不臧，子孫不肖，絕不可說我國文化中沒有科學，我們祖先的聰明不若人。今後如何來秉承祖先的遺產，使之發揚光大，想必是現今一代青年的責任吧！（本文作者爲遠航飛行員）

第六篇

八卦與六十四卦

第六篇　八卦與六十四卦

應鼎成

河圖、洛書以白點○記號表示奇數的陽數，黑點●記號表示偶數的陰數。伏羲將白點○換以"—"記號表示奇數的陽剛，黑點●換以"--"表示偶數的陰柔。電腦（電子計算計）將白點○以"ON"表示開放的陽電，將黑點●以"OFF"表示關斷的陰電。白點○的"ON"即易經繫辭「闢戶謂之乾，黑點●的"OFF"即易經繫辭「闔戶謂之坤」。我們現在用黑點●的"OFF"與白點○的"ON"代表萊布尼茲二進位算術的"0"與"1"以及伏羲易經的"--"與"—"來表示出普通數字（DECIMAL NUMBER）0—7的八個數字，亦即伏羲易經的八個卦，八卦是三畫卦，我們採取二進位（BINARY NUMBER）4，2，1的三個數，數字進位由右而左，易經卦位由下而上；

普通數字

	●OFF ○ON	萊布尼茲的"0"與"1"	伏羲的"- -"與"—"
0 =	● ● ●	0 0 0	☷ 地
1 =	● ● ○	0 0 1	☶ 山
2 =	● ○ ●	0 1 0	☵ 水
3 =	● ○ ○	0 1 1	☴ 風
	4 2 1 二進位		

	●OFF ○ON	萊布尼茲的"0"與"1"	伏羲的"- -"與"—"
4 =	○ ● ●	1 0 0	☳ 雷
5 =	○ ● ○	1 0 1	☲ 火
6 =	○ ○ ●	1 1 0	☱ 澤
7 =	○ ○ ○	1 1 1	☰ 天
	4 2 1 二進位		

我們把上面的圖橫寫爲

0	1	2	3	4	5	6	7
☷	☶	☵	☴	☳	☲	☱	☰
地	山	水	風	雷	火	澤	天

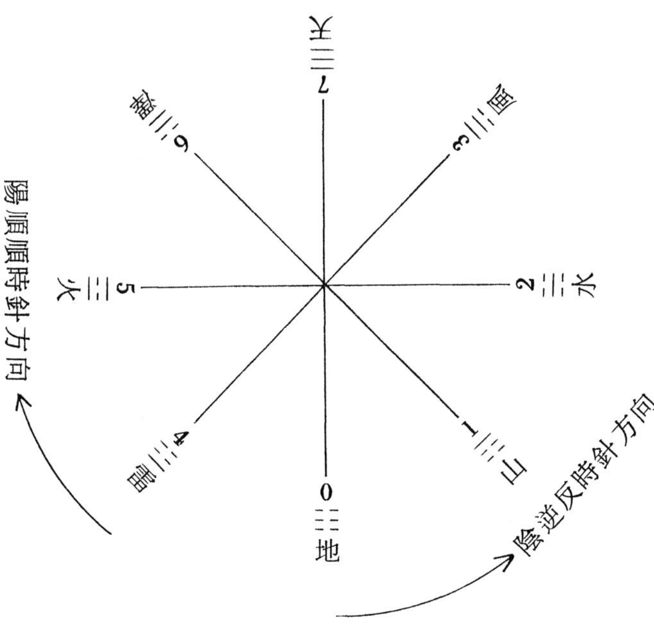

伏羲的奇偶成畫，三畫成卦，初爻（第一畫）分陰分陽的二儀0 1 2 3四個卦為偶陰“— —”與4 5 6 7四個卦為奇陽“—”。陰逆陽順乃易之基本法則。反時針方向而逆行的偶陰為0☷地，1☶山，2☵水，3☴風。順時針方向而順行的奇陽為4☳雷，5☲火，6☱澤，7☰天。宇宙間萬有、萬物、萬象都是立於兩兩對待的順逆關係相摩、相推、相生、相尅、相互消長、相感、相應、相交、相通、而和而合而成的周而復始，循環不已，所以八卦圖畫成圓形。周易的周，不要看作朝代的周朝周，而看作圓周的周。我們根據陰逆陽順從右邊下方反時針方向由0☷逆行向上爲1☶，爲2☵，爲3☴。左邊順時針方向由4☳(雷)順行向上爲5☲(火)，爲6☱(澤)，爲7☰(天)。

伏羲圓周八卦方位順序佈列與萊布尼茲二進位算出數字的順序佈列完全吻合。伏羲所畫的八卦並無0 1 2 3 4 5 6 7的八個數字與地、山、水、風、雷、火、澤、天的八種自然現象，這是筆者加上的。天在上，地在下，位置是確定不易的。山上的水，往下流成爲澤，澤中的水，蒸發上昇成爲雲，交互影響，使上下的空氣流通。雷被風逼迫，使雷激發，風被雷激盪，使風速增大。水火兩者性質相反，但相互爲用，彼此不厭惡。寫出加上的自然現象是使讀者容易記憶，八卦是以每一卦的功能德性命名，而不以可見的形象命名。天是可見的形象，但以天的功能德性的「乾」命名；「君子終日乾乾」，乾與健同音同義，「天行健」，健與乾同音同義，即不休不止的致力於德業的完成之義。天的功能，是萬物創始的偉大根元，通達流暢，適宜和諧，端正穩固，而且不休不止的永恒持續。天的德性是「生」，「生生之謂易」，「天地之大德曰生」。天德剛強有力生生不息，是陽、是熱、是能、是動、是力、是向外的推力。例如水，煮到滾開的時候，水熱了，便有一種向外發揮的力量。英國工業革命創始者，蒸氣機發明人瓦特（James Watt 1736～1819）如果亦像萊布尼茲一樣的有人寄給他易經看了「天行健，君子以自強不息」一樣亦會讚嘆中國的古時已有生生不息的熱能向外發揮推力的思想。地是可見的形象，但以地的功能德性的「坤」命名；「地勢坤，君子以厚德載物」，因為坤 ☷ 是純陰，陰的功能德性是吸引凝聚的，純陰最富於吸引凝聚，所以才能成就一種勢，「山勢巍峨」是許多土壤砂石被吸引凝聚而成。「水勢洶湧」是許多河川水流被吸引凝聚而成。地球之所以能夠成就地球的形勢，就是因為地球具有坤德，地面上的萬物，才能夠被吸引凝聚得住而成就地球的偉大。英國大科學家牛頓（Isaac Newton 1643～1727）發明地心吸力 Law of Universal Gravitation，如果亦像萊布尼茲一樣的有人寄給他易經看了「地勢坤，君子以厚載物」一樣的亦會讚嘆中國的古時已有地心吸力的思想。電腦的鼻祖萊布尼茲，蒸氣機發明人瓦特，地心吸力發明人牛頓，甚至發明萬法因緣生萬有因果的釋迦牟尼，他們的發明發現並不是抄襲中國古代的易經，而是相同的創見。我們鼓吹易經亦就是提醒大家不要妄自菲薄，不要自認本地薑不辣，不要以為月亮一定是外國好。我們所醉心的西洋近代科學，中國自古有之。易經繫辭下傳第十二章告訴我們所謂「乾」亦卽天的功能德性，是天下最剛健的，勇往直前，將它的功能德性，表現於恒常與容易中；因而，知道險難所在，而不輕進。所謂「坤」亦卽地的功能德性，是天下最柔順的，順從安詳，將它的功能，表現於恒常與簡易中；因而，知道阻礙所在，而能戒備。孔子說：「乾」「坤」兩卦是『易經』進出的門戶，乾指陽性，坤指陰性，陰與陽相交，德性相互配合，凝聚成柔與剛的形體，陰柔陽剛交錯的形象，以具體象徵天地所創造的一切，與天地造化的奧妙，相互貫通。乾是代表精神的動能，屬於無形的，以人來講就是人的生機活力。坤是代表形質的軀殼，屬於有體的，以人來講，就是人的身軀形骸。陰陽是交互爲用的，缺一不可，天氣有晝就有夜，白天是陽的作用強，夜晚是陰的作用強，人在白天裏，想到這兒，想到那兒，陽的精神總是向外發揮，頭腦的活動不會停止，可是到了夜晚，所有向外發揮的精神，都收斂起來，轉而向內，最活動的頭腦，也沉淪於靜寂的入睡境界而全部休息，因爲有這種向內收縮的休息陰，才能夠培養出向外發揮的精神陽。天的功能德性爲乾，地的功能德性爲坤，乾與坤爲創始萬物的根源。乾卦在於職掌偉大的創始；坤卦在於繼承乾的創始，完成有形的生命。山是可見的形象，但以山的功能德性的「艮」命名；艮卦是以陽爻終止，所以說終止，陽爻是在坤卦☷的最上方☶，動靜得宜適可而止，止於至善，才是止的最高境界。水是可見的形象，但以水的功能德性的「坎」命名；坎卦是水往下流，闡釋突破艱難的原則。在艱難中，發揚人性的光輝，堅定剛毅的突破重重險難，正是誠信的最高表現。首先應當明察，不可陷入險難。既經陷入，不可操之過急，應步步爲營，逐漸脫險。陷入已深，更不可輕擧妄動，應先求自保以待變。在險難中，不可拘泥常理，應當應用智慧，以求突破。卽或已有希望脫險，也應當謹愼，要把握最有利的時機。☵ 是內剛外柔象徵水、雲、雨，滋潤萬物。陽爻是在坤卦的中間，因爲坤陰的質是靜的，陽能進入 ☷ 中間於是就成爲水性的往下流動。風是可感覺到的形象，但以風的功能德性的「巽」命名；巽卦係由坤卦初爻之陰進入爲乾卦 ☰ 之主，初爻之陰，陰氣勃勃 ☴ 富有感染性，乾卦之二陽爲其所拖累，於是其氣下行，氣下行就是氣動，氣動就成風。巽與遜同音，也有謙遜的含義。在不安定中，必須謙遜，才能進入他人心中，順從自然的道理，進入萬物之中，而被接納。風無孔不入，象徵命令貫徹，君子的德行像風，人民的德性像草，風吹到草上，草必伏到。雷是可感覺到的現象，但以雷的功能德性的「震」命名；震卦係由乾卦初爻之陽進入爲坤卦 ☷ 之主，初爻之陽，方興之陽，乃一種正在澎漲之熱力，爲重重陰氣所包，包之過緊，其熱不得出，以致震發成雷，☳ 震卦闡釋震驚的應對法則；平時戒愼恐懼，經常反省檢討，卽可防患於未然；經常保持高度警覺，在災難未到來之前，就可使其消滅於無形。火是可見的形象，但以火的功能德性的「離」命名；離是依托攀附，離卦所指，係由坤卦☷中爻之陰，依托攀附於乾卦之中，乾本屬於發光發熱的能，但無實質之陰依附於內，則火之爲火，無從燃燒。☲離卦有實質的陰依附於中就能燃燒爲火。澤是可見的形象，但以澤的功能德性的「兌」命名；兌是悅的本字，☱卦內一陰討好二陽，象徵喜悅，兌亦是說的本字，言語可使人喜悅。將坎卦☵水的下流杜塞，水就聚集成爲澤☱，澤中的水滋潤萬物，使萬物喜悅。兌卦闡釋喜悅的原則；使人喜悅，自己亦喜悅，可促使人際關係的和諧。與人和悅，應當光明正大，內剛外柔，而非阿諛諂媚。必須動機純正，以誠信爲本。應當斷然排除邪惡，不可鄉愿。更應當警惕，剛正也會被邪惡包圍，小人會不擇手段，取悅於人的可怕，必須意志堅定，不可墜入小人阿諛諂媚的陷穽。

上述列出的伏羲八卦，已加上二進位的八個序數，又加上八種自然現象，現在明白了八種卦名後，就可以將卦名放在八卦旁而爲：

坤☷ 0	艮☶ 1	坎☵ 2	巽☴ 3	震☳ 4	離☲ 5	兌☱ 6	乾☰ 7。
地	山	水	風	雷	火	澤	天

地山水風雷火澤天並非隔絕孤立，而是交互影響，互通聲息，從上列伏羲所畫的圓周八卦就可以看到二二相對的各爻陰陽却好相反：

0		7		1		6		2		5		3		4	
☷	對	☰	，	☶	對	☱	，	☵	對	☲	，	☴	對	☳	。
地		天		山		澤		水		火		風		雷	

在卦形上成爲陰陽相錯之象，亦卽「旁通」的關係，序數的和都是7。「孤陰不生，孤陽不長」「單掌難鳴」，八卦亦不單獨孤立，三畫八卦的氣化，尚未脫離於先天之境地，必須複之而再，而爲六畫之卦，則後天萬有化生之道可以稱得起具足，下三畫之卦稱爲內卦，上三畫之卦稱爲外卦，(56)泰卦䷊56䷊之象辭說「內陽而外陰，內健而外順，內君子而外小人」，就可明白內卦與外卦。伏羲的奇偶成畫，三畫成卦而有八卦，複之而再，有下三畫之內卦，上三畫之外卦，合爲六畫卽六爻而有六十四卦。三畫卦我們採取

二進位 ⚊⚊⚊（4 2 1，$2^2 2^1 2^0$），○○○ 卽伏羲的 ⚊1 ⚊2 ⚊4　⚋0 ⚋0 ⚋0 三個數。

六畫卦我們採取二進位

32	16	8	4	2	1
—	—	—	—	—	—
2^5	2^4	2^3	2^2	2^1	2^0

000000

即伏羲的

— 1　　- - 0
— 2　　- - 0
— 4　　- - 0
— 8　　- - 0
— 16　- - 0
— 32　- - 0

六個數。奇陽的六畫 ䷀ 63（乾）即 1＋2＋4＋8＋16＋32＝63

偶陰的六畫 ䷁ 0（坤）即 0＋0＋0＋0＋0＋0＝0，將0—7的八個卦順序的用橫列出來，再順序的用縱列出來，橫列為上的外卦，三畫奇陽

— 為1
— 為2
— 為4

偶陰

- - 0
- - 0
- - 0

橫列爲上的外卦

0	1	2	3	4	5	6	7
☷	☶ 1	☵ 2	☴ 1 2	☳ 4	☲ 1 4	☱ 2 4	☰ 1 2 4
地	山	水	風	雷	火	澤	天

序數爲0，1，2，3，4，5，6，7。

縱列爲下的內卦，三畫奇陽 —爲 8 —爲16 —爲32， 偶陰 - -爲0 - -爲0 - -爲0

縱列的

- - 0
- - 0
- - 0
地

0 + 0 + 0 ＝ 0　或是0乘8等于0

— 8
- - 0
- - 0
山

8 + 0 + 0 ＝ 8　或是1乘8等于8

- - 0
— 16
- - 0
水

0 + 16 + 0 ＝ 16　或是2乘8等于16

— 8
— 16　　8 + 16 + 0 ＝ 24　或是 3 乘 8 等于 24
-- 0
風

-- 0
-- 0　　0 + 0 + 32 ＝ 32　或是 4 乘以 8 等于 32
— 32
雷

— 8
-- 0　　8 + 0 + 32 ＝ 40　或是 5 乘以 8 等于 40
— 32
火

-- 0
— 16　　0 + 16 + 32 ＝ 48　或是 6 乘 8 等於 48
— 32
澤

— 8
— 16　　8 + 16 + 32 ＝ 56　或是 7 乘 8 等於 56
— 32
天

縱列爲下的內卦序數爲0，8，16，24，32，40，48，56 。我們在伏羲方位圖六十四卦每一個卦順序的數字所看到的都是從橫列爲上的外卦序數與縱列爲下的內卦序數相加而得的。例如周文王被紂王囚禁於羑里時，製作卦辭，用意在防止憂患方法的九個卦；履、謙、復、恆、損、益、困、井、巽。履是上天7與下澤48相加而爲方位圖的55，䷎ 謙是上地0與下山8相加而爲方位圖的8，䷗ 復是上地0與下雷32相加而爲方位圖的32，䷟ 恆是上雷4與下風24相加而爲方位圖的28，䷨ 損是上山1與下澤48相加而爲方位圖的49，䷩ 益是上風3與下雷32相加而爲方位圖的35，䷮ 困是上澤6與下水16相加而爲方位圖的22，䷯ 井是上水2與下風24相加而爲方位圖的26，䷸ 巽是上風3與下風24相加而爲方位圖的27。䷉ 這防止憂患方法的九個卦是根據易經繫辭下傳第七章。

伏羲的奇偶成畫，上三畫外卦，下三畫內卦，重疊成六爻卦，初爻（第一畫）分陰分陽的二儀，從方位圖

0 1 2 3 4 5 6 7 8 9 10 11 12 13

14 15 16 17 18 19 20 21 22 23 24 25 26 27 28 29 30 31

三十二個卦初爻爲偶陰“- -”，與 32 33 34 35 36 37 38 39

40 41 42 43 44 45 46 47 48 49 50 51 52 53 54 55 56 57

58 59 60 61 62 63 三十二個卦初爻爲奇陽“—”。即從0卦坤䷁到31卦姤䷫的三十二個卦初爻爲陰逆，依反時針方向逆行。從32卦復䷗到63卦乾䷀的三十二個卦初爻爲陽順，依順時針方向順行。宇宙現象，周而復始，循環不已，所以伏羲八卦圖畫成圓形，但八卦還不足以象徵宇宙森羅萬象錯綜互變，於是伏羲再將八卦重疊而成六十四卦。從八卦如何畫成圓周形狀，一樣可以引申到六十四卦能畫成圓周形狀。六十四卦由八卦重疊而成，能應用於八卦的理由，當然能應用到六十四卦上，依陰逆陽順方向畫成圓周形狀，從0的坤卦䷁(0) 由右下方依次向上逆行依次

1	2	3	4	5	6	7
䷖	䷇	䷓	䷏	䷢	䷬	䷋
剝	比	觀	豫	晉	萃	否

……（參看前述按八卦上下配列照萊布尼茲二進位序數相符合的方圖），到右上方的31姤卦䷫。再從32的復卦䷗(32) 由左下方向上順次

33	34	35	36	37	38	39
䷚	䷂	䷩	䷲	䷔	䷐	䷘
頤	屯	恆	震	噬	隨	无妄

……到最上左方的63乾卦䷀(63)。然後畫成六十四卦圓周圖，（見後頁的六十四卦圓周圖）。六十四卦圓圖亦和八卦圖一樣，交互影響，互通聲息，兩兩相對的各爻陰陽却好相反：

0 對 63　1 對 62　2 對 61　3 對 60　4 對 59　5 對 58
地　天，剝　夬，比　大有，觀　大壯，豫　小畜，晉　需，

6 對 57　7 對 56　8 對 55　9 對 54　10 對 53　11 對 52
萃　大畜，否　泰，謙　履，艮　兌，蹇　暌，漸　歸妹，

12 對 51　13 對 50　14 對 49　15 對 48　16 對 47　17 對 46
小過　中孚，旅　節，咸　損，遯　臨，師　同人，蒙　革，

18 對 45　19 對 44　20 對 43　21 對 42　22 對 41　23 對 40
坎　離，　豐，解　家人，未濟　既濟，困　賁，訟　明夷，

24 對 39　25 對 38　26 對 37　27 對 36　28 對 35　29 對 34

升　无妄，蠱　隨，井　噬嗑，巽　震，恆　益，鼎　屯，

30 對 33　31 對 32

大過　頤，姤　復

相互相成爲「陰陽相錯」之象的「錯卦」亦卽「旁通」的關係，二二對待的序數之和都是63。「旁通」謂卦有對象，此與彼通。乾文言曰：「六爻發揮，旁通，情也」。

「錯卦」之外，還有「綜卦」，六十四卦之於錯，全部可行。而於綜，可行的五十六卦，不可行的有八卦。綜的意思是上下卦位置顚倒後而成不同的卦。如

0	12	18	30	33	45	51	63
坤	小過	坎	大過	頤	離	中孚	乾

八個卦上下卦位置顚倒後仍舊爲相同的卦。但其他的五十六卦上下卦位置顚倒後就成不同的卦，如 1 剝 顚倒後就成爲 32 復 。

在伏羲六十四卦圓圖上，剝卦之後爲坤卦，坤卦之後爲復卦，因爲剝卦是陽爻居在五個陰爻之上的第六爻，六剝成坤，七反爲復，（消息卦是一消爲姤䷫，再消爲遯䷠，三消爲否䷋，四消爲觀䷓，五消爲剝䷖，六消爲坤䷁，七反爲復䷗），根據爻數而言，就是要經過六個段落以後，到了第七個段落，纔可以來復。西洋近代化學的元素週期表，由第一位數到第七位，却又回復到第一位，近代電學上的電子，繞行質子至第七軌道，便有變化。這又和我們古代易經「七反爲復」不謀而合。周文王作易經卦辭「七日來復」，遠在耶穌教之前B.C.1143，我們有沐日的設置，就有七日一來復的生活規律，卽每隔六天，休息一天，以便沐浴清身。耶穌教每七天做一次禮拜，可能受易經影響，至少也是不謀而合。

綜卦是兩卦相綜，從這一面看，是這一個剝卦，倒過來從那一面看，又變成那一個復卦，一順一逆，向前演變，以至於佈成周天的六十四卦，綜是織布的梭子，從這面穿到那面，又從那面穿到這面，就這樣的穿來穿去，纔可以織成布。拿䷉55履倒過來䷈59變小畜，履是代表行進，屬於外向的，小畜是代表畜養，屬於內向的，要想外行進，就先求內在畜養，內在畜養足夠了，就能循序向外行進，漸達於成。履卦䷉的錯卦是䷎謙卦，錯卦是一實一虛，亦可說一明一暗，明的在外行進，暗的要內在謙和態度支持，這種行進纔能圓滿達成。

錯卦，綜卦之外，還有互卦、變卦。互卦是將一卦的初上兩爻不用，而專用中間的四爻，將二三四爻疊爲內卦，將三四五爻疊爲外卦，於是乎就互成另一個卦。將履卦 ䷉ 的二三四爻疊爲內卦 ☲，三四五爻疊爲外卦 ☴，於是乎就互成另一卦 ䷤ 43 家人。家和萬事興，家人是代表融洽的現象，履是代表行進，如果按照履卦的法則，以柔克剛，戒愼恐懼，量力守分，循序向外行進，在行進的中途，很可能招致一種家人融洽的現象，以加強行進的力量。

變卦，或稱爲卦變，如履卦 ䷉ 的三爻與上爻互換，就一變而爲 ䷪ 夬卦，履卦的性情是偏於柔和，夬卦的性情是偏於剛猛，由柔和一變就成爲剛猛。不變則已，一變就有相反的形態出現。水比油重，可是水經過凍結成了冰塊，反來浮在水面而比水輕，油經過凍結成了油塊，反來沉在油底而比油重，這可以充分證明相反的卦變。人事現象亦會如此，很貞操的寡婦，一變會成很浪漫的女人，很殘忍的屠戶，一變就會成爲阿彌陀佛的人生觀。

伏羲六十四卦彼此之間有「錯」「綜」「互」「變」，由此及彼，又由彼及彼，千脈萬絡，一氣貫通，前後互推，端委悉見。每一卦有六爻，六爻的位置不同，彼此間有「應」「比」「乘」「承」。

「應」就是陰陽諧和相應，下的內卦坤陰以六二爲卦主，二爲地之象，上的外卦乾陽以九五爲卦主，五爲天之象。『易』的道，在變通二五先行而上下應之。下列的十六個卦可以看到下的內卦第二爻與上的外卦第五爻先行而上下應之爲吉：

六五	六五	六五	六五	六五	六五	六五	六五	六五	六五	六五
17	16	56	61	25	48	28	60	53	20	49
九二	九二	九二	九二	九二	九二	九二	九二	九二	九二	九二
蒙	師	泰	大有	蠱	臨	恆	大壯	暌	解	損

六五	六五	六五	六五	六五
24	29	57	52	21
九二	九二	九二	九二	九二
升	鼎	大畜	歸妹	未濟

。

「比」就是逐位接近相連而相比的爻，比是親愛精誠的意思，六四與五九的比爲最重要，因爲五爲尊位，四近而親之，但四必須恭順小心，剛不如柔之善，柔之道利近。孔子說：「二與四，同功而異位，二多譽四多懼」。二與五遠而相應，必須強毅有為，柔不如剛之善，剛之道利遠。下列的十六個卦可以看到六四親近九五而相比為吉：

2	59	3	18	43	35	26	11	27	19	50
九五 六四	九五 六四	九五 六四	九五 六四	九五 六四	九五 六四	九五 六四	九五 六四	九五 六四	九五 六四	九五 六四
比	小畜	觀	坎	家人	益	井	漸	巽	渙	節

51	34	58	10	42
九五 六四	九五 六四	九五 六四	九五 六四	九五 六四
中孚	屯	需	蹇	既濟

「乘」是指在上的一爻，上方的爻，對下方的爻是乘。例如上面「比」的十六個卦是上方的爻九五乘下方的爻六四。

「承」是指在下的一爻，下方的爻，對上方的爻是承。例如上面「比」的十六個卦是下方的爻六四承上方的爻九五。

「乘」「承」完全基於爻的位置上下，而特別重視陰陽順逆的形勢。陽：一：的本質是活力動能精神意志，陰：--：的本質是形骸軀殼物質身體，陽在上陰在下，就是用活力動能精神意志主宰駕馭形骸軀殼物質身體。如果陰在上陽在下，就被笑說爲乾坤顚倒，缺弱主宰駕馭而只憑形骸軀殼身體物質的行屍走肉。易經常常以陽代表君子上輩，有大公至正而揆之以道的剛德，以陰代表小人下屬，有循規蹈矩而守之以法的柔德，這是國家社會很重要正常的「乘」「承」上下關係。

伏羲畫八卦、六十四卦時，中國還沒有文字，但已有數字，伏羲所根據的河圖洛書表示書的白點、黑點就是數字。清代王震在易學五書說：「伏羲仰觀俯察，肇啓八卦，因卦而定象，由象以演數。」伏羲上觀天下察地，發覺一切都包括在一陰一陽的理，有這樣的理，就有這樣的奇陽：一：象，並有這樣的偶陰：--：象，有這樣的象，就有這樣的奇數一代表天，與偶數二代表地，但因爲天的功能包含地，所以奇數一代表的天，包括偶數二代表的地，成爲三代表天，而有孔子說卦傳的「叄天兩地而倚數」的說法。

伏羲重複叄次的天象—爲乾卦☰而爲叄乘叄得九，重複叄次的地象--爲坤卦☷

而爲兩乘叄得六，因此以九代表陽爻，以六代表陰爻。卦爻之數乃易數之本，而卦爻之數一本於天地之數，天地之數在孔子繫辭上傳第九章說：「天一地二，天三地四，天五地六，天七地八，天九地十」。我們用阿拉伯字分別的寫天數是1 3 5 7 9 五個奇數相加是25，地數是2 4 6 8 10 五個偶數相加是30，天地的數字總計是25加30得55，以這些數字，構成宇宙間各種變化的象徵。

六爻天地數

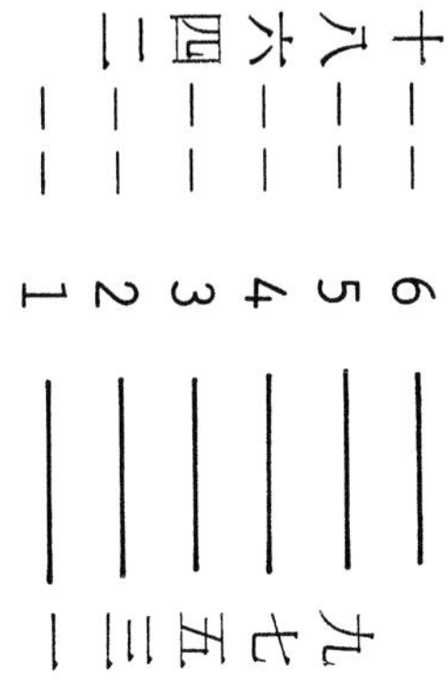

十	— —	6	——	
八	— —	5	——	九
六	— —	4	——	七
四	— —	3	——	五
二	— —	2	——	三
	— —	1	——	一

中間阿拉伯字爲爻位之數，右邊爲陽爻之數，左邊爲陰爻之數，六位成章，陰陽迭運，奇偶相生，數亦相因，陰爻無始，陽爻無終，陰陽首尾，往復不窮。數盡十位而爻十二，天干十數；甲乙丙丁戊己庚辛壬癸，地支十二數；子丑寅卯辰巳午未申酉戌亥，由是而定。東漢鄭玄爻辰，卽以乾坤二卦分十二辰，各以其數交錯，相生相合，而各得其應得之數。鄭玄爻辰取例，不僅干支五行卽爲已足，且與太空中之星斗，切取配合，尤其與環繞地球黃道線之二十宿關係更爲密切。爻之爲爻，無非來自乾坤二氣，所謂乾坤六子是指爻而說的。孔子繫辭上傳第九章說：「大衍之數五

十，卽宇宙大變化的推演數字爲十干、十二干、二十八宿合共五十。繫辭上傳第九章又說：「乾之策，二百一十有六。坤之策，百四十有四。凡三百有六十，當期之日。二篇之策，萬有一千五百二十，當萬物之數也。」推演時每四個一數叫一策，九代表陽爻，六畫陽爻卽 6×9×4＝216 策，六代表陰爻，六畫陰爻卽 6×6×4＝144 策，兩卦總策數 216＋144＝360 策，相當於一年的日數。每卦六爻，六十四卦卽 64×6＝384 爻，陰陽爻各佔一半卽 384÷2＝192 爻。192×9×4＝6912 策（陽爻），192×6×4＝4608 策（陰爻）。6912＋4608＝11520 策，相當於天下可能發生的一切變化。

易經崇尚「位中」，位六爻中間的三爻與四爻爲人位，上下進退，爲內外卦之中樞。天地之氣因人而通，以人事明天地之道，天地之道往復不窮，而人事的千變萬化都在這三爻與四爻的反復。

六爻位置圖	八卦正位圖
天 ⚋ 上(六)柔爻陰位	兌 ⚋ 兌卦主上 ☱ 柔爻陰位得正當位
天 ⚊ 五 剛爻陽位	坎 ⚊ 乾五☰坎卦主五☵剛爻陽位得正當位
人 ⚋ 四 柔爻陰位	巽 ⚋ 巽卦主四 ☴ 柔爻陰位得正當位
人 ⚊ 三 剛爻陽位	艮 ⚊ 艮卦主三 ☶ 剛爻陽位得正當位
地 ⚋ 二 柔爻陰位	離 ⚋ 坤二☷離卦主二 ☲ 柔爻陰位得正當位
地 ⚊ 初(一)剛爻陽位	震 ⚊ 震卦主初(一) ☳ 剛爻陽位得正當位

乾坤上下「中」，坎離天地「中」，天地「中」人道，坎離交「中」，所以八卦中的乾坤坎離之爲得「位中」，得位中而又得位正，中正是易經中最好的名字。

易經又特別崇尚「時中」。清代惠棟說：「易道深，一言以蔽之，曰時中。」孔子作「彖傳」言時者二十四卦，言中者三十五卦；孔子作「象傳」言時者六卦，言中者三十八卦。孔子的孫子子思作中庸記述孔子的話「君子而時中」；孟子亦說：「孔子聖之『時』者也，知『時中』之義，則易思過半矣。」易經坎卦的彖辭說：「險之時用大矣哉」，睽卦的彖辭說：「睽之時用大矣哉」，蹇卦的彖辭說：「蹇之時用大矣哉」，遯卦的彖辭說：「剛當位而應，與時行也」，豫卦的彖辭說：「豫之時義大矣哉」，革卦的彖辭說：「革之時大矣哉」，艮卦彖辭「時止則止，時行則行」，豐卦彖辭「天地盈虛，與時消息」，旅卦與姤卦彖辭「旅與姤之時義大矣哉」。

䷜18䷜ 坎卦彖辭解說天險高得不可升上去，地險以山河丘陵爲阻；王公效法天地，設置人爲的險阻，以鞏固國防，可見險難因時制宜的效用，太偉大了。䷥53䷥睽卦彖辭解說天高地卑，形象不同，但作育萬物的功能相同；萬物的形態，各不相同，但成長的過程，都相互類同；男女的體質不同，但彼此的意志，可以溝通。所以，乖離是在異中有同，因時間演變而乖離，亦因時間演變而和同，乖離的時間效用，可就太大了。䷦10䷦ 蹇卦彖辭解說置身於困境時，前往是自尋煩腦，返回來停留原處自保，先求安全，堅守正道，結合賢能，依時間變化，得道多助，才能轉危爲安，困難的時間效用，可就太大了。 15 遯卦彖辭解說應當退避的時刻，就應當退避；小人漸進，是君子決定進退最困難的時刻；遯卦所啓示的時間意義，就太偉大了。 4 豫卦彖辭解說天地順應時機行動，所以日月運行，不會有錯誤，四季循環，不會有偏差；聖人順應時機行動，賞罰公正，人民悅服；豫卦所顯示的時間意義，太偉大了。 46 革卦彖辭解說一切的改革，應當依循大自然的法則進行，天地由變革形成四季變化，作育萬物；殷湯王、周武王革命，依順天時，因應民心，革卦所顯示的時間因素，太偉大了。 9 艮卦彖辭解說應當止的時候止，應當行的時候行，動靜不失時機，前途必然光明，『大學』中說：「止於至善」。 44 豐卦彖辭解說下卦是光明，上卦是活動，所以豐盛。可是，日到正中，不允偏斜；月到盈滿，不允虧缺；天地的盈虧，隨着時間消長，豐卦的時間意義，多麼重要。 13 旅卦彖辭解說內卦靜止附着於外卦光明，在旅行中要堅守正道，就會吉祥。孔夫子曾經週遊列國，對旅途辛勞的體認，極爲深刻，所以旅行的時間意義，可就太大了。 31 姤卦彖辭解說天與地相遇，各種類的物，才明顯的出現，剛遇到柔，剛柔相濟，相輔相成，就能使其抱負大行於天下。姤卦本是不貞的卦。但是，世界上沒有絕對的善惡，依時機與運用，惡行也有善用的一面。所以，姤的時間意義，就偉大了。 49

損卦象辭解說時間因素的限制，過剛就應當減損，過柔就應當增益。減損、增益、盈餘、虧虛，隨着時間的演變；因而，也應當隨着時間的演變結果，適當處置。35 益卦象辭解說將否卦的上卦天施予下卦地一個陽，下卦地爲上卦天生一個陰，使萬物無限增益的形象。大凡使他人增益的道理，時間因素非常重要，應當隨時機進行。33 頤卦象辭解說養人養己必須正當，才能吉祥。天地養育萬物，聖人養育賢能，並擴大普及到萬民；可見養育因時制宜的道理，太偉大了。30 大過卦象辭解說凡事在不得不過度時，必然是處於非常狀況；殷湯王、周武王的革命，都是極其過度的行爲，卻也都是不得不如此的非常手段。所以大過卦所象徵的因時制宜的意義，太偉大了。20 解卦象辭解說上卦行動，下卦險難，以行動解除險難。依大自然的法則，由秋至冬，凍結閉塞；當閉塞到極點，春天到來，一切解除，發生雷雨；各種植物的種子，堅硬的殼破裂，再度萌芽。所以，解除困難的時間因素，太偉大了。38 隨卦象辭解說上卦喜悅下卦行動；此動而彼悅，就成爲「隨」的意思，自己虛心隨和他人，他人亦會來隨和自己，能夠相互隨和，當然任何事都可以成功。隨時的時的意義是最明顯。事實上，『易經』六十四卦所要表示的，都是宇宙間連續的轉變中，某一時間的某種現象的橫斷面；各卦都各有不同的時間與意義。象辭所解說的時「大矣哉」二十四卦外，其他的四十卦雖不說「大矣哉」，但都包含有時間的意義。

☷0☷ 坤卦在孔子象辭解說下卦的六二中位，柔爻陰位得正，以大地的德行來說，堅守純粹的中正是『直』；有整然的法則性是『方』；順從天的德行是『大』。六二這一爻中而正的行動，順從大地的德行，一直向前，不需要學習，也不會不利，也是地道的光明偉大。上卦的六五中位，柔爻陽位不得正，所以用黃裳比擬，黃是土的顏色，土居河圖五行的中央，裳是謙遜裝飾性的下衣。黃裳象徵中庸謙遜的態度；所以說最吉祥。

☵2☷ 比卦在孔子象辭解說相親相愛，是互相輔助，因爲九五在上卦至尊的中位，剛爻陽位得正，剛毅中正，具備領袖的條件。地上有水；地得水而柔，水得地而流，這是相親相輔的象徵。

☴3☷ 觀卦象辭解說上卦九五的中位，剛爻陽位得正，以偉大的中正德行，被萬民瞻仰，展示於天下。仰觀天的神妙法則，四時循環，不會有偏差；聖人效法天的神妙法則，設立教化，順應自然，則天下就在不知不覺中信服。

☱6☷ 萃卦象辭解說上卦九五的中位，剛爻陽位得正；下卦六二的中位，柔爻陰位得正，上卦九五剛毅中正德行與下卦六二柔順中正德行相應，有聚的含意。當聚集豐富之後，就有力量使禮儀隆重，可以積極的從事建設。上卦兌是悅，下卦坤是順，象徵愉悅的服從，這是順從天意的當然道理。觀察天地萬物聚集的狀況，就可以了解其中的眞情了。

☰7☷　否卦象辭解說上卦九五的中位，剛爻陽位得正，可打消閉塞的氣運，重新恢復泰平，這是大人物才能做到的事業。然而，排除閉塞，恢復泰平，畢竟潛伏着危險；因而，必須時刻警惕到滅亡，像叢生桑木糾結在一起的根，確保安全。孔子在繫辭下傳第五章引用這一爻辭說：「君子安而不忘危，存而不忘亡，治而不忘亂；是以身安而國家可保。易曰：『其亡其亡，繫于包桑。』」雖然下卦六二的中位，柔爻陰位得正，畢竟是小人得勢的閉塞時期，不要被小人的聲勢，擾亂了意志，君子應當覺悟，了解適者生存的道理，自保以等待機會。

☵10☶　蹇卦象辭解說由小過卦☳☶（六五、九四）與六五交換，象徵九四向前，就到達上卦中位的中正位置；如果後退，就進入下卦艮的停止，就無路可走，亦即向前有利，後退不利。下卦六二的中位，柔爻陰位得正，六二以上的五個爻，又都得正；所以說：位置正當，堅守正道吉祥，可以整飭家邦。

䷴11䷴ 漸卦象辭解說由渙卦的九二與六三交換䷺（九二、六三）或旅卦䷷（九四、六五）的九四與六五交換，都成爲漸卦；而且都是不正的剛爻，昇進一位，成爲得正，以比擬前進就會成功，要像女兒出嫁般漸進，象徵這一婚姻，可以正家，進而可以正國。漸卦的上卦九五的中位，剛爻陽位得正，剛毅中正德行與下卦六二柔順中正德行相應，穩當踏實的漸進。

䷞14䷞ 咸卦象辭解說下卦六二的中位，柔爻陰位得正，順從柔順中正德行，安全而不妄動，雖然與上卦九五的中位，剛爻陽位得正，剛毅中正德行相應，但不強求，而等待九五有純正動機，自然而然的相互感應來求，結爲終身夫婦。象辭解說同樣的，天與地相互感應，因而變化生成萬物。

䷠15䷠ 遯卦象辭解說九五的中位，剛爻陽位得正，地位適當，操守高潔，又與下卦中正的六二相應，有影響力，可以亨通；這時九五的態度，不祇是退避，而且有把握時機，採取行動的可能性。六二柔順的追隨九五，像用黃牛的皮革捆縛，象徵意志的堅固。

☷16☵ 師卦象辭解說有一個陽爻九二在下卦的中央與上卦的六五陰陽相應，五個陰爻象徵人民，願意追隨聽命於他，能夠隨心所欲，運用羣衆，以伸張正義，能夠這樣，當然吉祥。

☶17☵ 蒙卦象辭解說六五雖然是陰爻，但得中，雖然幼稚蒙昧，高居五的尊位，但上方有陽剛的上九相比，下方又與陽剛的九二相應，是上下都有應援的形象。所以，是在待變、將變、適變的階段，一旦變成陽爻，上卦成為☴巽，象徵風，全卦成為☴風☵水，風調雨順，必然大吉大利。

☳20☵ 解卦象辭解說九二陽爻剛毅，在內卦的中位，又與外卦君位的六五相應，因而中庸正直，能夠驅逐迷惑君主的小人，解除困難，君子勢長，小人必然勢消。

☲21☵ 未濟卦象辭解說九二剛爻陰位，本來不正，但得中；中比正重要，因為得中，恭順中庸，能行正道，當然吉祥。六五柔爻陽位，亦是不正，但得中居君位，柔順謙虛，得到有力的輔佐，終吉。

☷24☴ 升卦象辭解說是解卦的六三爻得到時機上升與九四爻交換成為升卦，升卦六五柔爻陽位，本來並不適當，但與內卦居中的九二相應，得到剛毅有力的人輔助，能夠順利升進。

25 蠱卦象辭解說上卦艮是止，下卦巽是從，在下者屈卑順從，在上者停止不前，必然就會腐敗，所以命名爲蠱。象辭解說九二陽剛，在下卦的中位，象徵有才幹的兒子，六五陰柔，在上卦的中位，以柔弱的母親比擬，剛強的兒子，爲柔弱母親的敗壞善後，譴責過去無益，應以中庸原則，致力於將來。

28 恆卦象辭解說下卦巽是順，上卦震是動，順從自然法則而行動，是天地的常理，這一卦初六與九四、九二與六五、九三與上六，每爻都剛柔相應，也是常理；都象徵恆久。象辭解說九二剛爻在陰位是不正，本來會後悔，但在下卦的中位，中比正重要，態度恆久中庸，能使後悔消除。

29 鼎卦象辭解說上卦離是目、明，六五上卦中位，相當于明智的君。下卦巽是伏、順，九二下卦中位，相當於剛毅的臣。有中庸德性而剛毅的臣，得到明智的君，才能相得益彰。

九五
34 34
六二

屯卦象辭解說六二在下卦的中央，柔爻陰位，既中且正，可以與上卦中位的九五陰陽相應。但九五陷在坎的險陷正中央，六二陰柔被冒失逞強的初九糾纏，不足以解困，祇有退守自保，先求安全，再求發展。

☲37☳噬嗑卦象辭解說是張大口，上下顎中間，加了一個陽爻，成爲咬合咀嚼的形象，噬嗑卦主體六五是由益卦䷩六四柔爻上昇，到達五的中央位置與原來的剛爻交換，柔爻剛位，在上卦的中位，象徵剛柔兼備，具備威嚴、明察、適中的條件；柔爻剛位不正；然而，將中間的障礙咬碎，象徵刑罰的獄就亨通。

☰39☳无妄卦象辭解說上卦天的九五剛爻得中，與下卦雷的六二相應，在天的下面有雷在動，是陰陽相合，創生萬物，並賦與合乎自然各不相同的本性，毫無虛妄，大爲亨通，有利於正當的前進。

☷40☲明夷卦象辭解說太陽光芒過度強烈，巨細得不到遮蔽時，反而受到傷害，就與寬容的德性違背。上卦坤是羣衆，下卦離是明，當面臨羣衆時，要隱藏明的智慧，以平易的態度接近，才會被接納，就是利用晦暗，反而看得明顯的道理。

☶41☲賁是貝殼的光澤，飾的意思，象辭解說下卦六二柔爻陰位得中得正，與九三得正的剛爻陽位最接近，六二不能與上卦六五相應，九三亦不能與上九相應。在得不到外力應援時，最好的是與最接近的相比、相乘、相承，就是六二與九三相比，九三乘六二，六二承九三，文飾恰當。

䷾42 既濟卦彖辭解說內卦六二既正且中，外卦九五既中且正，陽爻都在奇數位置，陰爻都在偶數位置，全部得正。然而，造物的微妙，在於陰陽錯綜複雜，生生不息產生變化。剛柔爻停止在正位，使變化法則，失去彈性，反而僵化，以致喪失積極奮發的活力。老子所說不處全、不處極、不處盈，全則必缺，極則必反，盈則必虧。宇宙間愈美滿的事物，愈隱藏着危機。由既濟卦，亦可看出『易經』含義的深長。

䷤43 家人卦彖辭解說內卦離是火，外卦巽是風，火使熱氣上昇，成爲風；一切事物，必須以內在爲本，然後延伸到外，彖辭解說六二是女正位乎內，九五是男正位乎外，夫妻各盡各人應盡的本分，則家庭的倫理道德，就納入正當規範，延伸到國家、天下，必然也正當有規範。因而，家庭規範的延伸，可成爲政治規範。

䷌47 同人卦彖辭解說下卦火向上燃燒而光明，與天的性質相同。彖辭解說六二柔順中正，九五剛毅中正，相互呼應，就是君子的正道，唯有君子的正道，才能溝通天下的意志，促成世界大同。

䷒48 臨卦彖辭解說六五陰爻柔順在至尊居中的君位與下方的九二陽爻剛毅相

應，象徵本身不必行動，完全委任下方的賢能，用智慧監臨，對偉大的君王來說，是最適宜的統臨態度，因而吉祥。

䷻50 節卦象辭解說下卦兌是悅；見獵心喜，上卦坎是險；不會盲目突進。因而，悅與險成爲節制象徵。九五陽爻陽位得正而居中的君位，效法天地因節制而四季有序，建立制度，以節制人的無窮欲望。

䷼51 中孚卦，象辭解說心中誠信亦即虛心，中間兩個陰爻，是中心空虛的形象；孚是孵卵不能延誤日期，有信的含義，上卦巽是謙遜的誠，下卦兌是喜悅的信。天的德性是誠信與堅貞，九二與九五都是剛爻堅貞在中位，堅守正道應乎天，是符合天的法則。

䷵52 歸妹卦，象辭解說九二陽剛得中，對女人來說，表示有堅定的貞操與中庸的德性，與六五相應，象徵有正當的配偶。六五陰柔得中，具備高貴的中庸品德比裝飾的虛榮更重要，缺乏婦德，婚姻不會美滿。

䷊56 泰卦，象辭解說天地交，而萬物通，交通二字與消息二字一樣都出自易經。象辭解說九二剛爻在柔位，是內心剛毅果斷，外表柔和寬大的性格。保持安泰應當寬容、果斷、光明磊落、剛柔並濟、把握中庸的原則。六五亦因爲得中，能把握中庸的原則，選賢與能，信任剛中有才能的九二，因勢利導，於安定中求進步。

☶☰57 大畜卦，象辭解說剛健篤實輝光，日新其德。下卦健，上卦能夠及時停止就是篤實，具備剛健篤實的美德就能發揮光明，乾內剛健居中的九二，與艮外篤實居中的六五相應，日新又新其德而爲大畜。

☵☰58 需卦，象辭解說雲上昇到天，只要等待陰陽調和，自然就成爲雨，九二陽爻得中，不必急進，可以安閒的忍耐等待。九五在上卦得中，剛爻陽位得正，雖是最安全的至尊地位，仍然應堅持中正的原則，才會吉祥。

☴☰59 小畜卦，象辭解說主爻是六四，但一陰畜養五陽，力量有限，有不得不暫時稍爲遲滯現象。九二剛健，在下卦的中位，把握中庸的原則，與正當的同志上卦九五有攜手共進的誠信，自然可以突破遲滯。

☳☰60 大壯卦，象辭解說上卦震是雷，下卦乾是天。雷在天上轟轟的響，聲勢壯大。君子應當效法這一精神，從事轟轟烈烈的壯大事業。但君子的壯大，不在於勝過他人，而在於克制自己，當壯大時，往往容易過分必須具備中庸的德性，九二剛爻陰位不正，但在下卦中位，卻有中庸的德性，能夠克制，才會吉祥。

☲☰61 大有卦，象辭解說六五柔爻得到五的尊位，博大中庸；上下又有五個陽爻，與他呼應；大有收穫。他的德行，兼有下卦乾的剛健，與上卦離的光明，順應天的法則，依循四季的時序而行動，所以大善，而且亨通。

☰62☱ 夬卦，象卦解說九二在內卦的中央，剛爻柔位，象徵剛柔並濟，要將小人決斷的時刻，能把握中庸的原則，能夠時刻憂懼警惕，不會衝動冒進，以誠信號召羣衆，合力將高坐在五個陽爻君子頭上的小人排除。

☰63☰ 乾卦，文王卦辭解說「元」「亨」「利」「貞」，元是創始而博大，亨是流暢而通達，利是和諧而適宜，貞是端正而穩固。孔子象辭解說「天行健，君子以自強不息」，已在上述寫過了。六十四卦的大部份卦義引述彖辭與象辭的時與中來解說，是因爲好友同修，美國佛教會副會長俞時中大醫生的大名是時中，有感而應而寫。

易經是算數之學，以極簡單的奇一偶二的數字爲基礎（伏羲當初的對象並不是爲認識文字的人而作的），一個陰陽的「理」，兩兩對待的「象」，八項原則六十四種方法的「數」，使人很容易了解天下一切的道理，辨出凶險，避免天下一切的凶險，消除憂慮。六十四卦中幾乎每一卦都包含盛極而衰，物極必反的不易道理，諄諄告誡，人生必須時刻以戒愼恐懼的心態處世，時刻警惕適可而止，才能持盈保泰，伏羲六

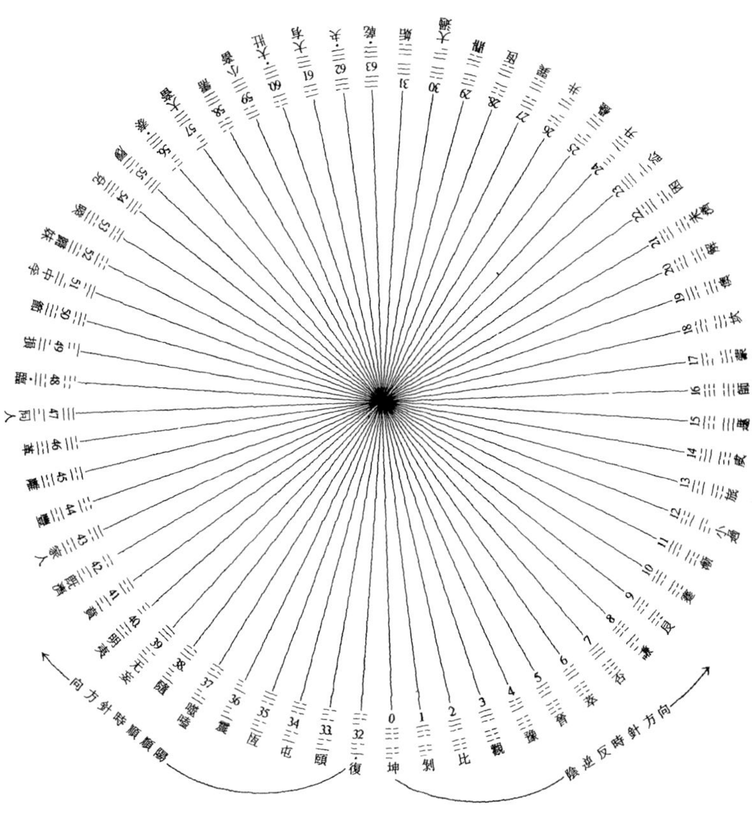
0 坤
1 剝
2 比
3 觀
4 豫
5 晉
6 萃
7 否
8 謙
9 艮
10 蹇
11 漸
12 小過
13 旅
14 咸
15 遯
16 師
17 蒙
18 坎
19 渙
20 解
21 未濟
22 困
23 訟
24 升
25 蠱
26 井
27 巽
28 恆
29 鼎
30 大過
31 姤
32 復
33 頤
34 屯
35 益
36 震
37 噬嗑
38 隨
39 无妄
40 明夷
41 賁
42 既濟
43 家人
44 豐
45 離
46 革
47 同人
48 臨
49 損
50 節
51 中孚
52 歸妹
53 睽
54 兌
55 履
56 泰
57 大畜
58 需
59 小畜
60 大壯
61 大有
62 夬
63 乾
陽順順時針方向
陰逆反時針方向

伏羲六十四卦圓周圖

十四卦圓周圖中1卦就是䷖盛極而衰的剝，9卦就是䷳適可而止的艮。李光地在「周易折中」說：「易是說盡天下後世無窮，無盡底事理，理、象、數，一以貫之，盡善而已。」胡適之在「中國哲學史大綱」說：「古人做了幾屋子的書來解說周易亦未說得明白。」古人是指從前士大夫階級的所謂讀書人，把極簡單的方法，極容易的道理弄得玄而又玄不明不白的難懂，以爲別人不懂祇有他懂才可以高人一等，眞像英國人在上等社會的貴族不講英文而講法文，目的是使別人不懂而可高人一等的一樣。

「數是科學之母」，這是大家所公認的，我們是不是亦可以這樣說：「易是數之母，有易就有數。」中國的文化以易開始，以數做代表；上至大學教授，下至販夫走卒，都是講數。美國最好大學的數學教授都被中國人包辦了，美國數學會會長陳省身教授是中國人。中國大多數販夫不認識字，但都懂得斤斤計較的斤兩算數，走卒當以算準武器之數達到勝利。筆者不揣冒昧而寫此作，希望對數對科學有興趣的讀者很自然對「易」發生興趣而發揚光大。卽使不喜歡數而愛好文哲藝術讀者因這極簡單極容易極根本的「易」數引申觸類，而啓發其靈感，感而通天下之志成天下之務，天下之務就是共生共存的和平。

筆者學「易」不過是僅僅上學八個月的小學生，學了第一學期的四個月，寫了「簡易」「變易」與「不易」。學了第二學期的四個月寫了「八卦」與「六十四卦」。大人學者專家會原諒小學生的文筆拙劣淺陋幼稚，對小學生的天眞無知會同情加以開導指示予以鼓勵。畢竟小學生是佔人口的多數，筆者最大的希望，是希望終有一天，大多數的小學生能看到筆者小學生所學的這份有關易經的東西，使中國千古以來第一部聖書易經成爲人人能瞭解，簡單而好讀的書；並成爲人人在日常生活中，方便容易而應用的書，而能「通天下之志」「成天下之務」，（見孔子易經繫辭上傳第十章）而能效法宇宙陰陽剛柔動靜併存不悖的生生不息精神，而能去惡向善，趨吉避凶，無往而不利。（本文作者爲旅美學人及香港東華三院總理）

第七篇

陸仟年前伏羲八卦與李氏之「3位二進」八進指數吻合

第七篇　陸仟年前伏羲八卦與李氏之「3位二進」八進指數吻合

李書田

今日電子計算，仍沿用貳進，斯乃1＋1＝2，左進爲1。雖便電子運用，但不如八進爲速。後者應用零至柒基數，滿捌則向左進。且每一基數可用叁位貳進代表之。是以「零壹」＝「0 1」與「1＝4　1＝2　1＝1」＝「1 1 1」則「000 001 010 011 100 101 110 111」＝「0 1 2 3 4 5 6 7」如以「⚊ ⚋」代表「1 0」代表「on off」則

「000 001 010 011 100 101 110 111」

＝「☷ ☳ ☵ ☱ ☶ ☲ ☴ ☰」

而此西式書法由左至右，如皆轉90°向左，則成爲中式書法如下：

「000
100
010
110
001
101
011
111」＝「☷ ☳ ☵ ☱ ☶ ☲ ☴ ☰」

洽等於

「0 1 2 3 4 5 6 7」＝「坤 震 坎 兌 艮 離 巽 乾
六 仰 中 上 覆 中 下 三
斷 盂 滿 缺 碗 虛 斷 連」

斯證明紀元前叁拾世紀之伏羲八卦已預示零至柒或捌以下之基數可用八卦代表之，而其連斷更洽合紀元後貳拾世紀所習用電之連斷。斯又證明今後更速之電算數系基礎，已早于伍拾世紀以前經聖聰伏羲奠其始基。（Thanks for Arthur Cayley's Matrix Vector representation to minimize the paper）。

一九八五年，卽中華民國七十四年三月十三夜原稿，版權所有。

第八篇

易經與全般系統理論

第八篇　易經與全般系統理論

王師復

緒說

本文的任務在對易經與「全般系統理論」作比較的研究，並從而確定易經也是一種「全般系統理論」。

我們現在所知道的易經，其結構大致完成於距今二千五百多年以前的時代。而「理論」僅爲本世紀五十年代新興的思潮。從文化發展過程來看，二者的比較似是「比之無類」。惟若了解其間相承的關係，我們將會感到，不但二者可以比較，而且無論從國內固有文化復興運動，或從國外逐漸對易經之重視，這種研究却含有重大意義與需要。

第一，我們要研究「系統」觀念與易經有何關係，如果易經含有系統的意義，如何會流傳到西方，並在何時及通過何人滲透西方思想。這對人類文化史來說是何等有意義的。

第二，我們要研究易經有何種功用值得今人來發揚，中國文化復興運動最重要的一環，便是發掘易經的價值，闡明它與中國文化的關係，以及它爲何能夠成爲各種知識的基本教義，這對當前國內學術研究殊有重要的導向作用。

第三，我們要研究易經對現代知識有何貢獻，使今天尙有西方學人對之發生興趣。設無需要，興趣是不會憑空發生的。

以上三點，雖然不出本文的範圍，但本文却有其特定的研究層次，茲分述如下：

一　易經與全般系統理論的個別發展

二　系統概念源於易經證據

三　認識論比較

四　本體、自然、與人生認識的比較

五　實踐方式的比較

一、易經與全般系統理論的個別發展

任何思想結構之完成必然要經過相當時期的發展，因而絕非個人，甚至聖哲，所能單獨創立與完成的。同時，在發展過程中，任何能獲共識的思想，必然能夠滿足特定時代的要求。從而研究一種思想之能成亦非單靠個人的獨自努力，特別在把那思想應用到有關方面的場合。立言、治學、與實踐，都有賴群策群力，前起後繼。基於這種認識，我們來談易經與「全般系統」的理論的個別發展。

㈠易經的發展

孔子之前，易經早已經過四千多年的發展，從孔子到現在也有二千五百多年，在這後段時間中，治易者向有不同推測，其中也還有牽強附會的看法。在「文獻不足徵」的狀態下，這種情勢自所難免。今人治易，由於現代知識的發達，必須愼重考慮前人的推測，愼重運用現代知識，以爲研究易經的工具。易經是「窮理盡性而至於命」的認識論，而其目的在於「開物成務」。換句話，它是從認識客體而獲到的思唯工具，進而發揮其對各種知識與行爲可應用的功效。

關於易經發展方面，文獻雖然不足，但繫辭傳却有重要的記載。只是前人偏重易理研究，而忽略了那些資料的重要性。今人也因循的沒有對此方面加以正視。但是，一種思想能夠繼續發展的事實，說明了其在發展每一階段中，它都能表現其實用的功效。我們重視易經的發展，其目的就是要了解它究竟在其發展階段有何實效的表現，從而對其研究發生堅決的信心與正確的認識。

從「繫辭下傳」及「說卦傳」，並從前人中比較合理的推測，我們可以確定，孔子之前，易經曾經過三個階段的發展。孔子時代，易經又踏上另一階段。到現在，它已經歷了四個冗長的階段。

1. 製器藍圖的階段，這個階段是發生在庖羲到黃帝時代，庖羲所定的八卦實是製器藍圖的八類基本範疇，以便製作各種日用工具的。庖羲以後的聖哲把八卦重疊，增加十二個重卦，創立並說明更多物事。此即所謂「窮則變，變則通」的原始含意。

2. 曆書的階段，這是從夏禹到文王之前的易經實效之表現，夏之「連山」，殷之「歸藏」，均將重卦增為廿四卦，代表一年廿四個節氣，並把河圖洛書及五行合併，以便設計曆書（包括曆數與占候）。

3. 卜筮方法的階段，這是文王的貢獻，從廿四重卦，演為六十四卦，每卦六線稱為爻，表示機率的變化，並設定陰陽在六爻中的適當位置，以為卜筮的判斷標準。

4. 知識的基本教義的階段，這是孔子時代對易經的偉大貢獻。在這個階段，易經啓示了非常精闢的認識論，及其在人文方面的應用。

易經的認識論含意確也曾對孔子以後諸子發生作用，產生中國名學。然而秦漢以後，此道不彰。儒家原有格致誠正修齊治平的八層認識，原是很完備的體系。但他們却未能按着層次來研究，而將其重點安放在誠正方面。不有格致的充分認識，這是不可能的；不有誠正的正確把握，修齊治平也就落空。我們可以說，兩千多年以來，視爲基本教義的易經未曾爲人所發揚過，以致易經到現在仍然保留卜筮作品的形式。而有關認識論方面的說明，如「繫辭傳」等，反而成爲附帶的文件。對這方面的努力現在却落在今人的肩上了。這個責任應爲復興固有文化運動中的基本工作。同時，西方學人對易經之重視當不會純出於好奇心理，將之視同埃及的木乃伊一樣看待。現代是知識突破的時代，如果易經沒有突破的功效，又如何會使他們對之發生興趣？在過去，易經確曾爲中國各種科技創立特有的風格與成就，故縱使易經未能成功的爲儒家承繼孔子遺留的抱負而發揚光大，而它却在「不知的百姓」手中證明其日用的實踐價值。有價值的東西，是不會永久被埋沒的。

(二) 全般系統理論的發展

「全般系統」理論，雖是本世紀五十年代新生的思潮，但其來源却是有自。首先是系統觀念的設定。系統研究者無不承認，系統觀念是始於萊布尼茲，繼以康德、黑格爾等，這一流派的發揮與補充。在本世紀，系統觀念却成就了愛因斯坦的相對論物理學，及白塔蘭斐（Ludwig von Bertalanffy）的組織觀生物學。後者更從而設定了「系統的一般理論」，與「一般相對論」，前後互相輝映。從「一般理論」之被共識到「全般系統」的理論之發展，却是本世紀五十年代的事件。

現在我們且看白塔蘭斐如何建立他的「一般埋論」。在本世紀廿年代，生物學界發生一次生物學機械觀與生機觀的論戰。他首先提出生物組織觀的新見，爲生物學啓開新紀元，獲到許多新發現。推之，非生物又何莫不是組織體，性質雖異，形象則同。因此，整個宇宙也就是一個組織體。組織體所表現的卽爲「系統」，那「異」的整合。白塔蘭斐進一步發現不同科學，在法則與模型上，居然有其共通成分。由是他將之綜合，成爲他的理論；其內容，無論從「系統」普效性，或科學共通性來看，都有充分條件被視爲「一般理論」，或「系統的一般埋論」。在一九三八年，他就將他的理論設定出來，而加以不斷的補充。

此外，白塔蘭斐理論之設定，在當時是另有一種用意的。卅年代中，科學家們共識到科學統一的重要，從而發起科學整合的運動。但整合必須有其共通的基礎，言語，方法，骨幹等等的齊一，成爲當時討論的共通主題。從而有人主張，把物理學當做整合的基礎。但物理學，與其他科學是居於同層次的，各有其特定對象與方法。這種向物理學返元的以偏概全的見解並非健全的。白塔蘭斐認爲基於各種科學共通性而設定的一般理論，較可適當成爲整合的基礎。但任何一個首倡者，在開始，往往是寂寞的。整合運動亦因大戰而一時消散。

戰時的行動經驗，與科技新發展，使「系統」觀念逐漸普遍化。由是，白塔蘭斐的理論才開始受人注意。在一九五四年由經濟學家，波丁（K. Boulding），生理學家，查納（R. Gerard），應用數學家，納伯波（A. Rapoport），及白塔蘭斐本人，聯名向美國科學促進會（AAAS）一九五四年會提出，創設「一般系統理論促進會」，類屬於「科學促進會」。從會名便知其宗旨在於擴大一般系統理論的研究，供爲各科學的基本教義。

但在該會成立前後不久，具有類似性質的理論也爲其他科學家所擬定，如一九四一年，諾貝爾獎金得主生理學家赫斯（W. R. Hess）的生理現象的回饋模型，一九四七年，牛曼（J. von Neumann）及摩根斯坦（O. Morgenstern）的運籌原理（Game Theory），一九四八年，韋納（N. Weiner）的模控學（Cybernetics），一九四九年，韋佛（W. Weaver）的資訊原理等。

白塔蘭斐與上述諸家，意見同中有異，第一，他認爲：在目前，尚有更多新的共通性有待發掘，他的理論尚未達到決定的階段，故僅能作原則性的說明，而後者則專以設定模型爲能事。第二，他所提出的是最高層次的理論，而其他則僅涉及低層次的分析。第三，他的理論是以啓發式的誘導方法，讓各科學按其導向去研究，而其他則企圖設定一種可運用的模型，讓各種科學來套用。因而，第四，在他們之間存在着「一般理論」設定與應用方法的歧見。

上述幾點歧見與「系統的一般理論」轉變爲「一般系統的理論」似有密切的關係。「一般系統理論促進會」成立之初，發生幾個問題：第一是把白塔蘭斐的「系統」從單數改爲多數，即「General System theory」改爲「General Systems theory」，或用中譯，卽爲「系統的一般理論」，改爲「諸系統的一般理論」。關於這點修正，白塔蘭斐表示贊同。第二是「系統」應如何加以定義。對這個問題，意見却十分紛歧。不過後來多數贊成白塔蘭斐的見解，把「系統」視爲一種世界觀；因爲一切皆爲系統，自然就不可能有形式的定義，如「互涉因素的組合」之類。這就是說，只有特定的實質系統，如機械系統，符號系統等，才可能有定義，而它却不能通用到一切事物。第三是將「系統的一般理論」變為「一般系統的理論」，這顯然與白塔蘭斐的原意不符。由是產生何謂「一般系統」的問題。會議決定：凡是涵蓋兩種以上教義者皆可視為「一般系統」。白塔蘭斐曾對此不表贊同。但因提出這個名稱的皆為設定形式性模型的學人，人多勢大，白塔蘭斐只好從衆。當然他們也有理由：第一，據定義，教義也是「系統」，則相對於那不同的特殊系統，就自然有涵蓋多數特殊系統的「一般系統」了。第二，系統觀念是「系統中有系統」，故每一層次均可能有一個「一般系統」，比如宇宙是最高層次的系統，而自然系統與社會系統便是其內含的「特殊系統」，或「附系統」。則宇宙便是「一般系統」，推之自然或社會系統亦有其「附系統」，故對其個別「附系統」言，它也是「一般系統」。就是這樣，上述所謂的岐見便互相整合了。而為白塔蘭斐所難反對的，而且還要推動的，就是不同意見的整合，或對立之統一。結果，「一般系統理論促進會」，在 1957 便改為「一般系統研究會」（Society for General Systems Research, SGSR），不過會名的更變，並不影響到科學同形性的共識。大家仍然尊重白塔蘭斐的首創者的地位和他的努力成果。

白塔蘭斐是非常冲謙的學人，他承認他只綜合各種科學的現有成就，並不設定理論。他反對學術的獨裁，重視人類的創造潛能。他認爲獨裁是會窒息創造潛能的發揮，他鼓勵在他的理論以外，可另找一般系統理論的新途徑。但同時他却催促，各科學應以系統爲圭臬，從事應用的工作，或實踐。

關於「一般系統」這個名稱，現在中譯成爲「全般系統」，這是蔣緯國先生的貢獻。他和筆者曾論及這個譯名，筆者意以若爲「一般理論」，我們未便把「一般」改爲「全般」，因爲「一般理論」已經成爲共識的名稱。但若是「一般系統」，則自當別論，「一般」，這個字，通常用得太濫，既然「一般系統」成爲專名，改爲「全般系統」，當然更爲貼切。所以筆者非常同意並採用蔣先生的譯名。在下面，「一般系統」均改譯爲「全般系統」。

不論是「一般理論」，或是「全般系統」，這種新生的思潮，均值得我們重視的。它對今後學術發展將逐漸發揮其重大的影響。任何一種新構想，在初期，都難免有岐見；唯有賴應用過程逐步證明其價値。我們不必因一時岐見而感困惑。在這個突破時代中，觀念與方法的更新，應該值得我們去嘗試的，何況現在已有不少學人按「系統」的導向而有新的成就了。

㈢筆者對上述的兩種教義的認識過程

最後，筆者願把從研究易經與全般系統的理論所體驗到的，提出扼要說明。易經與「全般系統」的理論，表面上均與筆者所學並無直接關係。但二者却是各種學術的共通基礎。經濟學也不例外。我們若能從之獲到啓發，則對經濟現象必有更確定的認識。而務能從之獲到啓發；却必須經過相當時期的研究與思考。

筆者初期接觸易經是在幼年時代，十七歲後才承受學校教育。這樣初期的教育方式與後來治學有極大影響。當然那時讀易所獲到僅是一些模糊印象。從在學到研究時期中，筆者是鑽研當時熱門的經濟循環理論；從而又涉到方法論問題。經濟方法論的討論主要是針對經濟循環的現象的。因此筆者體驗到現實問題與認識方法的密切關聯，但當應用數量方法到特定時空的現實之後，才感到有許多待解決的問題。這才想經易經。當做認識論的易經也許會對此方面有些新的啓發。

開始筆者對易經的可應用性並不存奢望，只抱著嘗試心理；並設想：易經對現代學術果有其啓發價值，它必能轉變爲有意義的知識論。當時筆者蒙國科會資助，著手這項工作。他是用對應方法，將先天八卦，按其個別特性，轉變爲知識論的八種基本範疇，如理念與經驗，機動與感覺，假定與求證，推理與臆斷；然後再按後天八卦原理，以求那八種範疇的邏輯關聯。結果意外的發現了易經對這方面的啓示實已超出西方知識論的成就。不過，那對卓立的啓發，筆者仍抱著愼重的態度。所以那篇報告一直沒有公開過。現在這篇報告就是本書的第三篇內容。

民五十五年，筆者獲到「夏威夷東西文化交流中心」的資深學人獎，赴美研究並撰寫經濟發展理論，當時以台灣經驗，嘗試用產業關聯的觀點，來代替現有的生產因素結合研究。這時，筆者在一次餐會中聽到楊振甯教授說，他是從易經啓發，獲到物理學的新發現。民五十八年從報端，筆者又聽到夏威夷大學氣象學邱教授，在國際天文學會年會中，提出星球激動說的論文，一時受到國際天文學家的重視。他告訴外國記者說，他是受到易經的啓示。

他們的經驗雖增加筆者對易經價値的信念，但一直到了筆者在撰述經濟發展中間想到：設以同樣的發展政策，用於不同經濟制度，是否會有相同的效果？於是轉而研究到經濟制度。這個機會讓筆者才再一次求助於易經，將之用於經濟制度的分析，同時也採取前此所用的對應方法。結果易經也曾提供合理的說明。這次工作意外的爲比較經濟制度設定了一般理論。這篇報告部分發表在台大法學院的社會科學論叢（現在卽爲本書的第四篇內容）。卽在此時，楊必立教授告訴西方現有「全般系統」理論，其性質與易經相近，從而筆者感到十分興奮，把未竟的經濟發展研究先擱一邊。轉而搜集這方面的資料。民六五年，筆者又獲到機會，應聘赴美，訪問波士頓哈佛大學與Tufts大學合辦的Fletcher School 及加州州立大學Riverside 分校。筆者曾遇到若干研究「全般系統」的學人，就中以George Washington大學，系統研究所主任愛立次（R. Ericson）教授對筆者最有幫助，他是一九七六年，SGSR的會長。筆者承他指示及贈送若干有關資料，並推荐加入該會。自那時開始，筆者卽集中研究「全般系統」。過去幾年，雖也發表若干篇論文及演講，介紹這種思想；但在閱讀更多內容錯雜的資料之後，確也感到一時的困惑。

民七十年，筆者三度赴美，邀請一九八〇年SGSR會長，克力納（G. Klir）教授，來台參加中美文化經濟協會於該年十一月底主辦的「一般系統理論的研討會」。他是紐約州立大學Binghomton 分校系統學系主任，對系統方法論有其獨到的見解。他在台灣住了兩個星期，多半時間與筆者相處，彼此交換許多意見，至其內容有下列幾點：

1. 現行「全般系統」是白塔蘭斐理論的發展。

2. 數理模型與白塔蘭斐的經驗直覺法雖不屬同一層次，但在現在仍可統一。

3. 他主張歸納推理法，更接近於經驗直覺法。

4. 他也重視易經，並高興告訴筆者：他在中山北路三段一間書局購得一本英譯易經。他擬在返美後加以研究，並約請筆者為其主編的"International Journal for Systems Research"撰寫易經的論文。

一九八三年，筆者四度赴美，曾與克力納教授連絡。他還催筆者撰文，並詢及筆者有無可能為其研究所講授易經。他告訴，許多朋友都對易經感到興趣。可見易經在西方已逐漸吸引多人的注意了。故無論從外人的殷望，或從筆者治學所獲到的經驗，易經的研究應為我國學人的重要課題。

從上述一切，讀者諒可知道，筆者是先治易經，後來才研究「全般系統」的。先入為主。所以與其說筆者是用「全般系統」來附會易經，不如說是從易經來看「全般系統」。不過沒有人能夠杜撰二者的關係的。事實說明：二者不但可互相對應，而且還有相承的淵源。這點，請讀者參閱下面的證據。

二、系統概念源於易經的證據

上節已經提到，西方系統理論主要是由萊布尼茲開始的。無可諱言，一方面，他的思想固與西方哲學保有密切關係，但另一方面，爲西方思想長期困擾的心物二元的認識問題，却在他手中加以解決了。我們也已知道，在本質上，「系統」是「異」的有組織的結合，二元認識永難建立系統觀念；而不知如何做到那結合可說明的地步，系統理論也不能取得可認識的邏輯根據。萊布尼茲的劃時代成就，自應歸功於他的智慧；不過其表現不僅在其創造能力，而且在其能領悟到「他山攻錯」的要旨，他贊揚並接受中國思想，特別是易經的認識論。他從而找到智慧之光，照澈了西方思想的迷惘世界。易經的啓示可說是他的成就動力。如果他是「系統理論」的首創者，則易經顯然就是這種理論的淵源所在。

關於中西文化交流始於何時問題，清末民初的中國學人，多以歐風東漸僅發生於十九世紀初期，最多可溯源於十八世紀。朱謙之論及十八世紀中國思想對西方的影響時，認定黑格爾的辯論法實爲易經的翻版（朱著原由商務出版的。抗戰期中，在廣東砰石中山大學，筆者曾遇到朱謙之教授，談及此事，可惜在台商務沒有這本論文集）。但近來更新資料證明「中風西漸」却早已發生於十七世紀；而據以成爲一家之言，就是萊布尼茲。台大哲學系鄔昆如教授，於其留德期中，曾發掘萊布尼茲的遺著，獲到重要的證據。在中國文化復興月刊七卷九期，他發表「萊布尼茲哲學與中國思想」。如果大家知道萊布尼茲首先提出系統理論，則該文的貢獻也就更值重視了。鄔文已發表多年，也許讀者把它忘了，故筆者不妨將其要點重申，連同筆者一點補充意見，據以說明萊布尼茲如何受到中國思想的影響。

介紹一種思想結構，最好是從原著直接引述，若經過多手，原意容易被誤解，雖然也可能更爲充分被介紹出來。不過，還是從第一手的敍述，然後再加補充，較爲妥當。鄔文是直接根據萊布尼茲遺稿寫的，所以筆者特將之摘錄如下：（鄔文譯爲「萊不尼茲」，筆者將之改爲「萊布尼茲」）

關於萊布尼茲的理論結構，鄔文首先指出：

「……萊布尼茲之用中國古代思想，建造了他的「單子論」（Monadolozie），以及辯神論（Theodizee），不但引領了中國哲學走進西方體系中，幫助西方宇宙體系之完美，而且也的確解決了理性之從笛卡兒（R. Descartes, 1596-1650）到斯賓諾莎（B. de Spinoza 1632-1677）所無法解決的難題（以上外文是筆者加上去的）。」

上述所謂「難題」是指：

「……上承古希臘柏拉圖的二元論，觀念界與感官界的對立，造成了中世紀基督教信仰靈魂與肉體的二元，以及天國與此世的隔離；及至近代笛卡兒的哲學革命，把立體重疊的宇宙價值體系，用平面的藍圖來討論，傳統上的上下二元，變成了平面展開的主客對立。斯賓諾莎用汎神論的體系，統一了實體，神及自然，以單一的存在設法消除多元的宇宙；斯氏的這種說法，固然解決了機械架構的物質宇宙，但是，個別心靈則無法交代。萊布尼茲出，始兼顧到多與一，一與多的宇宙關係。這種兼顧就是單子論的構想」。

跟著，鄔文便扼要說明了萊布尼茲的「單子論」：

「單子論」出版於一七一四年，其內容最主要的，是把知識論二元之主客對立解除；那是把「心」和「物」的關係，都看作是「單子」的力量。因此單子是一種力量，一種能，但同時也是本體，又是構成宇宙的最終原素。單子有無限的數目，以便構成多采多姿的宇宙。單子與單子之間沒有交往，是爲單子無門戶一說。可是每一個別單子，都與中心單子有本質的交往，個別單子可在中心單子之中，窺見宇宙整體，亦可從中透澈其它單子的活動情形。這末一來，單子論的構想本身就把宇宙看成有機體。由中心單子作中樞，指揮全體宇宙的運行變化。這些變化的動力，都以潛能的方式潛在每一個單子之中，使每一個單子在動作上，雖沒有彼此連繫和影響，可亦早有預定調和的事實，而各種調和都統一在中心單子之中。」

現在我們要問，萊布尼茲如何建立他的單子論。關這一方面，鄔文坦白指出：

「這種學說的全部構想，依萊布尼茲自己的分析，是一方面延續了從希臘亞里斯多德所首創的「發展」概念，經中世阿奎那（St. Tomas Aquinas, 1225-1274）的目的論，而把宇宙看成生命，是屬於生生不息的宇宙論。在這種宇宙論中，人爲世界是在自然世界上加工，使自然之美變爲藝術之美。萊布尼茲，另一方面，在自然科學上承繼了希臘羅馬的唯物想法，以教理的形式來界定機械的以及唯物的物質宇宙；再透過笛卡兒的心物二元設計，而構成了唯物史觀的宇宙；人生在這宇宙中，必須擯棄一切物質所能擁有的第二性質，甚至……第三性質　價值……所有祇是物之爲物的數理法則。」

上引一段話，說明了所謂「單子」即爲目的性的動力與物質性的形相所構成的。至所謂的「中心單子」，鄔文也有解釋。那就是萊布尼茲的辯神論的內容：

「……萊布尼茲爲了使宇宙有一根基，在單子論尙未完成前四年，即一七一〇年，先以西方固有的思想模式，出版了辯神學（Theodizee）。此書的目的是要爲中心單子之構想鋪路。……辯神學雖然如西方傳統的方式，列擧了證明神存在的各項論證，而且亦擧出了神的性質……目的卽是指出預定調和之宇宙藍圖。」

如果只看到上引對萊布尼茲思想的扼要描述，我們便無法證明萊布尼茲如何受到易經的影響，用中心單子來聯繫無數單子，或用神來統攝心物，這樣的架構早已爲中世紀基督教義所完成了。難怪西方思想家極少人會承認萊布尼茲曾受過易經的影響。甚至中國研究哲學的，如前台大哲學系傅偉勳教授，在其西洋哲學史（三民書局五九年三版）中，他沒有指出萊布尼茲與易經的關係。更何況「單子」的觀念也不始於萊布尼茲。在他之前，就曾有意大利自然哲學家，布魯諾（G. Bruno, 1548-1600），已經把形上學之稱爲「單子」者與物理學的原子及數學的「點」，等量齊觀。從他看來，單子是無限的世界活力，永恒的原動力，宇宙單子是世界活鏡（參看傅著：西洋哲學史，二三五頁）。

不過，另一方面，任何時代的思想論證，經常有其共同的問題，也有其一致的討論方式。爲我們所應重視的，却是各家對那問題如何解答，並賦與那方式以何種意義。如何在這方面有何不同，則其根據又在那裡？爲我們所要重視的，是萊布尼茲如何把那兩方面聯繫起來。上面筆者已經指出，鄔文是直接取材於萊布尼茲的遺稿。因此，我們就可從之獲到比較可靠的證據：

證　據　㈠

衡以通常治學的過程，一個人對一種思想接觸愈早，其感受也愈深，雖然後來發展未必即如早期所接受的，但終會使其思唯結構保留其成份在內；如果信念鞏固，則將成爲後來治學的導向。近世德國思想家中，最早接觸而且由衷欣賞中國思想的要算是萊布尼茲一人，同時他又是在其學業完成時候就感受中國思想。鄔文開頭就述及此一事實的發展：

「……廿歲得博士學位，此後就一直與中國的傳教士接觸，閱讀並研究拉丁文翻譯之中國哲學著作，最先讀到G. Spizel所著「譯註中國文字」……其中特別論及易經所用符號……又讀到另一本著作，即Fr. Athansius Kircher所著的「從古蹟中看中國」，書中說明中國建築中之哲學的意味，同時也談及中國古代的道路及橋樑建築……就是接受了中國文字與建築形式的分析之後……萊布尼茲就出版了所著「論組合之技巧」（De Arte Combinatoria）。……李約瑟讚爲：使萊布尼茲因此成爲符號邏輯，或數理邏輯之父……其思想來源却來自中國。」

「一六八七年，讀到耶穌會士所翻譯的中國哲學家孔子。二年後遊羅馬，遇見中教士Fr. Grimaldi ，打聽了許多關於中國文化之學術情形。此後，萊布尼茲就終生與中國傳教士書信來往，吸收並討論中國文化，並設法引用到西方思想體系中。」「一七〇〇年，傳教士Joachim Bouvet 寄給萊布尼茲一部易經註釋，這部拉丁譯文，用的是西方註解聖經的嚴格方式，而所用的闡明理路，也全用西方文化的字眼。其後，萊布尼茲的興趣就完全放在中國哲學的宇宙論中，常常與Bouvet 氏通訊。」

我們知道，萊布尼茲的「辯神論」出版於一七一〇年，「單子論」出版於一七一四年。則顯然的在這兩本書問世之前，萊布尼茲早已看過易經及中國思想。對中國思想來說，他實是一位有心人。以他的智慧才識，卽使不接受中國思想，也可能完成他的著述，然而他能夠異於同時代的西方一般思想，另闢谿徑，原因很合理的要歸功於他對中國思想的感受。我們對此似可置信。

證據(二)

從「辯神學」與「單子論」的關聯，我們看到「神」與「中心單子」實爲同位語。但萊布尼茲所謂的「神」，却不是承襲西方的觀念，鄔文指出：

「……在萊布尼茲思想中的「神」不是高高在上的，超越萬物的上帝，而是受了中國思想的影響，屬於生生不息的原理。神的生生不息，表現在宇宙中，無論是精神生活層面，或是物質生活層面，都能在目的和機械的各種變化模式中，找到最終的預定調和……。」

把「神」釋爲一種原理，卽在亞里斯多德的概念亦可找到類似的解釋，在這裡，較重要的，却在「神不是超越萬物」的。關於這方面，我們還要看下面一段的解釋：

「……西方的上帝概念，是與世界對立的一個名詞，其所代表的固然是最終的原因，可是神性與物性的間隔距離，造成了西方二元的最根本模式。中國的「天」概念却沒有對立的意義。天人合一的理論，不在後天，而在先天；卽是說合一是基本，是眞象；而分裂顯象是表象。於是萊布尼茲利用預定調和的學說，使中心單子與單子間的距離拉近，甚至消除二者的鴻溝……。」

這段已夠明顯的道出中西對「神」概念不同之處。不過鄔文解釋說：

「單子論的創立，在萊布尼茲自己看來，是易經體系的翻版。所不同的，萊布尼茲的中心單子用西方傳統的「神」概念作爲解釋中國的道概念，或是太極的說法，就與汎神比較類似，甚或根本就沒有神的味道，而祇是和易本身一樣，僅爲一種原理原則。」

這段話，對知易者來說，是沒有問題的。但却因易曾多次用「神」的字眼，一般會懷疑到易經與「汎神」也就不分彼此了。當然，我們知道，易之所謂「神」，即「易」，即「道」，與那西方的「神」概念實在煥然有別的。同時，即使萊布尼茲也用過「神」概念，未必即被認爲他是用西方傳統的「神」，作爲解釋的，他仍然是採取了易經的概念。唯乎此，所以他旣解答了笛卡兒的二元困擾，同時也修正了斯賓諾莎的汎神看法，而爲德國的意識形態闢開一條新路。

證　據　(三)

「單子無門戶」，這個概念，在西方思想中，是非常突出，根據原子概念，原子本身沒有動力，是靠著原子間的衝擊才發生變化，這種說法倒像是易經的「陰陽相推變化見矣」的理論。當然，「陰」或「陽」本身也有靜動。如果說萊布尼茲的「單子無窗戶」是表示彼此不相接觸的話，則萊布尼茲似乎就不是根據易經的了。關於這一點，鄔文說是萊布尼茲誤解了老子所謂的老死不相往來的含意。

「萊布尼茲在單子論中，由於誤認了道家承傳了易經宇宙論的體系，因而導引出單子無窗戶一說，而忽視了中國固有思想中的人際關係，尤其是儒家對人生哲學的人倫關係。」

筆者認爲鄔文這一段不無道理，休說萊布尼茲，卽以我國過去學人來說，也何嘗對易經及儒道兩家的思想沒有誤解？在這裡，我們僅指出一點，卽易經旣爲儒道兩家的共通淵源，當其被應用到人生方面的時候，二者却有實踐上的岐見。他們同是從「取法乎天」的觀念出發，同時又一致承認人與天不同之處在於人有欲念。老子認爲唯有內去欲念，外除物誘，才能與天地互通。而孔子則主張用人際的秩序來限制私欲，仁與義概念便從而產生。撇開實踐一面，筆者認爲儒道兩家在根本認識上幷無差異。關於這方面，鄔文有一段很好的解釋：

「西方人士二元的劃分方法，仍然深入人心，……就是把易經的影響分成二種不同的系列：一是著重宇宙論的道家，一是注重人生哲學的儒家。其實，道家原始典籍中，所關心的，大部分仍然是人生問題。固然在系統的架構上，有宇宙論的色彩，但是，宇宙架構的目的，是爲安置人在宇宙之中，給人生哲學奠立一種基礎。」

筆者以爲上段所謂的二元方法深入人心，所指的當不僅是外人，而還指中國學人。取異不取同，在觀念上，却與易經背道而馳。

證　據　㈣

從證據㈢，萊布尼茲從易經而走向儒道兩家的思想，從而產生「無門戶單子」有鏡照到整體宇宙，並提出宇宙的有機觀來。

「萊布尼茲哲學中，不談仁義，而採用了新儒家的理和氣的哲學思想，其實，新儒家因爲以原始儒家的學說，滲透了外來的佛家思想……在萊布尼茲看來，新儒家的宇宙觀，的確是對易經宇宙觀發揮到極處，而且是將之介紹到西方的世界去……新儒的理，在萊布尼茲看來，就是他的預定調和……。」

「老子的另一種想法……不出戶，知天下；不闚牖，見天道，以及……道者，萬物之奧……說明其單子論中，每一單子等於全宇宙之明鏡，可影出全宇宙之眞象。據此，而推論出「預定調和」的學說……。」

「……萊布尼茲說：物質的每一部分都如種滿樹苗的園子，或是養滿魚的池塘；可是，每一棵樹，每一條魚，都是園子或池塘，這顯然是受了佛學影響的理路。這末一來，前面所提及的，中心單子與各別單子間的關係，或是各別單子與整個宇宙的關係，並不是機械物理的部分與全體的關係，而是生命體中的全體與部分……全體大於各部分的總和說明了事物之所以成爲一體的理……。」

這點證明萊布尼茲從道家與受過佛學影響的新儒家方面所獲到若干感受，而他們對易經的誤解也輸入萊布尼茲的思想體系之中。也許萊布尼茲會對這點感到滿意，因有機宇宙觀，與全體大於部分的總和，卽在西方思想中也可以找出的。然而這僅是易經的一面。

證據（五）

我們現在該談到萊布尼茲的數學問題。在他的學校敎育期中，毫無疑問的，萊布尼茲曾受過數學的訓練，同時，在他前後同時代的人物中，無不對數學硏究發生濃厚的興趣。那個時代正是西方天文學與物理科學的新生階段，而笛卡兒正推動其「普遍數學」的思潮。所以在萊布尼茲從他初期接受易經符號及中國文字及建築技術而完成其一六六六年第一步著作之後六年，他一直在硏究數學。按年表，他的「對數表原理」完成於一六七九，而他在一七〇〇年才看到易經拉丁譯本。我們不敢推斷萊布尼茲的數理是源於易經，但易經符號已可啓發他的數理天才。更値重視的，萊布尼茲在一七〇三才完成整個算式。可見易經對他的數學成就仍有影響力量。在這方面，鄔文也有解釋：

「對數表的原理，最先以論文的方式，完成於一六七九……終於一七〇三年完成整個算式……在本文附錄中，加上一必要的註解，而特別提出：數的有效性和普遍性，早在中國古時代伏羲八卦符號中，已受到重視與正確的運用……以爲易經符號中，陽可以代表一，而陰可以代表〇；由一與〇的各種運算變化，而構成對數的各種複雜形式，河圖洛書的架構，在萊布尼茲看來，就是初期的對數根本形式。」

上述從鄔文所獲到五點證據，顯示萊布尼茲的理論與易經的一脈相承的關聯。但可惜其中滲雜了佛家思想，同時，也混同了易經本身體系與其在人生方面的應用。前者蒙蔽了易經另一面的含意（當然佛家思想本身也有種種學說，而新儒家所接受的並非其全部。關於這方面，我們現在不能涉及）。後者則局限了易經的普遍應用性。把易經視為人生哲學固然沒錯，可是這只是易經的某一面的功用。而為了只重視它在人生方面的應用，以致一般不能對易經的功用有正確的認識與廣大的應用。

現在我們要進一步說明：萊布尼茲的理論的系統的成分。本緒論開頭已提出：(1)二元論不能顯示系統的概念，(2)二元的組合若超出可認識的範圍，也不成其為系統；換句話，在觀念上，「系統」與「汎神」毫無關係，而且是背道而馳。

「心」與「物」可視為本體的概念，亦可當做認識論的範疇來看。惟與其將之視為前者，不如從後者加以討論。本體問題畢竟是要透過認識過程才能獲到某些可認知的結果。狹義的「心」與「物」是指人的「精神」與「肉體」而言的。而其廣義則可釋為認識的主體與被認識的客體，無論從那一方面，「人」都是居於主要的地位。由是從不同的角度，設以A代「心」，B代「物」，則我們將獲到下表種種有關認識論的二元範疇：

A	B
心　象	覺　象
觀念界	感官界
理　性	經　驗
必　然	偶　然
共　相	異　相
整　體	部　分
一般的法則	機率的法則

A都是絕對的「1」，B都是相對的「多」。單看兩者的對立，我們自然不能產生「系統」的概念。不過，我們或可感到，西方的二元論並沒有忘記其間關聯的。上面已提到所謂上下重疊的二元與平行面的二元。其實從前者向後者的轉變，却是十分自然的，因爲上下二元的看法，實已涉及其間關聯的說明。而這種說明似乎含有某種

因果決定性，比如A爲因，B爲果，則上下重疊的模式則爲

A
|
B

因爲B經常是多數的，因此上面模式也可以成爲：

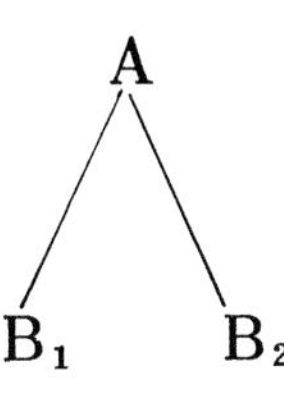

如果要想在A與B之外，用另一種涵蓋A與B的觀念，將二者連接起來，則成爲平行面的二元，而總攝於那涵蓋的概念，比如汎神論者，就是把上一型式轉變爲：

神
心　　物

笛卡兒的二元論是把「神」撇開，由是就成爲心與物的二元，然他也未曾忘記了二者的關聯，而假設所謂「松果腺」，來代替「神」。當這種概念不能成立時，他失敗了，而形成A與B不相連續的二元。就是這樣，汎神論者和笛卡兒都沒有成功的完成了「系統」概念，而二元論是這企圖失敗而殘存的「廢壘」。上列第一模型是代表柏拉圖的思想結構，他幾乎成功了「系統」，只要他能夠承認B的必要性或實在性。所以今天研究「系統」的人有認爲「系統」是改良的柏拉圖觀念。

至於萊布尼茲模式，表面看來好像汎神論模式，如

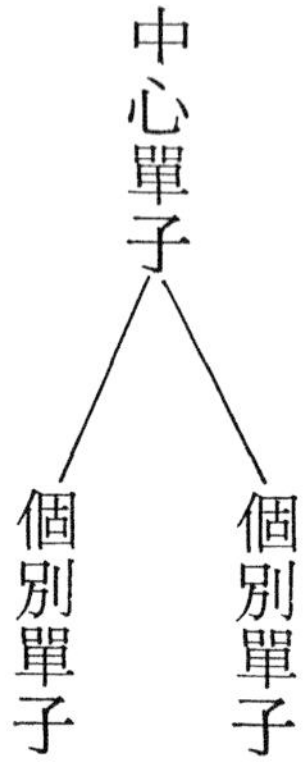

中心單子
個別單子　個別單子

但却有其特殊的含義。第一，「中心單子」不是高高在上的「神」，而是個別單子間的共通橋樑。第二，「中心單子」的狀態是由個別單子而體現出來的。這正如鄔文所釋，「生命的存在法則超乎物質與機械，可是却必須由物質的存在層次，以及機械的

變化法則來顯示自己」。這裡所謂的「生命的存在法則」卽指「中心單子」而言的。另一方面，個別單子可在「中心單子」之中，窺見宇宙整體，亦可從中透澈其他單子的活動情形。這樣，萊布尼茲的模式表示整體與部分的關聯，故其所表現的，實卽易經的「太極」與「兩儀」的關聯。我們可以將之畫成如下，來代替原有圓型的太極圖：

關這一點，我們要留後面再加詳敍。上圖只可惜看不出陰陽間的關聯。由是萊布尼茲的「系統」概念便成立了，完成了整體與部分，或一與多，理性與經驗，心象與覺象等等之間的關聯，而其成就却歸功於易經的啓發。

筆者對鄔文的可靠性甚有信心。縱使退一步說，鄔文有牽強地方，但從萊布尼茲對中國思想的嚮往而且也曾將之研究，則我們衡以治學常理，說他一些不受中國思想影響也是不可思議的。後來德國學者威廉（R. Wilhelm）還到中國來研究易經多年，完成他的德文本易經，成爲四種外文易經中最佳的一本。其子H. Wilhelm在六十年代還在美國華盛頓大學講授易經。筆者也曾與之商談過，從之知道西方學人對易經甚爲重視，而這種趨向實由萊布尼茲開端的。

三、認識論的比較

我們現已可確定，視爲系統理論開元的萊布尼茲理論與易經關係極爲密切。但這不是說，白塔蘭斐理論，或全般系統理論，卽爲萊布尼茲理論，因而與易經也有直接的關係。從上節的求證，我僅獲到一些根據，使易經可與白塔蘭斐理論互相比較。易經也可算是一種最高層次的全般系統理論；但其白塔蘭斐理論，除根據之「同」外，却有條件的「異」。

任何知識不過是被認識的客體（實有）與認識的主體之統一而產生的結果，一般性知識的任務在於提供認識的基本程序與方法。基於那種程序與方法，所認識到的客體，所謂客觀，與所確定的感官接受與思唯作用，所謂主觀。從二者的統一而體驗與想像，我們可認識到實有本體，自然與人生，其所處的是何種可知的狀態。換句話，本體論，自然觀與人生觀，都是基於特定認識而產生的。離開認識論，便沒有知識，沒有科學。

因此在比較易經與白塔蘭斐理論時，我們就可從認識論，因而自然觀與人生觀，這幾方面着手。

㈠全般系統的認識論

兩種不同知識或教義，只要在認識論上能獲到共識，便可能有可對應或同一的邏輯結構。同樣，兩種涵蓋一切的基本教義，設其在認識論上能有一致的看法，更會是一致的，因爲最高層次的教義可避免受到爲特定場合而必要設定的拘束條件之限制。

上節已隱約指出：實有的共相與異相，對主體來說，卽爲心象（Concept）與覺象（percept）。與其說它們是本體問題，不如說是認識論所導引的結果。過去西方思想之紛歧，主要卽在於心象與覺象的偏執。這種偏執可轉變爲「同」與「異」問題，而加以解釋。不知「異」中有「同」，或「同」中有「異」，則心象與覺象之對立便難統一。系統理論之確立，主要卽在其能够認識到二者的統一。

白塔蘭斐曾認定：系統的一般理論之可能成立，其關鍵在於我們是否能够從形形色色的互異現象中看到其共同的一面。然而，這不是說，我們可以因「同」而棄其「

異」。相反的，一切之「同」是要靠着種種之「異」，體現出來。所以有一般理論，就有特殊理論；或有全般系統，就有特種系統。同時，求「同」僅是一種手段，而其目的則在釋「異」。其次，「異」之目的在於發現更多的「同」，將之回饋到一般理論，在這手段與目的交互作用之下，最終獲到科學的統一。

本文第一節已經介紹過，白塔蘭斐的理論是從生物學方面開始的，白塔蘭斐把握到有機物的組織體。這組織體卽為生物的機械面與生機面的共通「園地」。由是他就是「以同概異」，使生物學界後來獲到更多發現。這不在話下。生物的組織觀促使白塔蘭斐進一步成就了系統的一般理論。可是他沒有把有機體的組織觀推演成為宇宙的有機論。

系統的一般理論是在他研究生物學以外的各種經驗科學之後才設定的。如果他研究的結果只獲到個別科學的個別成就，他是不會產生了新的理論。如果他只用有機體組織觀來研究其他科學，縱使他以之設定他的系統理論，也不足被視為最高層次的一般理論。他只是把一切科學返原為生物學，正如把各種科學返原為物理學一樣，重蹈了返原主義的以偏概全的弊病。可是他却意外尋找到不同科學的成就中含有許多共通成分。於是他把那些共同成分綜合起來，構成了他的一般理論。同時，一切科學已有成就都是有系統有組織的觀念結構，反映宇宙各部分的現象，所以他自有理由稱其理論爲「系統的一般理論」。

白塔蘭斐從各種不同科學所獲到的共通成分，如整體，整體性，部分，層次，成長，開放狀態，目標，均衡與不均衡，部分的相對成長，集中與離中等。他將之用若干科學通用的術語「isomorphism」加以概括。這個術語，在不同科學，有其特殊的含意。化學的意義是指「不同原子所組成的不同元素，或不同物質組合而成的相似結晶體。生物學的意義是指不同物種的有機體所顯示相同特徵與外表。數學的意義是指不同變數的共通函數符號。筆者最初將之中譯爲「異質同形」，或「異形同質」，後又依據拉丁文字義，譯爲「等形性」。但經過幾番考慮與試譯，均感不能達意。最後，筆者覺得最好用諧音方法，將之譯爲「雅素模型」。第一，原字是由希臘文「iso」與「Morphe」連接而成的，前者意指「相等」，後者意卽「形態」，故將後者譯爲「模型」，不但諧音，而且帶有直譯成分。第二，「雅素」也多少兼有直譯成分，中文「雅素」，可訓爲「淡泊的德操」。「淡」爲「五味之中」，「泊」爲「恬靜」，皆寓有「不着色相」之意。「德操」卽爲「行爲表現」。故合起來卽近「共相」的意義。第三，這個譯名亦可表現白塔蘭斐的冲謙胸懷；是的，內容是從各種科學共通成分得來，而術語也非爲他所杜撰。然而惟有他方能看出異中之「同」，而又知如何將之釋「異」。他對這點貢獻，却毫不居功。如此中譯，字面既雅，而且又能達意外，還含有白塔蘭斐的性格在內。不知讀者以爲如何？

上述有關白塔蘭斐思想的轉變過程，顯然說明這位傑出的思想家是如何運用他的「同」「異」交錯的方法，來建立系統的一般理論。在生物學界，他體驗到「異」的對立，而趨於「同」的傾向。在整體科學界，他又是從「異」而發現了「同」的一面，他所用的是經驗直覺法，或經驗與直覺的統一方法。經驗法所能獲到的是覺象。而覺象僅反映部分的客觀質料，不能把握主題的普效性與必要性，因而無法構成客觀整體的眞實知識。直覺法是能夠把經驗質料編織起來。其功用可把各種零散的經驗質料轉變爲普遍形相，或按層次將異相整合，使之成爲共相。

因此，白塔蘭斐所謂的「直覺」不是笛卡兒的「理性之光的湧現」，或斯賓諾莎所謂的「理性知識的必然結果，從上帝屬性之形式本質表現在事物本質的充分知識」。白塔蘭斐的「直覺」是源於康德，我們在此不能論及康德的「直覺形態」問題。不過，若干要點也值得一述。第一，白塔蘭斐不涉及任何超越現實經驗的知識。因此，他之所謂「直覺」顯然是關係到康德先然的知識（康德的 Transcendental 與 Transcendent）二者含義不同，前者為超越，卽超越現實經驗的觀念，如上帝之類，後者為「先然」，卽具有經驗內容而又獨立於經驗而存在。參看傅偉勳西洋哲學史三八七頁。第二，他既然把直覺與經驗分開，他自然是指康德的三種直覺形式中的「悟性」（understanding）與理性（reason），另一種卽為覺象（Sense Perception）（參看R. Adamson, The Development of Modern Philosophy, 1930. William Blackwood & Co., P. 173-297）。悟性的功用在於將個別覺象，有秩序的接連起來，或將之轉變為普效法則或一般理論。理性則提供有關的形式觀念或概念，用以顯示個別覺象及其關聯的意義。這就是白塔蘭斐的「雅素模型」的依據。第三，直覺不能離開形式的時空。所以當白塔蘭斐論及一般對系統所下的形式性定義時，他指出：所謂「互涉成份的組合」，缺乏時空的重要成分。第四，經驗與直覺的綜合是可以將之作數學的處理的。故白塔蘭斐確定他的理論最後卽為「邏輯與數學模型」。但在時空的條件下，他又不贊成用對付兩個物體的古典數學，與那僅包括兩個變數的抽象數學，來設定最高層次的全般系統。換句話，他是有條件的承認普效性數學。

基於上述的認識，白塔蘭斐不企圖用「超越」的方法來建立他的一般理論。他不重視科學的形式「同一性」（Analogy），而主張有內容的「對應性」（Homology），與原則性說明（Explanation-in-principle）。他認爲，視爲各種科學的基本科學，全般系統不宜附帶拘束條件。同時，他所設定的「雅素模式」，其完備有待更多各種新發現之「同」的一面，將之逐步回饋到那全般系統。沒有更多的經驗質料，我們便不能把編織的工作做得更滿意。現有的「雅素模式」只是全般系統一個起點而非終點。

在說明「同」「異」互涉的狀態下，白塔蘭斐的著作充滿種種現有質料，或有各種科學的「雅素」，並以透視方法，把那「模型」如何從不同科學表現出其異態。比如同是整體，生物系統與機械系統或人體與社會系統均有差別。在以「後然」知識爲基礎的說明上，白塔蘭斐沒有滲雜「超越」的理性。所以他不得不採取達爾文進化論的體裁，對全般系統作有層次的原則性說明，對各種科學研究提供啓發性的價值。

㈡易經的認識論

易經的認識論也是基於「後然」的經驗與直覺之綜合上面。但它是直接從現實形象，而非如全般系統是間接從科學的成就，構成它的內容。這種直接的觀察最需要的是「範疇」的觀念，或分類方法，所謂「方以類聚，物以群分」。同時，「範疇」的設定具有延伸性的作用。從兩儀到六十四卦的程序表現延伸的層次發展。由是在知識論上，易經指出：一切知識的基本因素無非是主體或主觀（陽）與客體或客觀（陰）二者的對立。然「孤陰不生，孤陽不長」，故若不將之統一，一切知識便無從產生。

上面已指出，易經是一部認識論的著作，即「窮理盡性以至於命」的理論，「理」與「性」是相對的。形形色色的「理」與「性」，或「陰」與「陽」各有其「理」與「性」，互相交錯而產生種種行爲，以萬端變象來顯示的。故其具有機率性。所謂「命」是綜合無窮「理」與「性」，或機率性，而產生的，是一般的理性，同時也是實有的必然性，或隱存於機率性中的必然法則。「理」，「性」，與「命」，三者屬於客觀方面。「窮」與「盡」，則屬主觀如何客觀的問題。其主要的手段，即其「範疇論」。但這種理論本身，仍然是後然的。整部易經沒有凌空玄想的色彩，沒有超越現實的觀念，如「神」，「靈」之類。從其發展過程，我們對之應可深信。我們已經提到，在易經中，一切的「神」，無非是指「道」，原理或法則而已。所以易經的「範疇論」不含有純主觀的成份，其構成都在在表現主客觀的統一。

現在我們且看，易經的「範疇論」是怎樣建立的。仰觀天文，俯察地理，遠取諸物，近取諸身，這就是相對性「範疇論」的實際依據，從萬變之微（不是「小」）的方面，易經設立了「兩儀」；從萬象之顯的方面，它設定了「八卦」。前者是萬物的相對原理，後者是從那原理而歸納萬物的不同形象。從自然現象，前聖看到的是，「天地定位，山澤通氣，雷風相薄，水火不相射」。然而此八類並不是範疇的基準，只是此基準在自然現象的應用，但也因而獲到悟性與理念，設定了「乾」，「坤」，「艮」，「兌」，「震」，「巽」，「離」，「坎」，等八個範疇，各有特性。萬物可按其類似特性，分別歸彙到八個基準之中。所以我們不能看出，易經的「範疇論」含有超越的色彩。

但那八個基準不是隔絕，孤立的，而是彼此互涉着的。能彼此互涉就必然有其共通基礎。太極生兩儀，兩儀生四象，四象生八卦，這一連串的過程，可說是易經「範疇論」的關鍵。太極是兩儀統一的整體，整體是可知而不可知的。是一般的恆常的狀態，是不變的，爲了它是常變的。當「太極」分爲陰陽兩儀後，卽在其可加分類化之後，才開始顯示實有的變化形態。而那八個基準是按層次轉化而成的，從二儀到四象，認識的層次走進了一步。故前人多以「四象」可代表四時或四方，「四象」的功能是確定了萬物的時間與空間。但「四象」尙不足以代表一切可見的形狀，到了從「四象」再度轉變爲「八卦」時，範疇的基準才算完成。因而，所謂「卦」，意卽「掛萬物於其上」。在此過程中，「兩儀」是「四象」的共同基礎，而「八卦」的共同基礎則爲「四象」。這裏我們可以看出「同」「異」的交錯過程。以「太極」之「同」，而生「兩儀」之「異」；以「兩儀」之「同」，而生「四象」之「異」；以「四象」之「同」而生「八卦」之「異」。推之，「八卦」又爲六十四卦之「同」。然而，從根本看，「太極」却是一切異的「大同」，我們從「太極」認識到萬物之「同」，而又可從萬物之「異」，認識到「太極」之同。此卽易經所謂「原始要終」。我們顯然可以看到，萬物之「同」是以「異」爲其體現形態。

其次，一切事物均有其結構與機能兩方面。視同物事基本範疇的八卦，也必須顯示這兩方面的特性，如是就有「先天八卦」與「後天八卦」的不同次序。過去已有人認爲前者爲「體」，後者爲「用」。用現代言文，「體」卽「結構」，用卽「機能」，我們可以說，「先天八卦」爲物事設定了「結構性模型」，「後天八卦」設定了「機能性模型」。

從「兩儀」延伸到「八卦」，這個過程不過是易經認識論的基本部分，所謂「小成」，而要窮盡理性，必須進一步「引而伸之，觸類而長之」，這樣才能做到「天下之能事畢矣」。六十四卦就是易經認識論的「大成」部分，既然一切皆有結構與機能，自然就有行為，有變化，而其「大成」部分卽涉及這些方面。在符號上，六十四卦是由八卦交替重疊而成的，八卦的每一卦有三條線，表示天地人，所謂「三元」或三界，萬物總不外於此三界。六十四卦每卦是由八卦任何兩卦重疊而成，故稱之為重卦，因此每一重卦就有六條線代表上下四方，所謂「六爻」。每線稱為「爻」，「爻者效也，效萬物之變也」。六十四卦又可以分上下兩篇。上篇三十以「乾」與「坤」兩卦始，以「離」與「坎」兩卦終，以象「陽」。下篇三十四卦，以「咸」與「恆」兩卦始，以「既濟」與「未濟」終，以法「陰」。關於這一點，內容豐富，本文暫不涉及。

特別值得一提的，卽易經對認識的形式層次曾有很好的啓示。「易有聖人之道四焉：以言者尚其辭，以動者尚其變，以制器者尚其象，以外筮者尚其占」。若把這一段話從認識論角度加以解釋，可轉變如下：第一表達認識的結果，必須有合邏輯性的說明，此卽為「辭」的含意。第二動態現象的觀察必須把握其變化過程。第三觀察所用的工具或方法必須與所觀察的現象互相一致。第四現象變化的預測必須把握其準確的判斷，「極數知來之謂占」，「占」可釋為準確的判斷。如果這樣的解釋是可能的，則易經的認識論殊足以與現代西方的認識論互相對應了。上述四個階段是上下相連，不可躐等的。

上面已簡約描述過從認識論來看的易經。現在我們要涉及其在知識構成的啓示。在本質上，「陽」卽「乾」，「陰」卽「坤」，只是層次問題。「陰」與「陽」是第一層的抽象，而「坤」與「乾」是第二層的抽象。在知識構成中，「乾」與「坤」可轉變爲「理念」與「經驗」，加以解釋，二者是知識的主幹。感官之能接受客觀現象而成經驗，與思唯組織之能成理念，只說明其機能，但其作用必須經過某種過程。易經對此過程有合理的說明。

本文第一節已交代過：筆者如何將八卦，按其個別特性，轉變爲知識的範疇，說明知識的結構形式。而若要說明其過程，我們必須藉助「後天八卦」的理論。其內容是這樣的：「帝出乎震，齊乎巽，相見乎離，致役乎坤，說言乎兌，戰乎乾，勞乎坎，成言乎艮」。

我們可以把上述，分爲三層來看：第一是從「震」到「坤」，說明經驗的產生。第二從「坤」到「乾」，說明理念的產生，第三從「乾」到「艮」，說明對特定對象所下的臆斷的產生。在這裏，所謂「帝」可解釋爲「知識」。茲分別說明如下：

第一關于經驗產生過程，感官好像電腦的硬體系統，它對外來物事有感受的潛能；但其表現却有待軟體系統之輸入。生理學的研究只能幫助我們了解感官的功能，但不能告訴這功能對所接受的，會產生何種有意義的經驗知識。「後天八卦」告訴：一切知識皆來自動機（雷）。沒有動機，感官所能承受的只是無意義的表象，一切皆如過眼雲烟。此所謂，「視而不見，聽而不聞，食而不知其味」。眞的，所有行爲，若無目的，皆屬不可知的。這是心理學問題。感性知覺還要加以確定，或求證（離），才能構成經驗知識（坤）。這一段過程實由心理學，生理學，與實驗技術的整合而成的。經驗知識之獲致不是單靠感官的機能。

第二關於理念產生過程，經驗知識只是斷片零散的局部的，而如何才能編織成爲整體的一般理念（乾）。或如何從經驗而達到悟性，易經告訴：這是要經過推理（兌）的過程。由是，第三在一般理念建立之後，經過特定的拘束條件，或「假定」（坎），就產生「臆斷」（艮），或對特種理性的說明。

從上述我們便曉得，知識是綜合感性認識，悟性與理性。而其間在在顯示出「陰陽」交錯或主觀與客觀的統一過程。故我們不能冀求，超越經驗的理性，或不含理性的經驗知識。從而共相與異相，覺象與心象，也隨而可分而不可分的。這樣，在與全般系統互相比較之下，易經雖有特定的處理方式，而在基本認識上，與之却無二致。

四、宇宙本體、自然與社會認識的比較

認識論之一致，使易經可與全般系統理論互相對應。從而，在本體，自然與社會諸方面的認識上，二者自亦有其一致的傾向。在下面，我們將分別加以比較。

1. 本體的認識，本體問題基本上卽涉及世界觀。宇宙本體或物自體的研究，在西方思想界，曾引起掀然大波。其實本體可知與否並不是問題。而問題却在於：基於人類認識能力之不齊與時代的變遷，只是知之多少而已。孔子說：「知之爲知之，不知爲不知，是知也」。不知亦爲知，是爲了曉得知的界限。同時，不知的東西也有界限，有的可經研究而知，有的縱然研究亦難了知。宇宙萬物的理性有許多原難窮盡的；現代科學不知，古代易經也有其不知。故本體的認識只限於已知或可知。這樣，本體就不會成爲神秘的問題。

白塔蘭斐指出，如果本體是指法則，則按其所表現的，卽爲「對立的統一」，這個法則因黑格爾的辯證法而聞於世。可是辯證觀在康德思想已經存在；而追本窮源，又何莫不是易經的貢獻。「一陰一陽之謂道」。這就是對立統一的辯證觀。同時，這又表現了統一的整體與對立的部分之間的關聯。換句話，這就是「系統」，這就是「

組織」。以此認識宇宙，這就是組織觀。我們可以說，白塔蘭斐的組織或系統觀，實是以其特定稱謂，來表達易理的。

雖然我們不能對「系統」下一個普效的定義，但從「雅素模型」，我們仍然可以認識到系統的本體。如果科學現有的共通成分是可一一列舉的，則我們就能夠將之加以歸彙。這樣，白塔蘭斐的組織觀或系統觀豈不顯得更有組織，更有系統？這是可能的。當觀察任何有組織的現象時，我們可能認識到下列幾方面：⑴從其形象，它是整體的；⑵從整體的結構，它是由各部分的層次組成的；⑶從其互涉的層次，它是有行爲的；⑷從其行爲狀態，它是變動的；⑸從其變動過程，它是有特定結果或終極的。這樣，科學的「雅素模型」，可從上述五方面，加以歸彙，顯示「系統」的本體的形相了。在這裡，我們必須特別重視的是：白塔蘭斐所謂的宇宙，不是虛無飄渺的時空，而是可用符號來表達的。人類可認識的宇宙是「符號的宇宙」，因此其本體亦卽由符號所構成的，符號是人類特有的創造潛能，故人類可藉以創造宇宙，則上述歸彙自然是可能成立的了。

易經對宇宙本體當然就是用「太極」加以解釋，上面已經敍述過，「太極」與「兩儀」的關係，實爲整體與部分的關係，「太極」不是什麼「生元」，因爲易經沒有把宇宙當有機體來看，如果強稱爲「生元」，那也只是說一切皆包羅其中而已。一般誤把易經本體論當做有機體來看，其原因還不止此。易經說，「夫乾其靜也專，其動也直，是以大生焉。夫坤其靜也翕，其動也闢，是以廣生焉」，這一段話是從「釋數」來的，也就是用以解釋何以陽的符號爲「一」，陰的符號爲「--」。其設定是根據「近取諸身」。這當然是在生物的場合。故所謂「大生」與「廣生」，與「太極生兩儀」之「生」不同，初看起來，好像易經是承認有機的宇宙本體。但再看到：夫乾確然示人易（變）矣，夫坤隤然示人簡矣，「易則易知，簡則易從」，以至於「日月運行，一寒一暑」，我們便覺得，它與有機體就無關係了。易經既然涵蓋萬物，難道萬物都是生物？從易經範疇理論著想，這些都只是舉例，說明「兩儀」可用各種形態來表現整體的「太極」或宇宙本體的。易經沒有「宇宙」的稱謂，更不談其生成。甚至對「太極」也只提過一次。如果「易」卽爲「太極」，它只承認它是無方無體，而又周流六虛，難加「典要」，或定性化的。故唯有從「兩儀」，或其部分的互涉而發生的變相，加以認識。「在天成象，在地成形，變化見矣」。但這不是說，整體不可認識的。凡具有想像能力，或能看出「異」中之「同」的人，可以加以「典要」或作定性的說明。由是從微而彰，從整體到部分的變相；我們就可以把握宇宙本體。有變相就有行爲與變化，因而也有變化的終極。這樣，「太極」就可與「雅素模型」相對應了。

在這裡要重申的，卽爲易經的「神」概念。在許多地方，易經都談到「神」。這很容易被人誤以爲易經含有「神」概念。同時，易經還涉及「鬼」，更使易經的「簡易」原理，蒙上神秘的面具；再加上，卜筮時，「可與酬酢」，「祐神」，「以此齋戒」等文字，若不了解其深意，易經豈不成爲巫書，占卜者成爲乩童？宗教家如何解釋，那是他們的自由。但站在學術的立場，宗教的觀念，對易經本質的闡明，是毫無價值的，而且也會將其本來面目籠罩在神秘氣氛中。這不是治易的本意。明顯的，易經是把「神」視同「道」，或「易」。「神也者，妙萬物而爲言也」，這該算是易經對「神」的定義。最貼切的解釋，則爲「神」是比方萬物的「機微」，卽其法則。易經的「鬼」是借喩爲「變」。所謂「遊魂」，是相對於「精氣」或「靜」的「神」而言的，所以「鬼神」亦卽「易」與「不易」的另一說法，而表現在卦爻之中。「鬼」與「神」，卽爲機率法則與必然法則，必然法則亦卽爲「機微」。機率的現象，常人可知，而其中內含的必然性却必有賴上智者或「聖人」才能把握到的。現代科學的預測所以不能精確，其故蓋在其只能把握機率性。原因若非爲了質料不足，便是不能從各「異」的質料抉出其間之「同」故。同時，這也就是爲了理性或心象的運用未能觀澈其「微」。易經告訴這種缺點不是不可補救的。那就是要集中精神，以寧靜的心境，或可從機率性中抉出必然性，作爲預測的準確判斷。至於「齋戒」，「酢神」，不過是對精神與心理寧靜狀態發揮一種補助的作用而已。在後面，我們將再論及。

概言之，無論易經或全般系統理論，其本體論均從認識論延伸出來的。因此其對本體的認識並無二致。這就是說，宇宙的本體是由部分構成的整體，稱之爲「系統」或「組織體」，都是一樣的。

2. 自然界的認識，宇宙是統攝了自然界與人生界。知宇宙的本體，當然也知自然與人生的狀態，從高層而了解低層的系統，白塔蘭斐稱之爲透視（Perspective）的方法。在易經，正如孔子所說，「一以貫之」。不過爲了以低層狀態來體現高層，無可避免的，受其特性的影響，故本體是要透過自然與社會的特殊形態而有差別的表現。

論及自然界的認識時，易經與白塔蘭斐理論，在表達的形式，顯有差異，第一，如前所述，白塔蘭斐是間接的從現代科學現有成就，找到質料；而易經則直接取材於自然界。前者所獲到的是精密知識之綜合，後者所認識到的僅是樸素的感性認識。第二，中國思想，無論儒道，均以人生或社會面物事爲其主要對象；而白塔蘭斐理論則含有經驗科學的濃厚成分。

白塔蘭斐把自然界分爲無生物與有生物兩個系統。在形象上，大如天體，小如原子，無一不是具有層次結構的整體，「能」與「物質」的互變說明了物理現象的開放狀態，新的熱力物理學用開放狀態的實驗，取代古典時代的封閉狀態的實驗，而獲到若干新發現，表現在地質學，化學，氣象學等各方面。行爲不能分爲種種反射作用。覺象不能僅爲卽時的感性。生物的系統雖更是處於開放狀態，但與無生物不同。它能夠追增其衍異與組織，促進新陳代謝，成長，自律，對刺激的反應，自然活力的表現等。甚至無生物系統中，動力學與模控學系統，亦有差別。後者根據回饋與資訊理論，前者則不涉及資訊，回饋系統雖可因輸入資訊而提高其組織，但不像生物系統，沒有新陳代謝的作用。化學所發現的殊途同歸律（Equifinality），雖不能視爲有生物行爲的目的性，但却顯示了自然系統有「終極」（Finality）的存在。

易經對自然的認識也是從天與地的對立加以觀察的，天成「象」，地成「形」，天道曰陰陽，地道曰「剛柔」。本來剛柔卽陰陽之性。何以不說地道而曰陰陽，那就是爲了天與地有其差別。「天尊地卑」，似乎二者不相對稱，但却各有機能。「法天效地」並不表示主從關係。正如陰陽各有理性一樣，「乾以易知，坤以簡能」，故天雖為「大始」，而「成物」則屬於地。天地定位而又互相統一。於是天降時雨，山川出雲，山澤遂而通氣，雷以動之，風以散之，水火相濟，萬物因而孳生成形。故所謂形者，前人曾釋為「草木鳥獸」。於是無生物與有生物便互相整合了。故自然的法則不外於兩儀，而兩儀不外於太極。換句話，在自然現象，我們仍然可以看出整體與部分的統一，沒有統一，對立便互相隔絕，結果便無變化，因而一切都不存在了。此即上面所謂「孤陰不生，孤陽不長」。從這一點，我們又可回顧前此所說：像這種無生物與有生物的整合，不能被釋為有機的變化。同時，因為天地交泰始有此種變化，故萊布尼茲的無門戶單子的見解實是誤解。

3. 社會的認識，在這方面，白塔蘭斐理論與易經亦是同中有異的。

白塔蘭斐不但區別人類與一般動物，而且把人類社會也分開來看。他認為適用於動物方面的(1)刺激反應原理（S-R）模式，(2)環境理論，(3)均衡理論，與(4)功利理論，均不正確的用於人類。而這些概念，如事實所示，反而造成心理學的危機，把人返原為低級動物；甚至把人視為「機械人」，或自動機器，可用機械學習，廣告技術，大衆傳播，以及洗腦等方法，來控制其心理狀態。白塔蘭斐認為，這些只是人類行為某一部分說明。（S-R）模式忽略人類自發性活動，與創造性行為。環境理論忽略遺傳作用。均衡理論忽略人類向不均衡方面追求的企圖；消除緊張另一方面卽是要創造緊張。功利理論忽略非功利的行爲，如藝術創造。他根據新興心理學與人格理論，設定人的模式（model of man）。人類創造力，個體素質差異性，非功利人格，超生存與生活的價值，與非牟利的動機等，這些一切才能表現人的特性與價值。從而他企圖設定「人的科學」，與其他科技平行發展。

從人類到人類社會又是一個層次。人的行爲是具有組織性的，組織行爲的結果卽爲社會。人類社會包括從語言到符號關聯的構成體，如團體成員，社會地位，法律，科學，藝術，宗教等。這些都是人類社會的構成因素。人的價值是超生物的，超物理的，人類社會是文化系統，是生物，符號與價值等，三者的綜合。

從人類的個體本性到人際關係的社會之區分，便導引到「人性」與「人生」的不同問題。我國素以「人性」研究而蔚然成章。但實際孔子的特殊貢獻卽在人生方面。孔子對人性涉而不深，歸於「子罕言」一類。這是孔子的智慧。試看現代精神學，心理學，生理學等之個別與整合研究，尙未有滿意的結論；何況在二千五百年以前的時代？孔子不是不知，而是了解這個問題可解答的界限。同時，了解人性之目的在於人生的認識，故孔子以其全部精力，用以解釋人生。而把難以體驗的人性只輕輕帶過。

孔子的觀點是正確的。不信且看儒家因人性善惡之爭而分裂，甚至爲後人樹立黨同伐異的不良風氣。新儒家以理性與氣的問題也引起長期的學案，而難分難解；甚至藉重佛學思想以求「解脫」。結果遂使中國固有的統一思想，而難臻於統一。這種結果所以形成，主要是忽略了易經的啓示。

上面已經提到，太極中的兩儀是各有理性的，「夫乾其靜也專，其動也直……坤其靜也翕，其動也闢；又說：乾之性剛，坤之性柔」，若應用到人性方面，那就是現代新心理學所重視的，即個體人格的差異性，然而有乾無坤，也就是有陽無陰，什麼也沒有了。則人性善惡之爭豈不是忽略這個啓示。

易經對「氣」，正如其對「太極」一樣，一筆帶過，不鑽牛角尖。如果太極是整體，「氣」便是那整體的表現。絕對的整體既以其部分的互涉而體現其功用，自然「氣」也就沒有什麼好討論的了。而強要加以討論，必定走入虛無之境。「開物成務」的易經又如何會注意到無謂的空談？有形之執，與無形之辯，二者都違背易經的啓示。這些都是孟子啓其端的。至聖如孔子，尙自以爲非生而知，五十學易始無大過。何況孟子？我們今天之崇敬孟子，是爲了他強調行爲的表現，所謂「義」；爲了他能承繼孔子的人生要義，所謂「仁」；同時也爲了對政治經濟的民主有其正確的實踐看法。

換句話，孟子的貢獻仍在人生方面。至所謂「良知」，並非屬於人性的層次。「惻隱」，「是非」，「辭讓」，及「羞惡」等「心」，是從人生體驗，或社會教育，得來的，而不是與生俱有的。

至關人生方面，易經如何從其認識論與本體論伸延出來呢？關於這方面，我們可從「仁」，「義」，「器」，三個概念著手。談到「仁」，我們在這裡必須補充它在知識論上的認識，那就是「仁」與「知」（或智）的關係。第一，「仁」不是一般所謂的倫理觀念。「仁人者，二人也」，二人卽爲人際關係所構成的社會，同時也表示全面觀察到的知識，或心象。第二，「知」從「矢」不從「口」，是現實體驗到的知識，「智」從「日」也不從「口」，意卽謂藉日光而看到東西。從中國文字這些結構，我們不是也明顯看到「知」是指經驗知識或覺象而言的嗎？由是，「仁者」卽重視心象的人，「智者」是重視覺象的人。但易經說，它是兼心象與覺象而有的知識，心象卽「太極」，覺象卽「兩儀」。這一點，我們在論及易經的知識論沒有提到。但現在卻必須加以補充，從而我們可以聯想到其在人生方面的說明。

現在，「仁」是指人際關係而言的了，個人以其特有的理性，與那些具有不同理性的他人，整合在一起，而成社會，猶之「陰」與「陽」各以其不同理性而互相推動一樣。正如上述，陽性剛，陰性柔；而陰陽之理則以其在重卦中所佔位置來表示出來。在圖式中，一個重卦是有上下兩卦。上卦稱爲外卦，下卦稱爲內卦。陰位在內卦中的中線；陽位在外卦中的中線。每一重卦合而有六線或六爻。故陽的適當位置在第五爻，陰的適當位置在第二爻。陽上陰下，故其個別位置就是順「陰的柔性」與「陽的剛性」。其次，「陰」與「陽」所以各佔每一卦中的中線者，是爲了「陰」「陽」均是由人認識出來的。上天下地，人居中，故人道卽爲「中道」。從而談到了人生時候，陰陽可代表各異的個人所處的個別位置。人性之剛柔，人位之上下，對社會都無關緊要，因爲各順其性而有所事，猶之「乾知大始，坤作成物」，若能如此，則「樂天知命故不憂，安土敦乎仁，故能愛」，不憂而能愛，一方面能自強不息，一方面能厚生養物，則整個社會自然會增進福祉，開業成務了。

然而，陰陽原是不測的，因而變化萬端。而欲求在人際關係中，每人都能順性安位，這是非常困難的。故社會的福祉時受威脅，社會之治亂疊見。月不常圓，人不常好，天道有明昧，人生有禍福，這是自然之理。故「安而不忘危，存而不忘亡，治而不忘亂」，不過，雖然人事變化無常，但仍然有安危的徵兆，可以「觀微而知彰」的。這就是說，人事雖處於機率變化的狀態，但其中却有必然性的存在。能把握它，我們便能卽時加以對付，此所謂「知機其神乎，故君子不俟終日」，這裡的「神」，是「神明」之意，「神」者「伸」也，卽「伸而明之」，「知機」是從變化伸而明之，卽從機率性伸而達到必然性，一旦知機，便立卽採取行動。若將「神」釋爲「上帝」，則除它就沒有人能知「機」，卽使是「聖人」。聖人能知機，因爲他有伸以明之的智慧故。這就是易經認識論的關鍵處，一部視同占卜之書的易經就是這樣才能寫出來。表面看來，卜筮是乞靈於龜草，實際最後的占斷還是由人，所以「神以明之，存乎其人」。

「仁」既把整體的觀念帶進人際關係裡面，群己的界限就無法作機械性的分別。「己」是存在於「群」的裡面，「群」是種種不同理性或人格的整合，甚至「己」也是「群」的分子。不同的理性自然在行爲上就有差別，因而對人生就會產生多元的價值。在此場合，欲求合群就必須以「仁」爲本，冀在多元價值中獲致一般價值；此所謂先「號咷而後笑」。在行爲上，必須由知道「仁」的人自身著手，以求共識。「鳴鶴在陰，其子和之」。要達到共識，第一必須愼言，「言天下之至動，而不可亂也。擬之而後言……」。由是從共識，互相溝通，卽所謂「議之而後動」，於是「二人同心，其利斷金，同心之言，其臭如蘭」。第二是「勞謙」，自己要勤勞，但不矜大，

「勞而不伐，有功而不得」，謙也者，致恭以存其位也。第三要量力，「器」指工具亦爲才具，才具有大小，故須度德量力，「德薄而位尊，知小而謀大，力小而任重，鮮不及矣」。總之，一切必須由自身做起，所謂「安其身而後動，易其心而後語，定其交而後求」，而能夠將上述在其行爲表現出來，這就是「義」了。此即所謂「仁內義外」。

上述不過涉及人生的基本原則，實際，在人生方面之應用上，全部易經說明盡致，都是實實在在的，絕非但憑超越現實的倫理觀所能比擬的。孔子一生「尊周攘楚」，被後人誤爲封建主義者，不知當時「周」是社會整體的象徵，「楚」則象徵不屬整體的部分。至所謂「以大夷夏之防」，眞是不知孔子之「仁」的意義。

五、應用或實踐的技術比較

我們已知道，無論全般系統理論或是易經，它們均一致重視其應用的功效。眞的任何基本教義都必須從其對某特種場合之應用而體現其應用性，應用自然必須研究或告訴應用的方法。

白塔蘭斐指出啓發式的方法。但何謂「啓發」，其作用可簡可繁。從其簡處說，則其所提供的，不外是「系統的圭臬」，卽在應用其理論到某特定的知識時，我們必須兼顧整體與部分，或心象與覺象。同時，這種圭臬的表達形式卽爲「雅素模型」。從其繁處說，啓發則爲一種「學習」方法。它有一套內容與形式。在這方面，啓發便與歸納法及演繹法，鼎足而三。而依據「學習原理」，它可能有不同解釋。不管如何，最主要的，仍在白塔蘭斐理論本身究有何種足以啓發的功用。它並沒有提供更多技術方面的條件。依筆者的看法，心象與覺象的整合，就是一個問題，先心象而後覺象，或將之顚倒過來，其所獲到結果可能不同。再以「雅素模型」言，那些漫無組織的個別相似成分，眞令被啓發的人，幾乎無從著手。所以筆者才擬定從「形象」到「終極」的五項相連的範疇。這也算對白塔蘭斐理論一種補充。當然這僅是筆者的看法，也許會有其他綜合方式。概言之，白塔蘭斐沒有指出啓發的技術面，而因之便讓一般以數學模型爲工具的全般系統取得一時風尙。在數學的公理支配下的模型是否卽符合「雅素模型」的要求，成爲嚴重的問題。由是，近十年來，研究全般系統的學人，各以所是而提供不同的模型，如 Puzzy Theory, Catastrophe Theory, 加以原有種種白塔蘭斐所謂的狹義全般系統理論，如 Set Theory 等，形形色色的模型，幾乎令人無所適從。到現在，全般系統理論尙盤旋於方法問題，結果自然擱延了其對各種科學的應用。從某一方面來看，這仍可被視爲好現象。在任何新理論開始時期，見解是不會立卽趨於一致的，而大家能紛紛尋求出路，足見其共識已經得到保證了。

至在其應用上，易經雖亦難免這種現象，但却比較穩定；爲了它不但具有與系統相似的概念，而且也以其範疇理論，提供可遵循的形式。不過，我們了解，所謂的「實踐」，其性質必須有正確的闡明。我們不能將之釋爲「道德實踐」。如果所謂的「道德」只含有倫理的意義，那就與易經的範疇論本旨相違背了。第一，被釋爲原理的「道」，有絕對與相對之別，「天道」，「地道」，是相對的，而「道德」之「道」則是絕對的。若照道家的解釋，「道」卽自然，或自然的法則。「德」的原意是「表現」，或「現象」。故「道德」卽爲「自然現象」，老子的「道德經」是把自然與社會現象整合一起來說的。老子只了解易經的概念，但却不了解它的範疇理論，知道「取法乎天」，不知「人」與「天」畢竟是互異的；易經却是從異的對立來表達其統一；而老子誤以統一爲「同一」。這便導引後來道家的修鍊成仙的妄圖。第二，當自然法則應用到社會時，「道德」便變爲「仁義」了。這正如把一般範疇的「乾坤」，在自然的場合，轉變爲「天地」一樣。關這方面，孔子要比老子對易經有更深入的了解。因而並能把人際關係，用範疇概念，看出人際不同關係，爲社會結構設定了層次，所謂「倫常」。第三，縱使「仁義」較「道德」更含有倫理的意義，但所謂倫理就不是超越現實經驗的理念了。我們可以將釋爲社會現象的一般法則，而可從社會各部分結構表現出來的。易經的「字典」有「人道」，却沒有「倫理」。因此所謂「實踐」是如何用「人道」應用到人際關係所表現的種種不同行爲形式。科學的新定義亦爲人類行爲之一種。

所以，除了基本看法與全般理論相似外，易經尚提供了範疇理論，與結構性模型與機能性模型。這又豈止空洞的「啓發」而已。同時，只要了解易理及其表現形式，我們又何嘗不可將之數學化。然這種數學却與現有的數學公理有別，也許我們對全球學術界會提供一種嶄新的數學。這門工具知識尚在發展過程中。如果我們能夠突破現有數學的公理，則將使易經更顯出其科學的功用了。基於上述的認識，我們可以說，凡西方全般系統理論能做到，易經都能；此外，易經尚有更多的應用功用，補充那種理論現尚未逮之處。以筆者應用易經來說明經濟系統所獲到的經驗，深感易經最少對社會科學的應用價值要比全般系統理論更爲合用。

結　語

現在西方各國，包括蘇俄在內，都一致推動全般系統理論及其應用。我們為什麼不能以易經作為我們的全般系統理論，奠定基本教義，完成科際整合的任務，使科技與人文知識齊頭並進？這正是復興中國文化的主要目標，同時也讓西方人士眞正了解易經功用，從而互相促進人類文化的發展。

第九篇

易與經濟景氣整合診測法的體與用

第九篇　易與經濟景氣整合診測法的體與用

Structure and Function of the Integration Approach for Diagnosing and Prognosing Business Cycle

——易經啓示研究之一實例

張果爲

一、前言：「體」與「用」相聯意義的簡釋

中國文化大學經濟學研究所近年研究景氣循環與預測，發展出一種「經濟景氣整合診測法」（An Integration Approach for Diagnosing and Prognosing Business Cycle）。在中國經濟學會於七十一年十二月邀請參加「景氣預測研討會」時，此一研究尚有部份未達理想，猶有待改進。惟以此項研討會的性質專門，機會難得，故仍然以「本諸『經濟景氣整合診斷法』預測七十二年之台灣經濟景氣」一文發表出來。這篇文字（見中國經濟學會七十一年十二月十八日景氣預測論文集）自不能表達我們的全部思想，而有不少問題尚須闡釋。當時就想爲「景氣整合診斷法」寫一篇答客問，亦有朋友盼早寫出，但經思考，答客問恐難免結構散漫，不如寫出這一套思想的「體」與「用」以代之。

所謂「體」與「用」乃聯繫一種思想的本質與實用的體系語義（syntax）。近年來中文作家似不多用，但從前的作家則不然。易經是一部涵蓋天道、地道、人道的偉著。它一方面爲智慧的大學問，是想把宇宙（cosmos）自其動態的，在不斷變化中，所理解的系統有所交代。另一方面它爲一蓍草卜筮之學，它是一叢卜筮所用的卦爻，而以彖象繫傳指陳吉凶悔吝的出現可能性。所以自它的體用合一的理論架構中而含有體用兼備的決策果效。不過易經因涵蓋廣博，所以其體用的劃分，亦有多種可能性，或謂伏羲先天八卦爲體，文王後天八卦爲用（附註參考書四50頁），或謂六十四卦爲體，三八四爻爲用（周易集註序）。然而前者意義深奧，須先了解先天與後天之區別方可洞悉體用之不同。後者不知彖象繫傳之辭，則不知何以自卦爻作卜筮之預測，故感其不夠透澈清晰。作者以爲卦爻連同其彖象繫傳之辭可視爲易經之體，而蓍草卜筮以占吉凶之法則可視爲易經之用。是爲體用一對用語之來由。其實英文的Struc-tion and Function，與我們的體用同屬一個意義，所以這一對名辭並無深的含意。若論本文所謂景氣整合診斷法（本法包括有診斷與預測兩法，診測法乃合併之名稱）的體用關係，則可以建造房屋作比方，房屋之地基頂蓋及圍牆等可爲其體，房屋之間隔陳設等，每位用者的愛好有所不同，則可視爲用，也可以說，體卽建造結構，用乃陳設享用。本所發展之經濟景氣整合診測法，本就客觀統計分析及主觀情勢判斷，而涵有指標系統及計量模型分析與Box-Jenkin method 以及準常態模式預測方法等（參閱中國經濟學會本人發表論文中之圖二）。茲因採取體用關係以聯貫組織，原用圖形的方法序列乃有所改變，茲圖示如左

經濟景氣整合診測法

- 經濟景氣的客觀統計診測（整合法的結構模式）
  - 景氣指標的結構
    - 屬量景氣指標
    - 屬質景氣指標
    - 國際景氣指標
  - 計量總體模式資料的參證
- 景氣的事前預測（整合法的應用模式）
  - Box Tenkin Method
  - 多項式的採用
  - 廻歸分析的採用
  - 主觀情勢的判斷
  - 準常態模式的八項預測

（下文有說明）

二、事後預測與事前預測之區別

預測有事後預測（Expost Forecasting）與事前預測（Exante Forecasting）之分。事後預測乃自已發生的事實或其統計資料的依據，用一種統計或數理方法，求出一種規律，除去一些偶然變動，以確定其本質形相。然後其規律數值與實際數值之差，符合一定要求（例如最小平方法之差值之平方和爲最小），則理論值（規律值）爲一種事後預測。又所謂基準循環、同時指標與落後指標，則係根據已發生事實與統計資料所作的一種統計，則可稱爲事後判斷，不可稱爲事後預測，因其中無預測的因素。惟屬量領先指標或屬質的營業氣候指標，則屬於事前預測，因以彼爲依據可預測同時指標之出現時間。再則國際指標，如美國與日本的，因經濟相依關係，領先台灣數月，則亦可依據以作預測，而屬事前預測。還有長期趨勢與迴歸綫值，理論數值的事後預測，所以爲一般採用，因可鑑往知來，而據以作延伸的事前預測。惟領先指標，或在國際經濟關係上具有領先性質的指標，雖有事前預測的功用，但不過指陳基準循環的發展趨勢，而不能預測基準循環高峯或谷底出現時期，縱欲勉強，其命中率亦不高，故這類方法，殊難令人滿意，而須另覓有效途徑。

三、經濟景氣整合診測法研究的歷程

吾人近十年來爲尋求一種可靠事前預測方法，係先研究循環理論，然後中論診斷與預測系統。首先研究NBER (Nation Bureou for Economic Research) 的領先，同時，落後指標系統，並探索三種指標的循環關係，認爲頗有模仿的價值，然後自五十幾個時間數列選出十六個數列（詳上述論文圖二）建立台灣景氣指標系統，試測台灣景氣變動，惟吾人同時已舉辦 IFO 研究所屬質方式的調查，製有營業氣候指標，乃納入領先指標系統內。更感於台灣係一海島型經濟，國際景氣指標（例如美國和日本的）影響甚大，故又將其納入之。三者領先月份不一，只好採其平均數（或中位數），以觀察景氣演變的趨勢，惟此種預期的命中率自不會很高，而且當前經濟情勢，亦不可能自三種指標（屬量、屬質與國際）的循環關係所能洞悉，故另參證計量模式預測之資料，以增進了解。這樣綜合分析，猶如醫生對病人按脈、量體溫、量血壓、看舌苔及其他測驗，無非欲診斷實在的病情病因。

吾人認爲上述客觀統計分析方法，實已顧到質與量的相互關係及時間性與空間性的變化影響，盡了整合之能事而有診斷之效，惟仍不能藉以作「適時」的預測，更不能表達事前預測的功用，乃更進而採用Box Jenkin's method 延伸自領先指標之所見，又用主觀情勢判斷，卽用快速資訊，採納多方面之預測意見，然後參酌準常態模式之劃分階段，以整合成爲當期的景氣預告，是爲經濟景氣整合診測法（An Integration Approach to Business Cycle）。

自上述言之，所謂整合診測法，不過各種方法之結合，並無新方法之產生，其實不然。「整合診測」之原則，近年來已有多方面採用。向來表示循環變動，可用國民所得或生產指數，或其他可以涵蓋一般經濟活動的時間數列，玆則多同時選用幾個可以代表全體經濟活動的數列，比較推定高峯與低谷的轉折點。台灣選用之實質國民生產毛額、工業生產指數、非農業就業人口、失業率（倒數）、平均每人所得（固定幣値）、及實質製造業銷售値六個數列，共同推定我們的基準循環。蓋單一數列，不過表示總體意識，但不足以概括一切，結合多數方可以表達整體的內涵，而且各指標的相互循環關係，亦顯出不少整體實情。所以整合不是加總，而是融合各預測的模式，成爲一充分整合性的思想系統。再自景氣循環發生的理論觀之，自來有所謂消費不足說、投資過剩說、通貨供給額不足或過多說、儲蓄與投資失衡說、心理因素說、及乘速及加速原理說，近年更有人（歐陽正宅先生）加上資源限制說及國際影響說。而各項理論只能解釋一時或一部份現象，而本所之屬量景氣指標所包涵之數列，實已包涵各種因素（詳上述論文圖二）而可滿足各種學說之要求，爲一種整合性景氣發生說。這就是我們所謂景氣整合診測法「體」的部份。

吾人本諸歷年經驗，逐漸推出上述一套診斷與預測方法，而用「整合診測法」以稱之者，並非自綜合的途徑而用「整合」（Integration）二字，乃因台大教授王師復先生研究一般系統的理論（General System Theory），常與作者談論，王先生又寫出「全般系統的理論與易經」一書（現正出版中），而作者亦以德人（Leo Resinger）精研易經，寫出Eine formalwisscnschafthiche unterscckung des Chinesischen Orakls 作者釋稱：易經―數理機率之探討（現在中國文化大學出版部出版中），蓋彼發現易經卦爻卜筮具有機率數理，而六四卦及四〇九六卦各可建立或然率分配，故作者推論易經豫言卜筮既寓有機率，則具有穩定性，而且一種具有機率性的現象，則也必含有一種必然性，然則經濟景氣事前預測依易經之涵蓋性質（易經的重卦，係先天後天八卦同時的重疊，故既能對整體事象作豫言，亦能對個別事項作啓示，而有涵蓋宇宙萬有之性質），豈不亦含於其豫言之中，而可視爲個體現象變化的預斷？易經豫言既因機率性而爲一種形式科學，景氣事前預測也爲一種豫言，豈不也具科學性質而有可行性嗎？所以易經數理機率之探討，對於作者景氣事前預測之研究（詳下節）實有莫大的鼓勵，而景氣整合診測法「用」的觀念部份也就確立了。

至於所謂的一般系統理論者，係以有組織的—整體或系統為研究對象，是一種統觀全體的研究分析取向和整合的概念模式，依照此種取向與模式，整體不只是各部份的總和，部份不僅是整體的分數。本所的景氣整合診測法，雖以屬量、屬質、國際指標與計量模型方法為基礎，但在整合前，各具有表達的獨立性，如人身之手足五官，然在整合後，則各部份機能均各貢獻一種力量，結合而成人身的有機體。寫「易經—數理機率之探討」的Leo Resinger　在其著作的前言中引用易經繫辭（下傳第五章第六句）「天下同歸而殊途」一語，為其著作研究的主旨，而認為易經的同歸殊途，實為一般系統理論的基本準則。「殊途」者手足五官也，個別科學部門的認識對象也。「同歸」者人身的有機體也，各部門相互關係的整體也。所以他也認為易經形式科學的方式，也成功的用於精神科學的考察。由是言之，我們的整合診測法乃由易經的全般系統理論而形成，我們的景氣事前預測，又由易經卜筮數理機率而證明其可行性。孔子曰：「天假之年，卒以學易，可以無大過矣。」以作者之卑微，也於老年學易，欲以成功景氣的整合診斷與景氣的事前預測，幸何如之！

四、經濟景氣事前預測與寺廟求籤、易經卜筮及聖經祈禱相比較

我們研究景氣循環的人，主要是爲作景氣事前預測，因爲事後預測，不過爲檢驗模式，或檢驗外生變數之是否適合而已。預測的直接目的是要預測期前的變化，以爲決策（包括政府與工商界）之依據。決策不但須了解以往政策措施的影響，更必須了解未來的情勢，方可對症下藥。研究景氣循環者多看重高峯低谷的預測，然而高峯與低谷，非經過數期不能確定，因景氣的走勢，很少是圓滑直綫或曲綫，而常有曲折出現。曲折走勢事後可用統計方法消除，顯出趨勢形態，但與決策無補。由此可見，事前預測殊具重要性。

事實上，在日常生活中，人皆有事前預測的需要。明天要出門旅遊，不能不預測氣候之可能變化。一個事業的經營所預定的方針多少有預測盈利因素在內。一般人民對疑難的事，多往寺廟求籤。寺廟裏的求籤簿，或由和尙或另僱他人寫成吉凶禍福或模稜兩可的籤詞，編成號數，抽籤也有籤號，兩兩相對，便預知未來。鄉人信廟中有菩薩，有時遇見與未來的事情相符，便信菩薩是靈的；如不相符，則只是認命，菩薩總是對的，這是所謂迷信，也是最低級的宗教。然而易經的卜筮則不然，易經以六十

四卦爲具體內容，六十四卦係八卦的重卦（$8^2=64$），八卦開始於伏羲的仰觀俯察，洞悉陰陽之理，太極生於無極，而含陰與陽，陽始於一，其動也直，故用「一」爲符號。陰始於二，其動也闢，故以「--」爲符號。陰陽各三次配合（$2^3=8$）而成八卦，一個符號爲一爻，六十四卦係八卦重卦共有三百六十四爻。每爻的出現，須經三次的抽出（所謂三變），每次出現，或九（三陽），或六（三陰），或七（一陽二陰），或八（二陽一陰），計有四種可能性，是爲四營，卽所謂「四營而成易，十有八變而成卦」。然而八卦構成後，每卦的六爻，均可視其變與不變以爲動靜，則一卦而可變爲六十四卦，共得四千零九十六卦（$64^2=4096$），可爲定吉凶悔吝之準繩。因爲筮時之卦爲之本卦，所變之卦，謂之「之卦」，筮者對可變之卦，不但須查本卦之釋義，亦須注意「之卦」之爻辭，是以筮者之決疑，在卦爻彖象繫辭中必須斟酌其內容，體會其「幾微」、「幾者動之微，吉之先見者。君子見幾而作，不俟終日。」（參考書一繫辭下傳一〇九頁）。八卦係陰陽的配合而「相摩」、「相盪」，陰陽在八卦中互爲增減，在六十四卦中更重疊相盪，自此變化「引而伸之，觸類而長之，天下之能事畢矣。」（參考書一．100頁）。然而八卦與六十四卦皆符合二項分配之數理，並可演出其出現的機率，是則「周易上下經分析六十四卦之內容涵義，皆攸關乎自然與社會之現象，乃合乎天地人三才之道而爲一貫，寓有自然科學與社會科學於其中矣。」（參考書三91頁），此所以循環來復現象，無往不可發現（八卦爲陰陽之循環，六十四卦亦爲陰陽之循環），在在均表現規律。是以卦爻爲卜筮對象，以象象繫辭定吉凶悔吝之幾，則易經與寺廟籤簿顯然不同，後者言中無物，決疑亦無見微知著之幾，前者利用科學頭腦以卜卦，觸幾立斷以決疑，並憑象數理以作評論，何迷信之有！

然而根據易經作卜筮，並非完全出諸一種唯物思想，而係本着神「靈」的引導與成全。每一占卜，必先經三變而成爻，十有八變而成卦，其中陰陽之變化，皆非人之所能爲（陰陽不測之謂神）故夫子嘆之曰：知變化之道者，其知神之所爲乎（參考書一109頁）。又曰：易无思也，无爲也，寂然不動，感而遂通天下之故，非天下之至神，其孰能與於此。夫易，聖人之所以極深而研幾也，唯深也，故能通天下之志，唯幾也，故能成天下之務，唯神也，故不疾而速，不行而至。」（同上一〇一至一〇二頁）。就是說，所以通志而成務者，神之所爲也。然則卦爻卜筮，誠一敬虔之事，占卜者須齋戒以神明其蓍草（原文爲德文），後「顯道神德行，是故可與酬酢，可與祐神矣」（謂助神化之功）。（同前一〇〇頁）。綜而言之，易經卦爻之排列組合有定數，陰陽之消長循環有定理，則顯示自然結構之有物有則，一切變化之有規有矩，而且亦啓發人類智力之可作可爲。是以文王周公孔子所作之卦辭彖辭，文辭及繫辭，皆能指陳人類之趨福避禍，愼獨反省，化凶爲吉而屢有效驗也。然則卜筮決疑的要訣，不在唯物論之了解，亦不在唯心理性之體認，而在唯神信仰之虔誠，使在靈感中而深具通神的智慧。

易經之體用，均與神學有深奧之關係。易經之體—卦爻之結構，所以表達天象地形及吉凶悔吝之氣象；易經之用—易之卜學，藉知變化之道者；而皆神之所爲，神之啓導與指引。然則易經在儒家思想中與聖經在歐美文明中實處相同的地位。照基督教的信仰：「聖經是神所默示的」；照儒家的思想，易經是神所教導的。聖經對基督教之有益於人類精神生活，乃在於信徒之有眞實信心，而常作敬虔的禱告。信徒有疑問或任何難處時，若能自禱告中得到聖經中一句話，則得了神的啓示，而疑難以解。易經在儒學中之有助於「漢學家」（Sinologen 研究易學的人）的決策定計，乃在齋戒以求爻請卦，然後自卦爻形象的彖象繫辭以作預斷。聖經與易經皆神之眞理與大道，非人之所能爲者。憑聖經以作禱告，藉易經以作卜筮，形式似有不同，而皆須虔誠的靈方能助神化之功。我們雖未聞基督徒向神靈問卦，然其自祈禱以求聖經之默示，其性質又有多少不同?孔子弟子亦嘗與孔子論及禱告，而且謂「成天下之亹亹者莫大乎一蓍龜」，可見儒家兼用禱告與卜筮，孔子謂假年學易可無大過者，意謂學易而明神德而知變化之道乎?是則孔子與基督，不過生時有數百年之距離，其所秉承的文化基礎亦殊不一致，但其對神之認識，及其虔誠信仰之心則幾無兩樣。以他們的靈性與通神的智慧，若易地以生，移時以立敎，或者其所傳於後世的眞理未必有何差異。這種屬靈或屬神的道理，實甚奧秘，非淺學的作者敢多所議論，姑止於此，以待高明的指敎。

五、易經卜筮豫言如何引發經濟景氣的事前預測

易經有兩方面的功用：第一，它想把宇宙自其靜態的結構與動態的不斷變化所理解的系統作一具體（雖然概括）的表達，所以它爲一本超越人間的智慧書；論其第二功用，若置太極、河圖、洛書及先天後天卦位與圖於不論，則不過上下兩經的六十四個重卦，其中的彖象及繫辭，係解釋卦爻之意義及對卜筮者之所指陳，並無本質之增益，所以這本智慧書，實不過一叢卜筮所用的卦爻，而包含整個宇宙的現象。然則也可以說，易經（周易）的基本理論爲宇宙一切變化的預斷，故爲任何預測的寶典。周

易一書，先聖所以爲我後人謀者，小之格物致知，大之治國平天下，始於正心誠意，繼之修身齊家，不但言道，而亦言器，不但言禮，而亦言法，不但告人以應趨之吉，而亦告人應避之凶，此所以易經卜筮，無論大事小事，國事家事，如以虔誠之心，求神靈之護佑，當有良好的感應。然卜筮之者，求卦時須本諸敬虔之心，並精通易經，善解卦爻及彖象繫傳之說，方可受益，否則不免誤用。至若我們想預測景氣循環，須知易經之能作預告，「蓋因宇宙間事務物質，一定有永久不變—正常，而後始可有變—失常，（包括超常與反常。超常係有利的變動，反常係不利的變動，也可以說係趨勢線上的正負變動。作者加註）。若全部都變—反常，則宇宙將無規律，或可能由此而毀滅」（參考書三37頁）。由此數語，可知天道地道人道，皆有來復與循環。來復者，一年有四季，年年有寒暑，一週有七日，海洋天天有潮汐，是爲可見而且定期之循環。一陰一陽之道，陰生陽陽生陰，生生不已，其在八卦與六十四卦之運行，實顯呈循環之理象。易之爲書也，「廣大悉備」，而且「原始要終」，故八與六十四卦之陰陽循環，實包涵萬事萬物之盛衰循環，而爲不可見而且不定期之來復。來復與循環，在天道與地道是很有規律的，雖亦有變化，故稱爲來復（亦可稱爲週期），但人道則變化較多，但亦有規律，故稱爲循環，亦可稱爲週流運轉，其實來復亦循環，循環亦來復，二者均屬於一種週期性或非週期性的運轉。所以繫辭下傳曰：「天下同歸而殊途，一致而百慮。」同歸者一致者，常也（或者說不易也），殊途者百慮者，變也（或者說易也）。宇宙間事務物質之變化而可豫言者，乃因變中有「常」或「不易」，一切現象均可自常以觀變，並自變以返常，否則若有變而無常，則無來復或循環，亦無由預斷。

易經六十四卦係無所不包（請參閱周易繫辭上傳十一章中探頤索隱，鈎深致遠至所以斷也一段），則無事不可問易經求豫言，但易經既對整個宇宙有所交代—亦對任何個體有所包攝—對大事求豫言，可自卦爻象繫傳找解答，對細微之事求豫言，雖仍可自所抽出之卦爻求解釋，亦可另自個別現象找出其變中之常。換句話說，易經整體的結構含義與功能運用，可轉變到任何特定科學的結構體系與功能應用，所以欲做景氣循環的事前預測，須先了解景氣循環特性，即每個循環相同的常存特性。凱因斯以為「所謂循環運動」（Cyclical movement），即是指的當經濟體系向上（比方說）行進時，推動它向上的各種力量，最初是逐漸增強並彼此堆積其累積性的影響，但後來逐漸喪失它們的力量，到了某一點後，它們為相反方向的各種力量所取代；這些力量又開始逐漸增強，彼此堆積其影響力，直至它們到達發展的頂點，然後也逐漸衰弱下來，又讓位給它們對手方的力量。不過，我們對於循環運動，並非只是指的上升趨勢和下降趨勢，一旦開始之後，不會永遠朝一方向發展下去，而是終歸要反轉過來。我們也是指的向上運動和向下運動的時間順序和持續期間，具有某種程度的可以看出的規則性。（採自李蘭甫所譯之凱因斯一般理論第二十二章）依凱因斯的意見，一個循環（比方說）係由下而上升，到達一定程度後，則升勢轉緩而到一頂點（高峯），然後爲相反的力量所取代，開始也是逐漸增強，然後衰弱下來，到一定低點（谷底），又讓位給它們的對手力量，開始另一循環運動，無論向上升或向下降，均在中間有一轉捩點，否則上升時可升到高天，下降時可降到深淵，而沒有循環規律了，這是循環的一種常存特性。

再看西德波昂大學W. Krelle教授的意見，他認爲經濟學理論中，在景氣理論方面殊無可令人滿意的成就。若干景氣理論彼此不相聯結而矛盾的同時存在。沒有一個理論具有實驗的權威力量，而可克服其他主張，沒有一個在實際上能保持其實驗性，使據以可做出一種景氣預測，而在相當長時間保持一定的命中率。這樣，景氣循環既是存在的，而經多少學人的努力，仍找不出一個共認的理論，則使我們的思想要認定景氣循環係出於「偶然」的，在統計意識上當可視爲偶然分配。雖然實際景氣變動，不可能出現常態分配，而在運動過程中每有不規則的波動，但其運動的趨勢（就是清除正負的波動）則爲常態的，或者說，假定常態分配爲考察景氣循環的基本模式，應是很合理而且方便的，常態分配乃所謂機遇景氣理論，上文所述，也可說，係他的景氣理論基本法則。（請參閱本人景氣預測論文集第二篇，由中國文化大學出版部印行）。

Krelle認爲多少景氣循環理論不能令人滿意，係因不能據以作預測而有相當長時間保持一定的命中率，然則他的循環理論基本法則，就是常態分配的模式可據以作預測而具有相當命中率，這是Krelle機遇景氣理論的一大考驗，也是我們景氣事前預測所要尋找出的一個關鍵。

常態分配若以機率密度函數表示，則可寫成下列數學程式：

$$f(x)=\frac{1}{\sqrt{2\pi}\,\delta}\cdot e^{-\frac{(x-\mu)^2}{2\sigma^2}}$$

此函數具有 $f''(x)=0$ 發生在 $x=\mu+\sigma$（卽第一標準差）處的特性。就是 $x=\mu+\sigma$ 時，景氣處於廻折點（inflaction point）的地位。廻折點在景氣變動上的意義，乃是景氣由快速成長轉入低速成長，或者由快速下降轉入緩慢下降的轉捩點。常態的對稱而具鐘形的姿態乃由其廻折點所註定。常態的峯度雖有高低之分，其横軸在其平均數等於零時雖以負無限大並正無限大爲理論範圍，實際則以左右三個標準差爲應用準則，而其寬窄則以標準差的大小而定。然而任何縱高與横寬的常態，均具有廻折點的固有特性。

景氣循環是時間數列的反覆演變，雖然每一個循環係各自獨立，其峯度與横寬各不相同，但無不有一個轉捩點爲運動之關鍵，其性質也就是常態分配的廻折點，我們稱之爲循環運動的廻折點。景氣循環的常態性，不但直接可自時間數列上（或許須用一些統計方法如移動平均之類，以清除其基本趨勢綫上的正負不規則演變）獲得，亦可自時間數列依其趨勢性（trend），季節性（seasonal），循環性（cycle）及不規則性（irregular）加以解剖時，可發現在去除其他各種因素後，所剩下來的不規則因子或稱爲殘差值，在以之爲X軸，其出現次數爲f（x）軸時，則多少係一常態分配函數。我們過去所建立的六個循環，分別分析其次數分配情形，發現每個循環都能相當滿足上述之條件。所以無論自時間數列本身，或化成次數分配，我們都可認定每一景氣循環均具有常態（或者說準常態）分配的特性，而以具有廻折點爲表達此種特性的有力工具。就靠這種工具，我們對景氣循環方可作事前的預測。景氣有不定分配情形時，就是離常態過甚時，我們尋求適當的偏常態，如X^2－分配（吾人所推定的第六個循環就成了這樣形態），或者F—分配加以檢驗，或者直接引用多項式（Polynomial）函數圖形的特性，以迴歸分析方法加以配綫，此種方法，不少經濟學人用在其他研究方面，如Jorgenson的投資遞延效果之分析即是。

一般景氣循環時間數列均能以三次式或四次式多項式得到滿意的配綫效果，其方程式爲

$$f(t)=a+bt+ct^2+dt^3$$

$f''(t)=0$ 發生在 $t=-\frac{c}{3d}$ 處

六、經濟景氣「準常態」八段預測模式自易經先天後天八卦所得的啓示

我們的「經濟景氣整合診療法」，原包含客觀的統計分析與主觀的情勢判斷兩大途徑。前者採納各種領先指標，構成綜合平均領先指標；但嫌其落後，乃用數理統計方法（Box-Jenkins Method）延申之。惟這個方法過受鑑往知來的限制，不足以顧到現期與最近未來的變動，故另以準常態模式預測之，以掌握景氣趨勢的迴折點。

我們就景氣變動的走勢，測定何時越過上一期的下危險界綫的平行點，而到左迴折點。再何時自左迴折點進入所謂上危險界綫，接近高峯。同樣右邊亦有四段的劃分，可作事前預測的界限，不過上升的高峯須易以下降的谷底。茲就圖一詳示之：

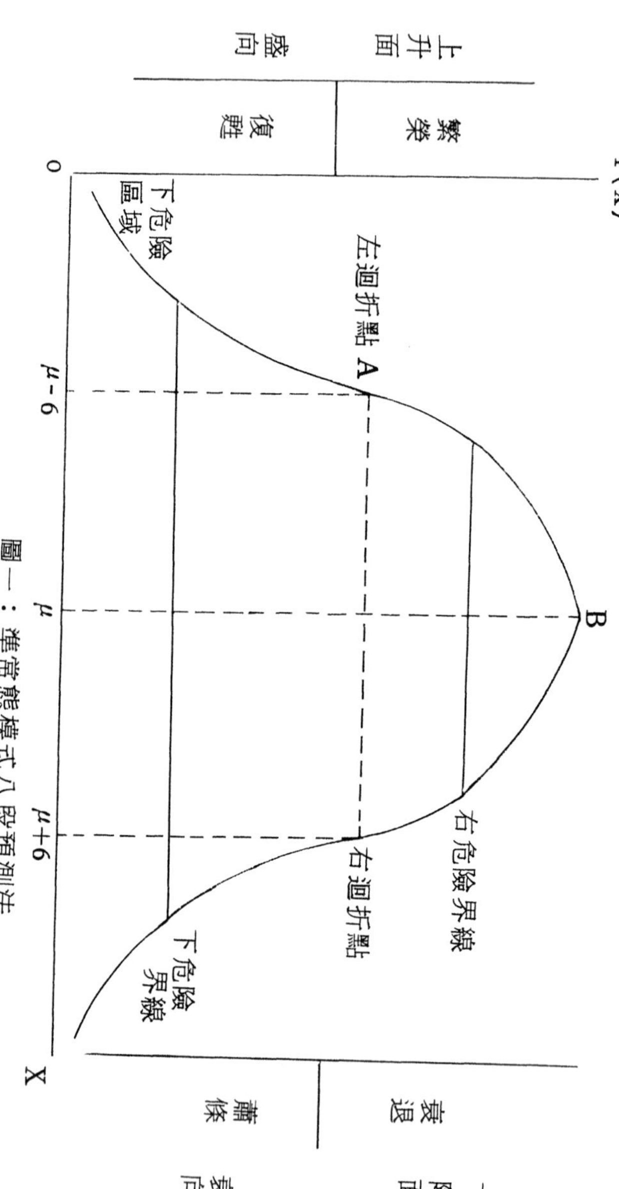

圖一：準常態模式八段預測法

圖一所表示的景氣，一方面可自八段的劃分而作區間預測，例如㈠自低谷上升的增加率逐漸增加，但未屆下危險界綫。㈡已越下危險界綫，但未屆左迴折點。㈢已越左迴折點，未屆上危險界綫。㈣已越上危險界綫尙未屆峯頂。㈤已越峯頂而向右危險界綫邁近。㈥已越右危險界綫，而向右迴折點邁近。㈦已越右迴折點而向下危險界綫邁進。㈧已越下危險界綫而向谷底邁進。然後又自谷底上升而開始另一循環。質直言之，左邊四個區間，乃循環由衰而盛的上升局勢；右邊四個區間，乃循環由盛而衰的下降局勢。而且上升面可分爲復甦與繁榮兩段，下降面可分爲衰退與蕭條兩段，兩面均各以迴折點爲劃分樞紐。

我們根據「準常態」而作的八段預測，已有德國人Von Hans Josef Barth 本其綜合指標法的經驗而首先應用（見張果爲、徐純慧合寫的德國國會專家顧問所建立的景氣指標與台灣的「景氣對策信號」之比較觀察，台北市銀月刊，第十三卷第八期）德人未提到準常態模式，亦未注意景氣折廻點關鍵性質。就是說，德人只知「然」，未知「所以然」。其實這現象之「所以然」，不但有準常態模式爲基礎，亦可自易經先天八卦的陰陽循環，得到啓示。試觀太極自然發生圖（參考書三十八頁）及太極自然進展圖。

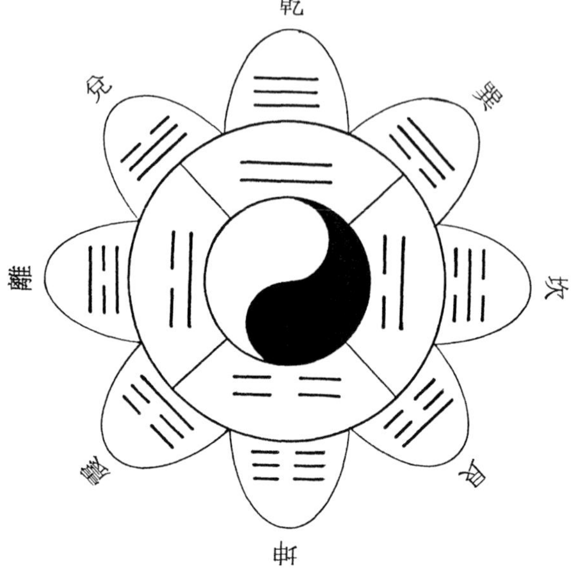

圖二：太極自然發生圖，外層伏羲、八卦方位圖

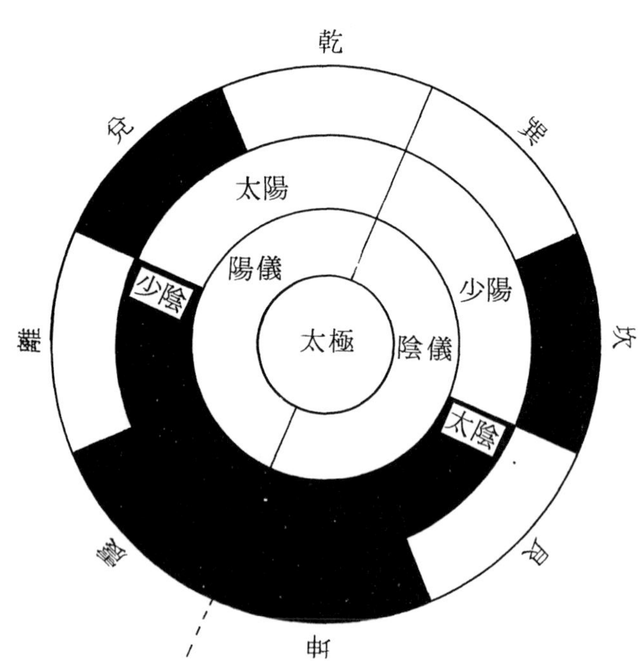

該圖中心爲太極生兩儀，兩儀生四象，四象生八卦，坤「☷」純陰也，陰極而陽生，於是震仰盂，一陽居二陰之下；離中虛，一陰居二陽之中，周流運轉有廻折之象，由是兌上缺，一陰居二陽之上，再則到乾，乾「☰」純陽也。陽極而陰生，轉而爲巽，巽下斷，一陰居二陽之下，坎中滿，一陽居二陰之中，亦開始要廻折了。艮覆碗，一陽居二陰之上，而降到坤，另一循環開始。若以陽表示景氣的「盛」，陰表示景氣的「衰」，則陽之自坤發生，表示景氣復甦而繁盛而至峯頂（乾，純陽）。陽極而陰生，陰之變動表示景氣下降，由衰弱至蕭條而至谷底（坤，純陰）。在八卦爲陰陽循環，在經濟爲景氣盛衰循環，茲以伏羲八卦次序與景氣八段比較圖說明之：

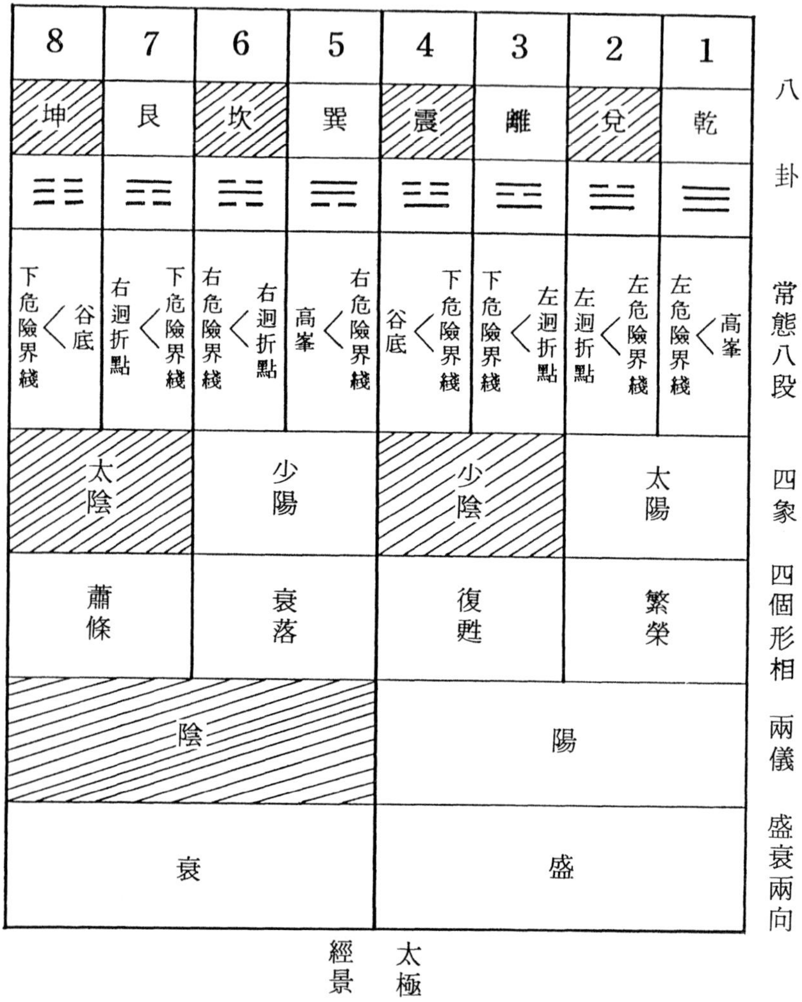

8	7	6	5	4	3	2	1	
坤	艮	坎	巽	震	離	兌	乾	八卦
☷	☶	☵	☴	☳	☲	☱	☰	
谷底 < 下危險界綫	下危險界綫 < 右迴折點	右迴折點 < 右危險界綫	右危險界綫 < 高峯	下危險界綫 < 谷底	左迴折點 < 下危險界綫	左危險界綫 < 左迴折點	高峯 < 左危險界綫	常態八段
太陰		少陽		少陰		太陽		四象
蕭條		衰落		復甦		繁榮		四個形相
陰				陽				兩儀
衰				盛				盛衰兩向

經景　太極

註一：以八卦為基礎配合經景八段。

註二：按易經說卦排列，八卦自乾至坤各卦次序自震至乾為順，自巽至坤為逆。

註三：經景本諸數學不等式的原則畫分為八段，（八個區間）大小係就幅度論。

圖四(a)：伏羲八卦次序與經景八段次序比照圖

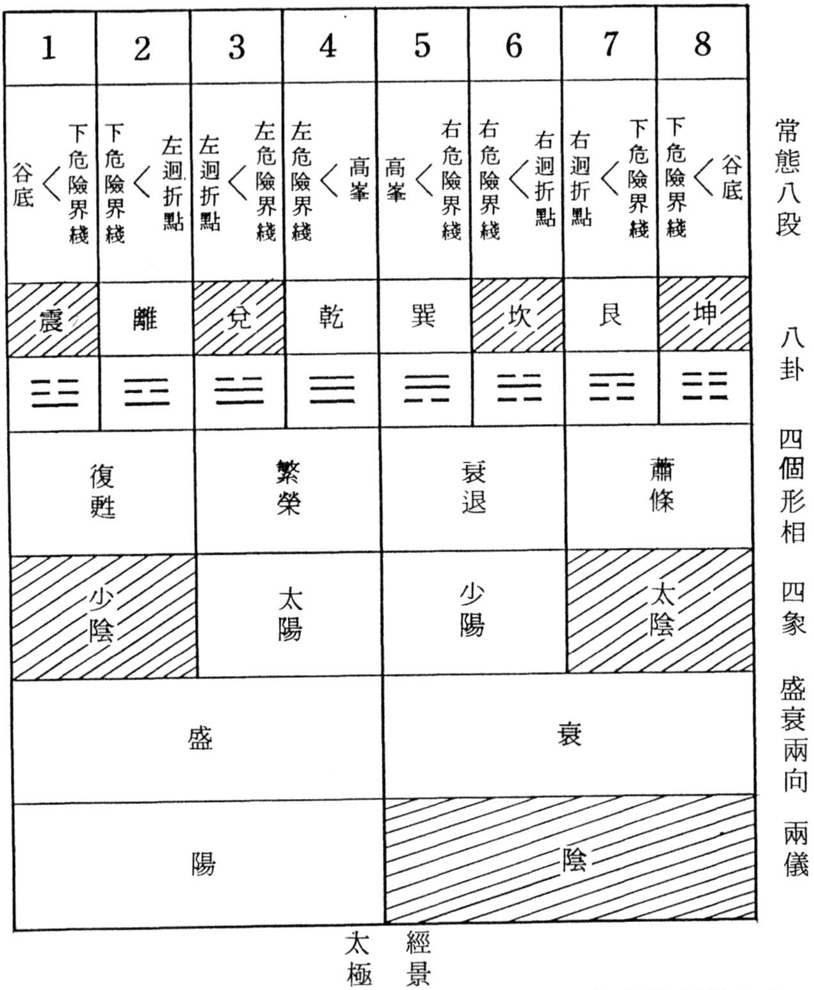

1	2	3	4	5	6	7	8	
谷底＜下危險界綫	下危險界綫＜左迴折點	左迴折點＜左危險界綫	左危險界綫＜高峯	高峯＜右危險界綫	右危險界綫＜右迴折點	右迴折點＜下危險界綫	下危險界綫＜谷底	常態八段
震	離	兌	乾	巽	坎	艮	坤	八卦
☳	☲	☱	☰	☴	☵	☶	☷	
復甦		繁榮		衰退		蕭條		四個形相
少陰		太陽		少陽		太陰		四象
盛				衰				盛衰兩向
陽				陰				兩儀

太極　經景

註：以經景為基礎配合八卦。景氣由低而高，故上升面為 1. 2. 3. 4. 四段，表示復甦與繁榮兩種景氣形相。然後由高而低，為下降面的 5. 6. 7. 8. 四段，表示衰退與蕭條兩種形相，是則八卦與景氣形相，實互相對應。惟所編號數自乾至震為逆，自巽至坤為順，再則陰陽亦易左右位而已。然而編號的錯綜與陰陽的易位，絕對影響景氣與八卦分合相通的精神。

圖四(b)：經景八段次序與伏羲八卦次序比照圖

八卦之循環有賴於離坎之具有廻折性，（在六十四的陰陽循環，坎離爲純陽與純陰轉變之核心，見參考書三65頁），在景氣循環則爲左及右廻折點，然則經濟景氣循環之分盛衰兩面，然後每面各分兩段共成四段，再按準常態分配而劃成八段，實與太極之由兩儀而四象而八卦的形象相對應，而具有相通的變化軌則。一般研究易經的人，少論及八卦陰陽循環，而較着重六十四卦的陰陽循環，詎知八卦陰陽循環爲基本的，六十四卦陰陽循環爲擴充的，沒有八卦的陰陽循環，何從有六十四卦的陰陽循環，故周易於論伏羲八卦方位時，註明「後六十四卦方位仿此」。豈此一語，竟爲讀者所忽視嗎？否則如黃本英者何以只論一卦之循環，六十四卦之循環，而不及八卦的循環呢？

然而自易經後天八卦卽文王八卦之方位，亦可實證循環的道理。文王八卦與伏羲八卦方位的陳列各有不同。先天自其圓圖論，主要顯示八卦陰陽兩爻的對待，同時亦具週流理象，其週流之所以形成，由於各卦陰陽之多寡，不專象徵任何事物，而可象徵一切事物。後天圓圖除坎離兩卦外，其餘各卦都不相對待，因此不言對待，而專以週期運轉論，其週流之形成，則由於其所象徵的事物而定。

後天八卦以坎離對待爲轉折中心。若就離爲火與坎爲水的性質論，則自艮而震而

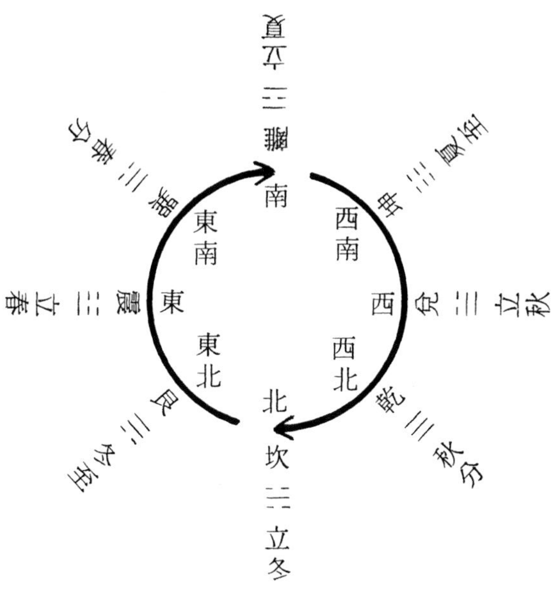

圖三：文王八卦方位圖

巽而離，是爲半圓形，表示一歲之氣候自陽生而趨溫煖，百物生長，與經濟景氣的上升半段相當。再由坤而兌而乾而坎，是爲另一半圓形，表示氣候由陰生而趨天高氣爽的「收」而轉入嚴冬的「藏」，則與景氣的下降階段相當。可見「後天之學」可與景氣八段預測的模式互成「入用之位」。

若以農事爲例，按一年的四立（春夏秋冬四立）、二分（春分、秋分）、二至（夏至、冬至）之節氣，乃使農作的生長收藏年年循環不已，是爲一種循環的常態。惟此種常態，有時發生變態，變態有「超常」與「反常」之分。「超常」爲優良之變化，「反常」為不良之變化。吾人可根據常態，以預測一年的農事收成。擴而充之，當可預測一國之經濟景氣及正常之經濟成長，並可根據一國之政策是否適當，及其他有關因素之是否反常變化，以預測其超常或反常之變態。先天八卦兼寓衆理，不象徵特定事物，後天八卦明其一義，就是象徵特定事物，並將其所象徵者適當安排其位置，而形成循環的結局，乃可為預測之用。

易經對後天八卦之「明其一義」，乃以父母子女的關係以顯明之，如圖五之所示：

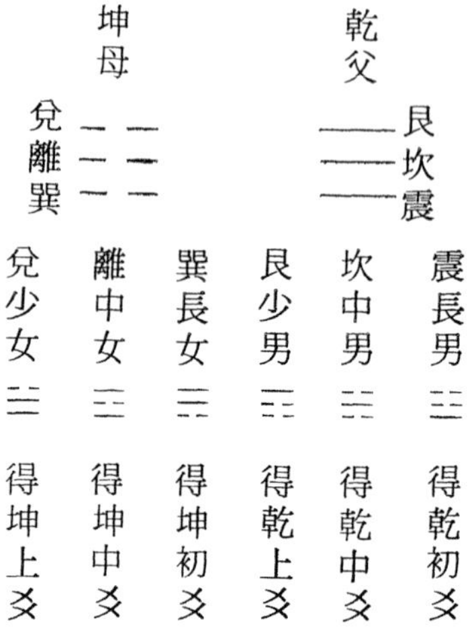

乾父　艮坎震
坤母　兌離巽

震長男 ☳ 得乾初爻
坎中男 ☵ 得乾中爻
艮少男 ☶ 得乾上爻
巽長女 ☴ 得坤初爻
離中女 ☲ 得坤中爻
兌少女 ☱ 得坤上爻

圖五：文王八卦之次序

此一横圖所顯示者，自為尊卑長幼之序，與倫理道德基礎之奠立，然亦表示「成性存存」之義，蓋子女有父母，而亦衍生子女，「生生謂易」之循環，固為必然之理象。子女長幼之分別組列，亦可啓示景氣之分類與個別數列之研究，而同樣有循環現象而可作個體景氣之預測，所以文王後天八卦次序，雖不必強求兩儀生四象，然後而有八卦之產生，與景氣八段預測成對比之局面，而對吾人經景預測之研究，仍有豐富的理象基礎。伏羲氏所作八卦—先天八卦—是基於觀察所得，應乎宇宙造化之自然理則（通神明之德），用陰陽對待現象，顯示萬物的情狀（類萬物之情），不是專爲某一事物而作的，其對吾人景氣事前預測之啓示，乃在其陰生陽，陽生陰（生生之謂易）的變化之循環運轉。因有循環常態戶，卽可根據有關跡象以預測其可能變態。

至於文王後天八卦，乃爲流轉之用，依說卦五章之所言，「帝出乎震（帝者，天之主宰），齊乎巽，相見乎離，致役乎坤，說言乎兌，戰乎乾，勞乎坎，成言乎艮。由震至艮爲一週期而循環不已，此文王方位之圖，易之大用也。先天之離東坎西，象日月之出卯酉，後天之離南坎北，象日月之正子午，先天非後天則無以成其變化，後天非先天則不能以自行也。」

至於易經的六十四個重卦，無待說明，每卦都含有豫言，可供卜筮之選擇。不但此也，各重卦之聯合組織，有如十二消息卦者，更陳示一種循環演變，頗似後天八卦之序列，有助疑問之預斷。不過易學深湛，有如浩瀚之巨洋，管窺蠡測，何能望其涯涘。本文非敢以闡釋易經這個大學問爲目的。不過以景氣事前預測的思想，實出於易經豫言之啓示，年前曾與西德波昂大學經濟學教授 Prof. W. Krelle（他對易經有深切的研究）談及這個問題，他深感興趣，盼早寫出，茲特履行諾言寫出本文。作者只用先天後天八卦，不及十二消息重卦的原因，乃因實際事前預測，引用「準常態」八段，憑藉先天後天八卦，形成一種「預測八字訣」，縱不論及十二消息卦，及其他卦爻理則，也就達到自啓示所作研究之目的了。楊振寧、李振道提出「修正奇偶性對等性不滅定律」，據他們自己聲明，乃因讀易經而得靈感。又有夏威夷大學氣象學邱教授在國際天文學會年會中提出星球激動論的報告，受到國際天文學家的重視，他告訴外國記者說，他是受到易經的啓示。又如德國哲學家及數學家萊布尼茲（Leilniz, Gattfrced Wilhehm von 1646～1716），他的二元數學及微積分學與其他哲學思想，均受易經影響，他曾迫切的表示過「允許我做個中國人罷。」一個思想得自某一方面的啓示，或因爲那個思想而有靈感，他們（楊李及萊氏）均盡情顯揚，作者的景氣事前預測思想，及「準常態」八段預測方法，旣受易經之啓示，何敢以了解易經不多而不加以顯揚呢？

要而言之，就易經的外貌言，似爲一種神秘卜筮之書，但自文王作彖辭，周公繫爻辭，孔子作十翼，然後易經包括太極、河圖、洛書、與卦爻及各種繫辭，乃爲一智慧的寶典。此一大學問，實以孔子韋編三絕之盡力研究，寫出十翼而集其大成。孔子的研究方針，乃使易經成爲一人生哲學的基本教義。但孔子亦並非不重視卜筮，他謂「易者開物成務，冒天下之道，是故聖人以通天下之志，以定天下之業，以斷天下之疑，是故蓍之德圓而神，卦之德方以知，六爻之義易以貢。」所以雖然「開物通志」及「成務定業」，而仍不能無「疑」，而還要決之於卜筮，所以孔子又曰：「成天之亹亹者，莫大於蓍草也。」但孔子並非謂人生凡事須求諸卜筮，不過以十筮爲「決疑」「預斷」的最後一著，試觀他在繫辭上傳十章曰：「易有聖人之道四焉。以言者尚其辭，以動者尚其變，以制器者尚其象，以卜筮者尚其占。是以君子將有爲也，將有行也，問焉而以言，其受命也如嚮，无有遠近幽深，遂知來物。」其中前二「道」，係謂人須有爲有行，第三「道」則謂須求諸科技。若問題非二者所能解決的，則須尚占以求龜蓍，然後問焉而以言，受命如嚮，遂知來物。再則卜筮不僅在本身之操作，就可以「斷天下之疑」，乃在於所得卦爻之確切認識，蓋非「知幾」，不足以「見動之微」，不足以爲「吉之先見者」。至若經濟景氣之事前預測，其基本構思乃在於客觀統計之分析（包括數理方法之選用），及主觀情勢之判斷，二者互相結合，使各發揮其效用，各盡其功能，乃可做好事前預測。客觀統計之分析，不等於六十四卦之制作嗎？主觀情勢之判斷不等於卦爻釋義之確切認識嗎？所以無論易經卜筮或景氣預測，均須應用的人，有充份的應用睿智，方有良好的實證。易經不是以卜筮顯其能，而須卜筮者有「知幾」之功能與「先見」的知識。假若你卜得一卦，若不知如何去體會，結果也是落空的。景氣事前預測，若遇景氣走勢曲折異常，若預測者不會採用各種資料，考察以往經歷，並觀察未來局勢與國際環境，作一種理性的判斷，則預測命中率便不會高。王師復先生在其「全般系統理論與易經」中有一段話說：「易經卜筮的功能，必須『知幾』之者指示如何能以智慧灌輸到人的身上，使你會在知識領域中看得更透澈。了解愈深，預測能力就愈大。」景氣事前預測，若實行準常態八段預測法，則在每一段或較長趨勢的判斷時，何嘗不也須你的數理經濟知識與觀察的敏銳感覺。

七、最後扼要的幾句話

我們檢討至此，應當回顧答覆一些問題，就是景氣事前預測，可否直接用易經卜筮之法？根據上文所論，我們自易經基本哲理—事務物質的常與變關係，導出景氣循環變動與景氣迴折點的常存關係，而可用準常態八段預測模式以作短期的事前預測，又因易經先天後天八卦之循環與其預測潛能，可為吾人預測理論的根源，則吾人拜受易經之賜實多。雖不敢說大到與牛頓自蘋果墜落以悟地心引力之存在相比擬，但作者了解卜筮豫言之神化功能後，對景氣事前預測實增加了莫大的信心，而信實際工作之必有成就。茲對景氣事前預測除按景氣廻折點的特性操作外—自易經卜筮直接求解答一問題可照 Leo Resinger 易經豫言機率數理研討所獲結論檢討之。他在其著作的末尾說：「這個研究的結果，照作者之所見，對於漢學家（Sinologen）至少在兩方面有相當意義：

1. 在豫言卦的哲理維性方面：易經的預言卜筮，在中國歷史上不斷的用作決策之助，所用模式的實驗性應予以檢討。就是要將理論的或然率與實際所得的次數予以比較檢驗。這樣的比較實驗作者尚無所聞，就是據作者所知還沒有漢學家曾試過。

2. 在豫言卦的語義的維性方面：因爲易經自認爲在其卦的涵義中可象徵整個世界，則對漢學家是值得的，自穩定邊際向量，以這變化之書爲基礎，考察樂觀的或悲觀的世界景象。」

就他的結論第一點而言，實盼研究易經的人士，對六十四卦等機率作一試驗，視其所得的次數與理論機率作一比較，以確定各卦出現之多寡可能性，而信卜筮結果之具有穩定性。不過在統計理論上，實驗者—就用簡易法而言—必須將銅錢或骰子隨意的（random）擲出，否則二者的相差，可能大出容許的範圍。

就他的結論第二點而言，卜筮以決疑，是不成問題的，雖然今天除流爲江湖術士的用法外，頗少人還照易經所定規齋戒敬虔態度以求爻問卦。然而卜筮的結果仍能陳示一種「樂觀的」或「悲觀的」世界景象，並非不值得的。本來易經之卜筮結語皆爲吉凶悔吝，安危禍福，爲一種「質」的答語，而無「量」的成份。景氣事前預測，若係本循環範圍的短期的，可以景氣廻折點爲標準，則其指陳者爲量而非質。若作中長期的預測或超越一個循環以上的預測，當不能用景氣廻折點的標準，而只能用景氣盛（樂觀）或衰（悲觀）以表示之，就是只能作一種質的顯示。例如台灣第六個景氣循環於七十二年三月到了谷底，一年以來一直緩慢復甦，現在是否已到第七個循環的左廻折點，或尚未到達，而且將何時到達，殊爲一至饒興趣的問題（吾人現正搜集資料，照我們的整合診測模式，應用電腦測驗，年後當有結果，將另發表）。吾人若知何時到達景氣左廻折點，則未來一年或兩年景氣變動當可知大概了。但若於此時間未來兩年後台灣景氣將仍繼續繁榮，或將開始衰弱，則爲一疑問，疑則要卜，據 Leo Resinger 之見，易經可告知盛或衰的景象，則對卜筮有豐富經驗，精通易經教義者，當可一試，以爲統計預測之印證，且用作決策之助。

本文參考書

㈠校正易經集註，文化圖書公司印行。

㈡Wilhelm/Baynes, The I Ching or Book of Changes, Lin kou Book, Sound & Gift Co., 54－3 Chung Shan N. Rd, Sec. 3 Tel 595565 Taipei Taiwan。

㈢黃本英編著，易學圖說（增訂本），易學研究出版社印行。

㈣黎凱旋著，易學淺說，總經銷成文出版公司。台北市重慶南路三段一號十二樓。

㈤王寒生著，宇宙最高原理太極圖—民生憲政雜誌社發行，台北市開封街一段九十一號。

㈥王寒生著，易經淺註，新使命雜誌社發行，台北市北投區翠嶺路五號。

㈦鄭燦先生著，白話圖解易學啓蒙，出版者，中國孔學會，經銷處，皇極出版社，台北市羅斯福路三段二八五號七樓之三。

作者註：本文寫成初稿時，曾函請陳立夫先生及王師復教授、王寒生委員、王冠青所長指教。立夫先生函告彼擬編印「易學應用之研究」第三輯，囑交發表，三位王先生各有不少指教。茲經修訂成本文，雖知其中有不少待繼續研究之處，仍遵立夫先生囑

寄發表，以待高明指教，日後再行修訂。茲於此對諸先生表示謝忱，但文責由作者自負。（本文作者文化大學經濟研究所教授）

第十篇

周易與辨證邏輯簡說

第十篇　周易與辨證邏輯簡說

周　南

引論

中國的「政」政治與「教」教化，本是不分的。書云：「天降下民，作之君，作之師。」

天下無不教而治之民，亦無無教而立之國。孟子云：「逸居而無教，則近於禽獸。」

教化原是導引政治的。

中庸云：「天命之謂性，率性之謂道，修道之謂教。」是有天必有道，有道卽有教；而有教始有政。蓋政者教之器，教者政之行。衰世、教化不行而政息，於是聖人退而論「學」以垂「教」於後世焉。

學以明教，教以學傳。由學術宗一、而教化齊一、而政治統一，此乃一貫之事。降自先秦，異端蜂起，「學」焉已失其純。迨漢季世，佛教入侵。延及兩晉，僧人與名士互以清談玄言相傾倒，而中國思想學術惑亂矣。佛貴出世，其宗旨爲否定人生價値，麻痺進取意志。要之、四大皆空，一切歸於寂滅而後已。歷魏晉南北朝近四百年間，我民族爲之虛脫而大部胡化，國家因之貧困而長期分裂。蓋學亂則教亂，教亂則政亂。此爲我歷史上第一幕「玄化」（佛老皆玄門）大悲劇。程子云：「佛氏之言，比楊墨爲害尤烈。」信然！

不意民國以來，所演歷史悲劇之可悲，更有甚之又甚於此者。我不解西方人爲何必將「心」與「物」分成兩面絕壁而爭「唯」不休？我又不解中國人爲何必盡棄其固有而大膽假設其「全盤西化論」？我更不解有些人爲何偏信唯物主義，竟將「唯物辨證法」奉爲神聖的自然法則與思維法則而不敢侵犯？中國人醉心西化，殆由於愚昧偏激、喪失民族自信心所致。哀莫大於心死，我們「次殖民地」的色彩太濃了！對外、由排而懼，由懼而媚，終而盲目師敵崇洋矣。對內、由疑古而反傳統，由反傳統而大唱「新文化運動」，終而狂行「文化大革命」矣。共產黨橫行大陸已非一日，邪說暴行，愈演愈烈。斯文已喪，國已不國。蓋無學則無教，無教則無政。此爲我歷史上第二幕「獸化」（共產黨本非人類）大悲劇。

前幕「玄化」悲劇之特徵，爲「避事遁空」，而趨於「唯心」；後幕「獸化」悲劇之特徵，爲「背正投邪」，而趨於「唯物」。二者雖各趨極端，然皆爲遭受外來異端衝擊而形成「反中庸」之逆流則一。前者、已爲盛唐掩其幕。後者、如何速其落幕？在今日之思想學術更加惑亂中，仍然存有新舊是非之爭論。

果昔之舊、皆非耶？族殖億萬衆，地闢千萬里，國立五千年！果今之新、皆是耶？曾幾何時，而神州全部陸沉！嗚呼，是必有故，不可不深長思已。

敎存政亡，一時之亡；敎亡政存，一時之存。必明吾「學」以樹吾「敎」，則吾「政」學而吾國強。

周易爲中國思想學術之源頭，昭示天道人事，首揭「時中」之義。唐虞三代，施之政敎而載於書，繼而聖哲旨之於學，而有論語、孟子、大學、中庸。中國歷史文化遂奠基於是。後之學易者多矣，西漢儒者多主象數，魏晉儒者多主義理，宋儒則合義理與象數爲一。

近世盛唱邏輯矣，余試以「易理」與邏輯相較，尤其關於唯心唯物之「辨證法邏輯」部分，特將周易與之對比，再進一步作實質的分析，而力斥唯心唯物之「唯」，以明吾「中」道之博大精深焉。

民國三十一年，日寇侵我正急，余時于役西安。曾在西北青年勞動營忝兼敎職。

警報頻頻，在憂患中，屬成斯文。撮要簡說，以應教學之需。文中間或引用自然科學詞語，以明人文科學與自然科學，本非兩歧，應可互相發明與配合；而中西文化學術亦有所會通云爾。

嗣因大陸撤離，本文不慎遺失。何幸承蒙知音楊庭芳將軍不棄，賜將本文原印小册，代攜來台。敝帚心血，得以倖存，感篆奚已！應百拜以申謝忱。

本文成稿迄今，近四十年。爰略加潤色，再付剞劂。自維學識淺陋，抛磚冀以引玉，尚望　高明有以教之。

中華民國三十一年壬午夏曆四月初七日，自序於西安。四十年辛卯夏曆三月，借抄於台中。六十八年己未夏曆中秋，改自序爲引論於台北。周南，時年七十有五。

一、周易是一部「天（自然）人（社會）合一」、「理（精神）數（物質）无二」的哲學

邏輯——Logic，本於希臘語之Logike，義卽言語。言語含有思維。而研究思維形式與運動的合法則性，卽謂「邏輯」。吾人稱之爲「名學」，又稱「論理學」。邏輯流派甚多，概分爲二。偏於研究思維形式的，曰「形式邏輯」——Formal Logic。偏於研究思維運動的，曰「辨證邏輯」，卽「辨證法邏輯」——Dialectic Logic，又簡稱「辨證法」——Dialectics。思辨之辨爲「辨」，口辨之辨爲「辯」。辨辯通用，辨可包括辯。辨證法是西方哲學及論理學，用以建立思辨系統者。故此稱黑格爾哲學爲思辨哲學。事屬思維，非僅口辯而已。本文論點，偏於思辨方面，故辨證之辨字，仍用「辨」。

二、形式邏輯的二大流派——演繹與歸納

1.演繹法——Deduction，亦稱「外籀」。是由一般原理以判斷特殊事實者。如希臘哲學家柏拉圖與亞里士多德等是。

2.歸納法——Induction，亦稱「內籀」。是由特殊事實以推見一般原理者。

如英國哲學家培根等是。

但此兩派所用的定律與公式，均同。

甲、定律：㈠「同一律」，卽「甲是甲」；㈡「矛盾律」，卽「甲非非甲」，或「甲是乙，不能同時是非乙」；㈢「排中律」，卽「甲是乙或是非乙」。

乙、公式：㈠「第一命題」或「大前題」；㈡「第二命題」或「小前題」；㈢「第三命題」或「斷案」。此爲命題之三段式。

戰國時，有公孫龍者，善爲堅白同異之辯，主張「白馬非馬」。其論理之簡陋而機械，似與形式邏輯無何異。紬之，則爲：㈠「白馬是白馬」；㈡「白馬不是馬」；㈢「白馬是白馬，不能同時是馬；馬是馬，不能同時是白馬」。試問，如是詭辨，果有何大道可言？其違道也遠矣。宇兮宙兮，變化無常，交錯無迹。所謂「三段論法」——Syllogism，既亦失之簡陋，自不能「見天下之至賾而擬其形容」。既亦失之機械，復何能「見天下之至動而觀其會通」。天地之造化，萬物之流形，決非「言賾而惡」、「言動而亂」者所能「範圍而不過」，「曲成而不遺」。故曰：宇宙，賾也，形式邏輯、陋也，周易不爲陋也。宇宙、動也，形式邏輯、執也，周易不爲執也。

三、至近世、「辨證邏輯」代「形式邏輯」而興

因「辨證邏輯」卽「辨證法邏輯」，故又簡稱「辨證法」——Dialectics。辨證法原稱辨論術，本於希臘語之Dialektikh，義卽會話，故亦稱會話法。辨證法對於一切事物，不在各個靜止的現象上來觀察，是就其發生、發展與沒落之關聯上，來把握其動性的全程。其最大流派亦有二：

甲、唯心論辨證法——Idealistic dealectics，德國哲學家黑格爾所倡。彼謂宇宙一「精神」耳，宇宙史乃精神發展之邏輯過程。彼將精神畫分爲三個階段，卽「主觀精神」、「客觀精神」與「絕對精神」（又云「宇宙精神」、「絕對觀念」、「世界理性」）是已。宇宙（人與其意識爲宇宙之一部分）是絕對精神之體現；宇宙進化，是絕對精神之邏輯的發展。此種絕對精神，不依賴於人類之認識或感覺，而「能認識的人類」之發生，是表示絕對精神發展至較高階段。故認識之主體，僅爲絕對精神表現之一，在其本質之一切可能表現中，認識其本質之發展及其原則，卽精神認識了自己。這便建立了他整個哲學的體系。在這個哲學體系中，他說明了絕對精神之發展過程，卽㈠原始之絕對精神，㈡外化爲自然（物質），㈢絕對精神在人類頭腦裏復歸。

乙、唯物論辨證法——Materialirtic dialectics，德國哲學家馬克斯合黑格爾之辨證法與費爾巴哈之唯物論，而倡爲「唯物論辨證法」。彼謂：宇宙一「物質」耳，宇宙史乃物質發展之邏輯過程。彼以物質爲宇宙之本，意識（精神）乃物質之作用或屬性，亦卽高級物質的反映作用；而且物質的發展，是辨證的。

但此兩派所用的定律與公式亦均同。

甲、定律：(子)「對立統一律」，卽相對與絕對；(丑)「質量互變律」，卽漸進與飛躍；(寅)「再否定律」，卽低級與高級。

乙、公式：(子)「肯定」或「正」，卽出發；(丑)「否定」或「反」，卽展開；(寅)「否定之否定」或「合」，卽完成。此爲過程之三段式。

四、周易與邏輯尤其辨證邏輯似同而實異

周易產自中土，天假我歷代聖祖哲宗，觀察萬有，窮至性命，累積再累積，昇華又昇華，以完成此實證綜合的寶典——周易，此爲民族遺教之精，亦爲人類文化之母，又爲世界科學之神。太史公云：「伏羲畫卦，文王重卦，孔子繫辭。」是書也，創自伏羲，演於文王，成於孔子。故曰：「易道深矣，人更三聖，世歷三古。」

蓋宇宙本體，只一「道」耳。周子謂之「太極」。道之外無物，（如不信則無朋友）物之外無道，（如無朋友何由信）道因物而顯，（如信由友生）不因物而滅。（如朋友有信爲千古至理）道之本質爲「宜」，「行而宜之」之謂道；道之性能爲「生」，生生不已之謂道。故「道」者，宇宙萬有自然運行之理，亦卽生生之理也。

道本無形，形之（有形）爲「氣」，（如朋友爲信之表現）易繫上云：「形而上者謂之道，形而下者謂之器（氣）。」道非器不形，器非道不立。故程子云：「氣亦道，道亦器。」氣者，「陰陽」二氣也。易繫上又云：「一陰一陽之謂道。」故陰陽卽道，道卽陰陽。蓋陰陽亦器也，而所以陰陽者「道」也。

「陰陽」爲極概括之相對二概念，舉凡一切所謂性質、物體、狀態、位置等，無不爲所包容。蓋「陽」爲正性代表，「陰」爲負性代表。正負迭用，萬物始化生焉。生生相續，新新無停。大道之行，原始反終。蓋宇宙本爲「動」，故易繫上云：「在天成象，在地成形，變化見矣。」不「動」卽無宇宙，故易繫上又云：「乾坤毀，則無以見易，易不可見，則乾坤或幾乎息矣。」至於人，則應配天之動，故易繫上又云：「天地變化，聖人效之。」然天也，人也，其「動」一也。一者何？「道」也。故易繫下云：「天下之動，貞夫一者也。」

易繫上又云：「易與天地準，故能彌綸天地之道。」「明天之道，察民之故。」夫易，其至矣乎。

其定律與公式，則爲：

甲、定律：(子)「不易律」，卽時中；(丑)「交易律」，卽互根爲體；(寅)「變易律」，卽迭運爲用；(卯)「易簡律」，卽知行。

乙、公式：(子)「元」——生物之始；(丑)「亨」——生物之通；(寅)「利」——生物之遂；(卯)「貞」——生物之成。此爲體用之四段式。

五、周易與辨證邏輯之對比分析

以上，略述周易與邏輯之梗概。以下，特將周易與辨證法邏輯（以下簡稱辨證法）二者對比，再進一步作實質之分析。

(金) 動靜觀

(甲)周易　宇宙其「至動」「至靜」乎，周易備言之矣。「靜」爲體而「動」爲用，體爲常而用爲變。唯有體常，始有用之變；而用變，因有體之常。體用非爲二物。故云動則及靜，云靜則及動；卽動卽靜，卽靜卽動。動靜本非二物也。宇宙萬象，自認識言之，無所謂靜也，祇見其動耳。然自理論言之，固可假設一與動相對之境，名之曰「靜」。靜者，宇宙之本體，卽中庸所謂「天下之大本。」大本曰「中」，中、「至善」也。體本至善，初無所謂惡。所謂惡者皆出於用。蓋人之行動，有或失之過或失之不及者。過與不及，皆爲用之非善。故靜者體也，固爲善；動者用也，或爲善爲惡。人而求善，亦惟求靜境而止之而已矣。大學云：「止於至善。」又云：「知止而后有定，定而后能靜。」旨哉斯言！但靜境果可以他求乎？否否！人之認識所及，惟是變動，所謂靜境不可見也。彼宇宙之本體不可見，可見者惟現象，本體卽在現象之中，故靜卽在乎動之中。人之所求，亦曰「動而不失其靜」而已矣。動而不失其靜者，用而不離乎體之謂也。然體初無跡象可尋，乃在乎恍忽窈冥之間，惟有卽其用之無不善者求之。用無不善，則雖動而不離其宗；雖動而不離其宗，則動如未動；動如未動，固可以謂之靜也。是故「靜」也者，「動」之軸心是已。

抑尤有言者，其「動」也，乃具有始終內外之一貫性，與無限無迹之渾然性。大學云：「誠於中，形於外。」中庸云：「誠者物之終始。……合外內之道也。」故周易之所謂動，乃始終如一之動，內外如一之動，合始終內外，並無二致。且至誠無息者動之體，一本萬殊者靜之用。因其體爲全體，故其用爲大用；惟其用爲大用，故其體必全體。全體大用無不明，而「道」昌矣。非天下之至動，其孰能與於此；非天下之至靜，其孰能與於此！

(乙)辨證法　彼只知宇宙之「動」，而並不知「靜」之爲何物。蓋亦學有由矣。黑格爾辨證法之本質，是在於發展了希臘哲學家赫拉克里特如次之命題，「萬物流轉，萬物變化，任何人不能兩次插足同一的河流，也不能兩次接觸人生之性。」黑格爾以此命題爲新論理學之原理，而馬克斯繼承之。以「動」相傳承，且絕對否認有任何「靜」的存在。動而無靜，則動也內無軸心，外無鵠的。動無軸心則妄動，動無鵠的則盲動。既妄且盲，其亂必矣！論語云：「齊一變，至於魯，魯一變，至於道。」「道」者，動之軸心與鵠的也。

黑格爾云：「一切實在的東西，都是合理的；一切合理的東西，都是實在的。」是現實卽眞理，眞理卽存在於無數的現實中。彼時一眞理，此時亦一眞理。夫現實過程，曾不能以一瞬，瞬前一眞理，瞬後又一眞理，何眞理之不一也？莊子云：「彼亦一是非，此亦一是非，果且有彼是乎哉？果且無彼是乎哉？」又云：「物無非彼，（彼當作非）物無非是。」且也，不惟物無是非，卽是非亦無標準。因是非無標準，故瞬間之眞理（至善），亦不可得（止）。馬克斯述黑格爾曰：「是與否的鬥爭，形成辨證法的運動，是轉化爲否，否轉化爲是，是、否、同時爲是爲否，否、同時爲否爲是，這樣對立互相平衡、相殺、相痲痺。」此獨莊子所言：「方可方不可，方不可方可，因是因非，因非因是。」吁！何是非之無一定標準若是！君不見共產黨乎！以其認識言：彼認「階級鬥爭」爲社會進化之原動力。而其理想之社會，則爲社會革命完成後之「無階級的社會主義社會。」試問社會演進至此，仍將進化耶？抑將停滯耶？或將退化耶？當然曰「進化」。然旣無階級，則進化之原動力已失，究何賴以進化耶？再申言之，「進化基因於鬥爭，鬥爭起源於階級。」社會革命之目的，在於消滅階級之對立，「社會主義社會」之實現，卽階級對立之消滅。然無階級卽無鬥爭，無鬥爭卽無進化。是社會革命之所求，反爲社會進化之停止，「辨證」云乎哉？再就其行動言：明明爲騎在人民頭上的「特權階級」，却偏偏自封爲「人民」。明明爲「極權專政」殺人數千萬的劊子手，却偏偏要披上民主之外衣。明明「一面倒」向俄帝「史達林爺爺」，却偏偏自炫爲民族解放者。明明勾助日寇消滅抗戰國軍，却偏偏高舉抗日之旗。且也，明明全力毀滅中國傳統文化，從根拔盡，却偏偏美其名曰「文化大革命」。嗚呼！共黨之「動」內外相反，始終相反，是眞正「反動」也，却反而以「反動」之名，加罪於天下人。

先儒鄭汝諧氏述易曰：「革以改命，鼎以定命。知革而不能知鼎，則天下之亂，滋矣！」革者動也，鼎者靜也。知動而不能知靜，其害立見。如動而趨於極端，其害將伊於胡底？此卽所謂只知其「唯」而不知其「全」也。唯心論者曰：「只有精神的動，並無物質的動。」唯物論者曰：「只有物質的動，並無精神的動。」唯心論者所以反唯物論，並非否認「物」也，實否認唯物論之「唯」耳。唯物論者所以反唯心論，並非否認「心」也，實否認唯心論之「唯」耳。殊不知心無物不生，物無心則死，心物合則動。動本體，一也；「心物」，一體之二面也。唯心論與唯物論者，各裂取本體之一面，而否認其他之一面，各去「全」而執「唯」。唯心論者，對於物論，雖力反其「唯」，但對於心論，仍力唯其「唯」；唯物論者，對於心論，雖力反其「唯」，但對於物論，亦力唯其「唯」。各唯其「唯」，而非人之「唯」，此其所以爲辨證歟！

各唯其「唯」者，各裂取「動本體」全面之一面。其體既偏缺不全，其用自舉一廢百。故唯心論者流於空虛，唯物論者流於殘酷。

(木)神經系

(甲)周易　其神經系——Nervous system 之作用爲「合」。析言之，一曰「

相得性」。易繫上云：「天數五，地數五，五位相得而各有合。」天數一三五七九皆奇，地數二四六八十皆偶。一與二，三與四，五與六，七與八，九與十，各以奇偶爲類而自相得。二曰「相成性。」易繫上云：「天數二十有五，地數三十。凡天地之數五十有五，此所以成變化而行鬼神也。」二十有五，是五奇之積。三十是五偶之積。一變生水而六化成之，二化生火而七變成之，三變生木而八化成之，四化生金而九變成之，五變生土而十化成之。蓋以數字計算抽象之哲理，以數之奇偶，表示一切正負之力量。陽奇陰偶，奇變偶化。陰陽相對原理之「轉化」——Becoming，猶之酸鹼交換原質而「化合」——Chemical Combination 者然。其轉化關聯，易曾謂其「相推」、「相摩」、「相盪」與「相錯」、「相攻」矣，然皆爲「相得」、「相成」姿態之多樣流變，亦即「合」之適應於無窮。故易說卦云：「雷風相薄，水火不相射」。「水火相逮，雷風不相悖。」

（乙）辨證法　其神經系——Nervous system 之作用，爲「分」。析言之，一曰「矛盾性」。列寧云：「統一的分裂，和它的矛盾的各部分的認識，是辨證法的眞髓。」又云：「辨證法，本來就是研究矛盾的東西。」二曰「對立性」。馬克斯的唯物論辨證法以爲：「同一，是相對的；對立，是絕對的。同一實仍對立。」又以爲

：「統一，是對立的一面起主導作用，壓抑另一面的狀態。」三曰「分裂性」。列寧云：「統一的分裂，是辨證法的眞髓。」恩格斯云：「辨證法的否定，是對立的分裂。」

(水)重心點

(甲)周易　其重心——Center of gravity 之定點爲「時中」。易象下云：「中以爲志」。「中」者何？中庸序言曾爲之定義曰：「不偏之謂中。」又曰：「中者天下之正道。」可知「中」者，就是「不偏不倚無過不及」之理。它是空間性的，它占有空間一定之方向和位置，而且是不偏於上，不偏於下，不偏於左，不偏於右，不偏於前，不偏於後的。譬如一個圓形或三角形，其中心必祇有一點而不能有二點。一個物體，其重心亦必祇有一點而不能有二點，此爲輻輳之轂，此爲星共之所。故「中」乃空間之心，亦卽空的制衡也。又易艮云：「時止則止，時行則行。動靜不失其行，其道光明。」易繫下云：「變通者趣時者也。」「時」者何？就是時間之流，是隨時皆然、無時不然的時間之流；又是時之因應，是「毋意、毋必、毋固、毋我」適當其時的時之因應。合「時中」而言之，其義曰：「中無定體，隨時而在。」必也，隨時處中，無時不中，始能做到「時中」的境界。中庸云：「君子時中。」又云：「執其兩端，用其中於民。」是故執心物之兩端，量度取中，可以心則心，可以物則物，素其位而行之。孟子云：「可以仕則仕，可以止則止，可以久則久，可以速則速。」隨遇而安，各當其可。因時制宜，恰到好處。孔子云：「隨心所欲，不踰矩。」蓋「時空」經緯之配合，達乎極致，故能如是交織天成歟。

㈡辨證法　其重心——Center of gravity 之定點爲「再否定。」恩格斯云：「辨證法分析表示着一極已在他極中成爲萌芽而存在的事實，在一定之點，一極推移於他極。」蓋「對立統一」爲辨證法的核心，而對立的鬥爭，又是絕對的；鬥爭在其發展的循環上，根本的是由於一極爲他極之否定，爲自身之肯定。否定的契機，在肯定中揚棄了肯定；同樣，否定之否定的契機，在否定中再揚棄了否定而形成新的肯定。此新的肯定，是表示發展之循環終結，是表示過程向更高階段轉變之完成，是新的對立之統一，是一極推移於他極。

可見「再否定」——卽否定之否定，卽爲新的肯定，亦卽對立之相對一極化。故辨證法之重心點，是在對立兩極之一極上。

㈫原動力

㈩力質

(甲)周易　其動力之原質爲「中性」——Neutral。中性，是具有偏性之兩物相遇，而偏性化爲「中和」——Neutralization ，不偏於一方者。例如「化合物」之旣非酸性亦非鹼性，「電花」之旣非陽性亦非陰性者是。周易以「陰陽」爲動力之二原質。惟因陰中有陽，陽中有陰，陰陽雖相對而實一源，似有分而實一體。蓋以「氣」言則爲二，以「理」言仍爲一，一而二，二而一也。程子云：「中之理至矣，獨陰不生，獨陽不生。偏則爲禽獸，爲夷狄；中則爲人。中則不偏。」今所謂「心」者，卽「理」也。「物」者，卽「氣」也。「理」乃活的精神，「氣」乃死的物質。理必因氣而顯，氣必有理而能運用。是知心物二者，相因而生，相需而成，渾然一體，有不可分性。尤其心物二者，在陰陽概念之中，不能對立，不容偏廢，更無所謂絕緣。不惟陰內有物，亦有心，而且陽內有心，亦有物。他是一個「電花」，一種「化合物質」，決不能機械地以「陽」爲絕對代表「心」，以「陰」爲絕對代表「物」也。程子又云：「一物不該，非中也；一事不爲，非中也；一息不存，非中也。何哉？爲其偏而已矣。」如謂其力質之唯心或唯物，可乎？

(乙)辨證法　其動力之原質爲偏性。心物本爲一體之兩面，同物之二象，前已言之。故所謂唯心論者，並非一元論也；唯物論者，亦非一元論也。實皆「一面論」耳。

卽所謂「二元論」者，此言亦根本不能成立。宇宙只有一元，卽「道」是已，初無二元之存在。康德主張「心物各自獨立而並存」，實爲「二面分立論」也，並非二元論也。彼誤二面爲二元，其未能望「道」，與唯心唯物論者無異。唯心論者與唯物論者，各據「道」之一面以立言，一面之謂偏，故其力質乃爲「偏性」。

(丑)動向

(甲)周易　其動力之性向——Disposition 爲「自然性」，卽「感應性」。其力之動也，進爲感召，退爲順應，是有機體的自動。如爻之比應是。

(乙)辨證法　其動力之性向——Disposition 爲「壓抑性」，卽「排他性」。其力之動也，進爲排他，退爲被排，是有意識的排他。如所謂否定、再否定是。

(寅)動階

(甲)周易　其動力之階乘——Factorial 爲「元」、「亨」、「利」、「貞」四連續節。易乾云：「乾，元亨利貞。」又坤云：「坤，元亨利牝馬之貞。」又彖上云：「大哉乾元，萬物資始。」「至哉坤元，萬物資生。」資始，是得其氣；資生，是成其形。此爲生物之「元」，爲第一連續節；「亨」則「品物流形」，爲第二連續節，是生物之通的連續節；「利」則「各正性命」，爲第三連續節，是生物之遂的連續節；「

貞」則「保合太和」，爲第四連續節，是生物之成的連續節。故「元」於天爲春，於人爲仁；「亨」於天爲夏，於人爲禮；「利」於天爲秋，於人爲義；「貞」於天爲冬，於人爲智。朱子云：「天地便是大底萬物，萬物便是小底天地。」天地，一陰陽也；陰陽，一動靜也。元亨，由靜而動，陰而陽也，故爲用；利貞，由動而靜，陽而陰也，故爲體。體斯闔，用斯闢。闢者萬物之出機，卽物理學所謂離心力也；闔者萬物之入機，卽物理學所謂向心力也。凡物之運動，能循其常軌而不息者，以賴此二力之均衡；萬物之生生而不已者，乃賴此二機之闔闢。出機謂之變，入機謂之化；變者化之漸，化者變之成。變化無端，循環無始。動階分四而實二，似二而實一。朱子又云：「元亨利貞無斷處，貞了又元。他這個只管運轉，雖一息之微，亦有四個段子恁地運轉，他自有個小小元亨利貞。」

(乙)辨證法　其動力之階乘——Factorial 爲「肯定——正」、「否定——反」、「否定之否定——合」三連續節。「肯定」爲第一連續節，是事物本質矛盾設定之連續節，是孕育否定萌芽之連續節；「否定」爲第二連續節，是事物矛盾發展之連續節，是否定肯定而又孕育再否定之連續節；「否定之否定」爲第三連續節，是再揚棄否定之連續節，是由先行諸連續節所發展的矛盾之相對解決之連續節，是新事物出現而又爲其發展之出發點之連續節。任何連續節，都顯現爲矛盾之特殊形態，分裂爲肯定與否定，由否定之否定而完成自己之發展。恩格斯舉例：

例以生物：

麥粒——肯定，

植物——否定，

新麥粒——否定之否定。

再例以社會：

封建獨占——肯定，

競爭——否定，

近世獨占——否定之否定。

(卯)動相

(甲)周易　其動力之相律——Phase rule爲「交感」。交感之內容有二：一曰「相交性」。易泰云：「天地交而萬物通，上下交而其志同。」又云：「旣濟受福。」水火相交也。「斷金如蘭」，人心相交也。蓋「陰陽互根」，爲相交對待之體。陰中有陽，陽中有陰，天地萬物，斷無單獨存在之理。無獨必有偶，有偶必有合。「合」乃渾然一元，「偶」卽渾元中之合性元子。（與原子同）是知「相交」者，卽宇宙生成之兩儀，萬物之生產關係也。程子主張「理必有對，動靜一源」者卽此。二曰「相感性」。易咸云：「二氣感應以相與。」又云：「天地感而萬物化生，聖人感人心而天下和平。」蓋「陰陽迭運」，爲相感流行之用。陰變爲陽，陽變爲陰，天人相與，自有生生感應之妙。凡動皆爲感，感則必有應；所應復爲感，所感復爲應，互感不已。程伊川云：「天地之間，只有一個感與應而已，更有什事？」是知「相感」者，卽宇宙形成之能媒，萬物之生產力也。一切事物，以體言，則見其相交；以用言，則見其相感。卽體卽用，卽用卽體，「交感」進展，以繪出其動相圖。

負陰抱陽

相生相成

㈡辨證法　其動力之相律——Phase rule爲「矛盾」。矛盾的內容有二：一曰「鬥爭」。關於辨證法的問題云：「互相排除的對立之鬥爭，是絕對的。」列寧云：「發展，是對立的鬥爭。」彼以爲：「鬥爭」，是發展的原動力，事物必須壓抑對方，才能維持自己的質的安定性。任何事物，都是內部鬥爭的表現形態；任何統一，都是鬥爭的一種形式。二曰「否定」。恩格斯云：「我造第一否定時，必須使第二否定有可能或變爲可能。」否定，是揚棄先行階段之階段，亦卽所謂「質變」。質的區別性，是相對的。超出了相對限度，便轉化爲其他的質。在任何質的整體中，皆藏有與其自身相對立的卽否定的因素。此對立因素，互相刺激，互相促進，引起量變的發展；量的發展愈前進，質的對立愈尖銳，最後通過飛躍的形式，新質代表了舊質，卽新對立之產生，亦卽否定階段之完成。此爲矛盾之多樣性。

總之，一切運動，皆爲「內在矛盾」之發展。矛盾對立，始爲運動之眞相。在矛盾某種側面之關聯上，雖似有互相滲透、互相依賴的諸傾向，然其主導作用之全面展開，却爲互相排斥的、互相壓抑的。其動相如下圖。

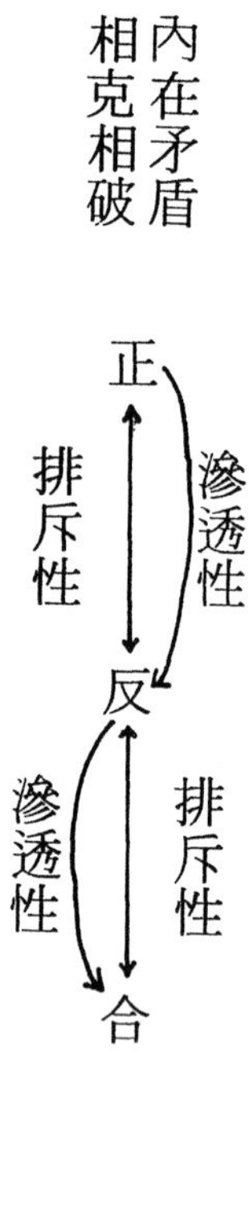

內在矛盾
相克相破

正
滲透性
排斥性
反
排斥性
滲透性
合

(十一)運行式

(子)進度與旋度

(甲)周易　大自然之運行，自有其一貫之體勢。其運行躔度爲「順性螺旋」。「順」是一種和勢。中庸云：「發而皆中節謂之和。」「和也者天下之達道也。」但「節」者何？卽「度」之謂。其「進度」爲無息，其「旋度」爲必復。是「復」也，皆死物之復生，非往事之復返，乃事物發展全生涯之終點與始點之輪廓的同一，乃較低階段之一定的特徵與特性，在較高階段上廻歸。進度與旋度之合一，交織成螺旋式的運行。在運行中，各力自循合理的軌道以進行，經常保持調和態勢，是謂之「順」。順之極致，卽中庸所謂「天地位焉，萬物育焉。」天地萬物無一不遂其生，無一不得其所。以天空論，繁星密布，運行險哉！但恒星各有其位置，行星皆有其軌道，於複雜之中，有和諧之致，所以並行而不悖。以人事論，剝以順而止，復以順而行。君子之道，無消無長，未嘗須臾之不以順也。易豫云：「豫，順以動。」又云：「天下以順動，故日月不過而四時不忒。聖人以順動，則刑罰淸而民服。」豫（和）之時義大矣哉。

㈡辨證法　對於宇宙運行躔度之認識，爲「逆性螺旋」。「逆」是一種反勢。失其常度謂之「反」，反也者天下之背道也。左宣：「天反時爲災，地反物爲妖，民反德爲亂，亂則妖災生。」在運行中，各力以亂相尋，經常保持衝突態勢，是謂之「逆」。逆之極致，勢不兩立，同歸於盡。宇宙萬象，皆互爲芻狗而已。至於人類社會之演進，彼作如是觀：「(1)奴隸時代，奴隸與奴隸主相反；(2)封建時代，農奴與封建主相反；(3)資本主義時代，工人與資本家相反。」恩格斯云：「整個歷史，是階級鬥爭的歷史。其末流，更倡言「造反有理」以欺世，「反」乎！悲哉！

㈤內線與外線

㈠周易　其運行「線景」——line spectrum爲「內線與外線之配合偕行。」內線爲「自轉」Rotation，外線爲「公轉」Revolution。易繫下云：「天地之大德曰生。」易繫上云：「生生之謂易。」「生生」者何？卽自轉公轉而循環不已之謂。以宇宙機體言，在天，則「日往月來」自轉也，「寒往暑來」公轉也；在人，則「生理小循環」自轉也，「生理大循環」公轉也。以宇宙動能言，在天，則「行健」

自轉也，「化生萬物」公轉也；在人，則「自強不息」自轉也，「開物成務」公轉也。「轉」者非自轉而已也，所以轉物也。凡天凡人，皆應由自轉而公轉，爲公轉而自轉。未有不能自轉而可能公轉者，亦未有不公轉而可能完成自轉者。且天人一理，人類活動法則，必與自然法則相配合。始能達成歷史的創造與持續，所謂「順天者昌，逆天者亡」也。易乾云：「故大人者，與天地合其德，與日月合其明，與四時合其序，與鬼神合其吉凶。」所云「大人」，卽謂「聖人」。聖人爲人類的文化主潮，易繫上謂其「知周乎萬物而道濟天下。」故易乾云：「聖人作而萬物睹。」聖人應天順人，不惟與人同化，而且與天地同流。此乃自轉與公轉交輝之極境，易繫下所謂「天地設位，聖人成能」者是已。

再申言之，我國文化之精蘊，一言以蔽之曰「仁」。仁者生命之光，文化之根，乃天心之發現，乃大聖人之創作。易繫上云：「易簡，而天下之理得。」「易」者廓然而大公，知之事也。「簡」者物來而順應，行之事也。「易知簡能」，卽是「爲仁」。爲仁卽是「盡性」工夫。盡性，是先求諸己，再推己以及物。以己爲出發點，以人爲終結點。成己卽所以成物，成物必先以成己。故中庸曰：「能盡其性，則能盡人之性；能盡人之性，則能盡物之性；能盡物之性，則可以贊天地之化育；可以贊天地之化育，則可以與天地參矣。」我中華民族文化之美備，舉世無匹。縱則萬世一系，橫則萬流一宗。瞻言文化奇葩，俯拾卽是。舉其大者：「忠」，自轉也，「恕」公轉也；「己立己達」，自轉也，「立人達人」，公轉也；「明德」，自轉也，「新民」，公轉也；「率性」，自轉也，「修道」，公轉也；「老吾老，幼吾幼」，自轉也，「及人老，及人幼」，公轉也。郁郁乎文哉，如此線景，歎觀止矣。

(乙)辨證法　其運行線景——Line spectrum爲「內線自轉——Rotation 之獨行」。黑格爾云：「發展之本質，在於各種現象都有內的矛盾。」推米揚斯基云：「辨證唯物論，在內的矛盾中，發現一切事物發展之根本原因。」蓋彼以爲「內的矛盾」，是過程之自己運動的源泉；「外的矛盾」，須通過內的矛盾而起作用，且受內的矛盾所決定。故一切事物之發展——卽自己運動，主要在於暴露「內的矛盾」。內的矛盾，易言之，卽「自我矛盾」。所謂「內線自轉」者，卽以「自我矛盾」爲軸心，主導地作「廻旋運動」——Circumutation，亦曰「廻轉自發運動」。其廻轉方向，原有左旋右旋之別，如左旋不止，必然引出其「不斷革命論」。

但，另一唯物論者，布哈林却主張「內的矛盾依存於外的矛盾」之「均衡論」，與前者恰恰相反。究何以故？此正爲暴露內的矛盾也。乃「內的矛盾」暴露之另一形式。總之，萬變不離其「矛盾」之宗耳。

六、結　論

總前所述，吾人可以了然於所謂「邏輯」云者，並無若何奧秘；而「辨證法」云者，尤非科學的哲學方法。哲學──Philosophy 原字爲希臘語，本義「愛智」，乃研究宇宙萬有之眞理而使之體系化，有普遍性與全體性。彼唯心論者，偏執心理而否認物理，充其極，全然逃避人事，幾是一座「玄秘塔」耳，眞理何在？唯物論者，偏執物理而否認心理，充其極，全然抹煞人性，非近於「禽獸」而何？豈眞理乎？人爲萬物之靈，此「玄化」與「獸化」，顯皆失其所以爲人，遑論配天？「心」爲物之用，「物」爲心之體，周易合心物而一之，非物非心，亦心亦物，乃「時中」之道也。吾「道」一以貫之。道出於天（中庸所謂道之本原出於天而不可易），而備於人（中庸所謂其實體備於己而不可離）。周易推天道以明人事，蓋「天（自然）人（社會）合一，理（精神）數（物質）无二」的哲學也。彼唯心唯物論者，其亦知各去其「唯」以近「道」乎？今日國際間，文化交流，學術混一，在優勝劣敗之天演下，吾信不久的未來，彼將各喪其「唯」而復全歸眞，則近道矣。（本文作者爲立法委員）

第十一篇

易與聖經之奧秘

第十一篇　易與聖經之奧秘

周林根

一、小引

「易學應用之研究」編印，乃學術界一大盛事！蒙孔孟學會陳理事長以「易與聖經之奧秘」命題，自當早日報命。維此中外兩大經典，廣博精微，包羅萬象，其中奧秘，非淺薄小子所能罄述。亦當本五十餘稔學易所得，三十餘載信主經歷體驗，提供其中奧秘要道。雖不免掛一漏萬，亦深盼海內外先進，不吝教正，共同溝通中西文化，促進永久和平，早見大同與天國。

二、首由易與聖經的特性，可發現其中的奧秘

易與聖經均具統一性、漸進性、獨特性、可靠性、歷史永恒性，尤其重要權威性（詳見拙著聖經與易經的奧秘三、四章），茲擇要略述：

㈠、統一與漸進性　易與聖經均非出於一人手筆，亦非一時、一氣呵成。聖經的寫成，自摩西於紀元前約一四〇〇年，寫成舊約前五卷，至約翰於主後九十六年所寫「啓示錄」，前後約一千五百餘年，始克完成。其作者有君王（大衛等）大小先知（摩西、以賽亞等）祭司（耶利米）牧人（阿摩司）總長（但以理）酒政（尼希米）哲學家（保羅）漁夫（彼得）稅吏（馬太）醫生（馬可）等四十餘人，其身份地位、知識程度各有不同，前後相離一千五百餘年，不僅所處時代背景完全不同；且分在各地各種不同境況之下，分別寫成。如摩西在曠野、耶利米在地窖、所羅門在王宮、保羅在獄中、但以理在山脚下皇宮、路加在旅途、約翰放逐在海島。且或在軍旅、或在戰時、或在平時、或在太平盛世、或在亡國爲奴，並分在亞、非、歐洲。心情更爲不同，或喜或悲、得意或失望、憂傷或愉快！似此各種大不相同的條件，竟能寫出前後吻合的各種作品，均能以和諧連續的口調，一氣貫通。故歐美各國神學家，莫不驚嘆此種奇妙，認爲聖經乃神的話語，同出於神——上帝。美國近有神學家麥道衞（John McDowe11）巨著「鐵證待判」認聖經有統一性，貫徹全經。聖經雖提到千百個意見分歧的題目，而仍不失其諧和性與統一性。顯見其同出於上帝的默示，各位作者，不過是上帝忠實的紀錄，故能前後一貫，而有脈絡可尋。而海萊則謂：研讀聖經的內容，可發現其中有一貫的思想，證明聖經的著作與各卷的編纂，係出於同一位上帝所示，而能令億萬人相信。且係同一心智的靈感，在上面蓋著這位作者印記。並在意義上清楚無比的顯明聖經是神的話。（見Dr. H. Y. Halley 著聖經手册）英國司徒德牧師謂：「基督徒的基本信仰之一，便是神曾經說話，而且是在確實的歷史地理背景中說話。聖經的中心信息，是基督的救恩。聖經共有六六卷，歷經一千多年，由許多作者合力完成，有人認爲聖經只有一個主題，已經夠令人難以置信了！在本章中闡明聖經奇妙的統一性，盼能給這些問題清楚而確實的解答。……聖經乃是神不斷向人啓示其眞理的紀錄。」（見認識聖經一九九—二〇〇頁）海萊博士亦認聖經爲歷代以來出奇的神蹟，證明其來源出於上帝。（見聖經手册）誠如司徒德牧師所云：「聖經所啓示的眞理，有漸進性，這是毫無疑問的。雖然舊約有神是三位一體的影射，這個眞理直到新約才表達出來。此外從四福音及使徒的書信，我們對祂的位格和工作的瞭解，也有漸進性。耶穌也要等聖靈逐漸明示予人，並把將來的事告訴聖徒，更見漸進性，並非矛盾，乃像父母一步一步的敎導孩童。所以耶和華向他們所說的話，是命上加命，令上加令，這裏一點，那裏一點（賽廿八13）「凡是聰明的父母，後期的敎導，往往逐漸補充先前的不足。同樣的神也是逐漸將啓示顯明出來，不斷的擴充，直到最後基督道成肉身，完成了神的啓示，且由基督的使徒證明出來。」所以希伯來書：「神既在古時藉着衆先知多次多方的曉諭列祖，就在這末世，藉着祂兒子曉諭我們。」（希一1-2）「由此我們不應該懷疑，應當稱神爲新舊約的最終作者，並尊重整本聖經爲神的話。」（均見認識聖經二〇〇－二〇二頁）由其統一與漸進性，更見爲上帝教訓，逐漸顯明其奧妙。

同樣我國易經，乃出於四大聖哲：伏羲、文王、周公、孔子，不僅身份地位大不相同，或爲君王，或屈居下位，知識程度，所處時代背景，更爲懸殊。伏羲實一文盲，彼時尚無文字，亦未受何教育；周孔文化已高博學識廣，尤深於大道。文王身陷囚虜，孔聖亦屆窮途。由畫卦以至十翼，約經三千餘年，時代背景大爲變化，伏羲處洪荒時代，在茹毛飲血中生活，周代尚文，文化日進，周公尤集禮教之大成。在如此各種不同的情況下，仍能寫出一貫天人之大道，包羅天地萬象，自爲千古奇書，所謂「範圍天地之化而不過，曲成萬物而不遺。」（繫上）非出於上帝的啓示，又誰能隱示宇宙之奧秘？承天道以立人極，蔚爲羣經之首!?至其歷史漸進性，由羲、農、黃帝以至周、孔，歷代均因研易而有發明進化，由洪荒以至文德禮義之邦，更可證上帝之恩眷黃炎子孫，使其爲文明古國，而綿遠流長也。

㈡獨特性與正確性　易與聖經不僅歷經千秋萬世，證明其為上帝啓示的大道；而且歷久彌堅，更可逐漸連續表現其獨特的奧妙！其完成既歷經艱苦與迫害不知多少人為此流血流淚，效死弗疑！不但以不同文字，希伯來文、亞蘭文（Aranmic）、希臘文，忠實紀錄，視同神聖，雖對以色列之君王偉人，一旦犯罪絕不隱諱，秉筆直書，故莫不信其正確。且可為保存一片一字而犧牲一切，更見其中神力奇妙；至一切預言神蹟，更昭昭在人耳目！故其譯本與出版之多，銷行之廣，更為獨特而罕見。聖經在萬般迫害之下，銷行日廣，年年增多，平均每三秒鐘須印一本聖經，晝夜不息，尚不足應付各方銷路。據「金氏世界書籍紀錄」，已達廿五億册左右（美聯社一九八一年二月二日電），據倫敦聖經學會報告，已有二七五種不同文字的全文聖經譯本。而聖經的一部份，又於八〇年增加二七〇種語文譯本，使聖經有各種不同文字的譯本，總數達一千七百一十種之多。（一九八一年二月二日報告）至其版本之多，亦世所稀有。其材料有紙草羊皮卷、牛皮卷，早在西元前二五〇〇年即有。又有瓦片、石碑、蠟版等甚多。字體正草，早有拉丁文八千抄本，其他抄本一三〇〇〇，賴蘭抄本最早（西元一三〇年），紙草本（西元二〇〇年）、西乃山本（西元三五〇年）、亞歷山大本（西元四〇〇年）。譯本亦很古，希臘七十士譯本乃西元前二五〇年、拉丁譯本西元三〇〇—四〇〇年、敍利亞譯本西元一五〇—

二五〇年，共有九千譯本。凡此均見聖經的連續保存以至銷行如此之廣，確爲一獨特而奇妙的神蹟！非人力所能爲。迄今又爲第一本帶上太空而被宣讀的奇書，而其古騰堡拉丁通俗譯本，曾售十萬美元，舊約古卷更以五一萬美元售予英國，由紐約發往芝加哥的最長電報，也是新約。類此奇事，不勝枚舉。因而麥道衞博士的結論是：「原止企圖粉碎聖經的歷史性與可靠性，結果却因此認識聖經，在歷史上是絕對可靠的。因聖經是可信的，是具有歷史性的。」又經多年的調查與考古，誠如考古學家（Gleck）所云：考古學上的發現，無一與聖經相抵觸，更見其中奧妙。至我國易經，亦獨具特性。不僅歷久不衰，銷路日增，譯本亦頗不少。易自伏羲辛巳至孔子約三千八百餘年，蓋至民國七十二年，已達六四六〇年，孔子生於西元前五五一年，晚而喜易，作易當在五十以後，計時約在三八〇〇年。由洪荒時代，尚無文字，伏羲僅以符號表達，至文王囚禁羑里，周公恐懼流言，孔子晚年嘆道之不行，故均在迫害之中，艱苦作易！至秦始皇焚書坑儒，大肆迫害，易獨得以卜筮之書，得以保全。漢志稱費氏（直）經與古文同，不似其他經典，殘缺脫落，更見上帝眷顧，雖歷經迫害而仍能完整獨存。迄今銷行日廣，已譯成各國文字，保存易經尤多。早在明史中已列有易類一千五百七十卷，四庫全書更多。各國學者多喜研易，圖書館藏易亦頗不少，與聖經同稱奇書。

㈢歷史性與永恒性　易與聖經，更具永恒常存與歷史特性，誠如大衞王所云：「耶和華啊！你的話安定在天，直到永遠。」（詩一一九89）耶穌也說：「就是到天地都廢去了，律法的一點一畫，也不能廢去，都要成全。」（馬太五18）啓示錄最後又說：「這書上的豫言，若有人刪去什麼，神必從這書上所寫的生命樹和聖城，刪去他的分。」（啓廿二19）凡此可見聖經是永恒常存，直到永遠，不能任意刪減。羅拔遜認新約聖經手抄本，有一三〇〇〇種可互證其確實。故雖歷經迫害，仍能常存。史密士稱為無可比擬的書，全世界都會同意聖經在人類五千年歷史中，是最不尋常的書。其中預言最多，經得起歷史的考驗。尤其坦白記述以色列祖先罪行，據理直言，更可證其為上帝的話，不敢增減。舊約對以色列人歷史，忠實紀載，新約亦同樣經得起考驗。歷經考古學家調查，更發現其歷史上地理上的正確，故麥道衞博士認聖經是可信的，是具有歷史性的。」使原欲粉碎聖經的歷史性與可靠性，結果反因此認識聖經，在歷史上是絕對可靠的。至易經居羣經之首，亦包括五常之道，為一切經典大義的本原。章學誠謂「六經皆史也，古人不著述，未嘗離事而言理，六經皆先王之政典也。」（文史通義易教上）蓋古代學在王官，故經為官書，由史官典藏，周禮言外史章三皇五帝之書，易自羲農黃帝以至堯舜，無不研易，孔聖繼先聖道統，本先王典章以施教。而經爲常道，皆係聖人制作，孝經注曰：「經者不易之稱。」劉勰謂「經爲恒久之至道，不刊之鴻教也。」（文心雕龍）且經爲常道，包天地，通古今，無時而不然，無地而可易也。以其恒常，不可改變，故曰常道。易爲羣經之原，自伏羲以至周孔，自具歷史性與永恒性。乃至歷代聖賢，莫不研易，且試以易學研判歷代興亡得失，更可見其歷史與永恒的價值。由上可證此中外兩大經典，均可永垂不朽！

㈣權威性與重要性　易與聖經，均有無比的權威與重要。誠如大衞王所云：「神的話勝於金子，更勝於精金，安定在天，直到永遠。」是「我腳前的燈，路上的光。」（均見詩一一九）故司徒德牧師說：「聖經就是記載神的話，對人有神聖的權威。權威是聖經具有的力量，是神的啓示，藉神的靈感，寫成神的話，既是從神來的，對人就具有權柄。」（認識聖經二三〇—二三一頁）耶穌亦極重視聖經，藉神的話制伏撒旦，相信聖經預言，都必應驗。歷代偉人，多因信仰易與聖經眞理大道，而建功立業。梁任公曾歷舉各國偉人，均可證其信仰力量之偉大而雄厚。且①迄今二千年教會，莫不深信聖經的權威，維護保持。②莫不相信聖經是神的話。甘爲效死！③聖經的信徒莫不認識聖經對人的生活，有重大影響力。使自滿者不敢驕傲，憂傷者獲得安慰，犯罪者逐漸改變，軟弱絕望者得到鼓勵，尤其在人內心深處時有聖靈引導。（參看認識聖經二三六—二三八頁）④基督不但自己尊重聖經，引證聖經，且順服上帝甘願釘死！死而復活，支持使徒，把福音傳到萬邦，現果應驗。⑤使徒的見證，可證基督對新約的預先認證。司徒德謂使徒乃基督賦予權威，他們親眼見到基督。又加教會承認，將書信收進新約。教會並沒有給聖經權威，只是承認其原有的權威而已。（均見認識聖經二四五—二五二頁）易之重要，不僅我國自古迄今，一致尊爲羣經之首，六藝五常，皆出於易。一切天地間千變萬化，莫不攸國。故先 總統謂：「易理精微廣博」，梁任公亦認「易爲孔子哲學的總滙。」迄今爲舉世所重視，吾國研易學人，亦極推崇。如麥克維雷（W.McEvilly）精心研易，謂易經的價值，不僅因其古老，且因其能一層一層地透入我們的心靈深處。並因其有引人入勝的活力，而甚暗中指示我們，對於經驗所持的概念，將會有更廣泛的發展。」其實如德儒萊布尼玆，法之孔德，早已佩服中國文化，早已研易，迄今各國學者，頗多熱烈鑽研易學。紐約時報亦曾報導：易經是世界上最古老書籍，但今日非常熱門，是東方智慧的寶藏。可見其重要性與權威，已爲世界所公認。

三、由易與聖經的寫作，更見其同出於誠信上帝亦繼道統的聖哲

由上述易與聖經的特性，不僅爲千古奇書，內藏極深的奧秘。故易繫辭上曰：「夫易，聖人之所以極深而研幾也。」子曰「：知幾其神乎！幾者動之微，吉之先見者也。」故爲時數千年其預言仍在繼續應驗之中，且因科學昌明，歷史地理的考證而日益證驗。如上帝以洪水毀滅世界，爲中外歷史所記，人所共知；但聖經謂上帝將以火焚滅世界，實爲不易置信之預言，然自原子彈發明，未來原子戰爭，顯可應驗。我國易經亦以水火既濟而未濟，明示末日後尚有新天地救主大道得行，人類減少而可享幸福，何其奇妙吻合!?良以一切皆爲上帝所定，而作易乃中國四大聖哲及數十基督聖徒莫不誠信上帝，通天知幾，茲略述如下：①聖經是上帝所默示，作者皆其忠實紀錄，故舊約多稱爲「記」，新約亦多記實。聖徒自然是敬畏上帝，遵照上帝旨意，忠實記載。且舊約多處，明示遵照上帝命令而記。出埃及記十七章：「耶和華對摩西說，我要將亞瑪力的名號，從天下全然塗抹了！你要將這話寫在書上作紀念。」又有摩西將耶和華的命令都寫上。」（出廿四4）且在二十七節說：「耶和華吩咐摩西說，你要將這些話寫上，因爲我是按這話與你和以色列立約。」其他大小先知也多說：主上帝如此說，莫不承認「這道實在是神的」（帖前十二13）摩西五經包括㈠上帝的創造㈡神的揀選㈢神的立約㈣神的律法㈤神的救贖㈥人的犯罪等，一一應驗。故約書亞謂：「凡耶和華所吩咐摩西的，約書亞沒有一件懈怠不行的。」(書十一15)。大衞忠心事神，終身不渝。但以理為主甘進獅坑，而未受傷，彼得保羅，均為主傳福音，而甘受刑至死！其他大小先知，莫不為上帝的忠僕，虔誠信仰，自承所寫是上帝眞實的話，故能逐漸應驗。而對以色列祖先及其本身罪惡，亦稍不隱諱！尤足證其為忠實記載，不敢稍違，故其中奧秘，經歷史科學考驗而逐漸實現。

至我國易經，乃四大聖人作品，伏羲畫卦重卦，文王作卦辭，周公作爻辭，孔聖作十翼，歷經三千餘年，逐漸完成。因其均係誠信上帝的大聖，故能歷經考驗而為羣經之原。御覽稱：「伏羲之母華胥履大人跡而生皇犧」，風姓，風乃上帝的使者（見張蔭麟古代史）似為天降大聖，故早知敬天法天，通神明而畫卦。「象日月之明，謂之太昊」(帝王世紀)。繫辭謂庖犧氏「仰則觀象於天，始作八卦，以通神明之德」。禮緯含文嘉謂：「伏羲德合上下，天應以鳥獸文章，地應以河圖洛書，則而象之，仍作八卦。」(拙著聖經與易經的奧秘，對河圖洛書曾有詳解)。且犧牲乃祭上帝之禮品，故魯頌有「上帝是依，享以騂犧。是饗是宜，降福既多。」可見庖犧卽郊祭上帝之犧牲，故能通神明而力崇天道。關於重卦，本有四個學說：

(1)伏羲畫卦，因而重之——王弼孔穎達等。(2)神農重卦——鄭玄等。(3)夏禹重卦

——晉孫盛等。⑷文王重卦——史遷班固等。「垂皇策者犧，卦道演德者文。」顯見伏羲已重卦。蓋繫辭謂「乾之策二百一十有六，坤之策百四十有四，二篇之策，萬有一千五百二十。」因易有六四卦三八四爻，陰陽各半，卽各一九二爻，陽爻用九乘四卽三六策，共192×36＝6912，陰爻用六乘四乃二四策，共192×24＝4608合計一一五二〇策，顯見早已重卦，否則焉有一萬餘策？而說卦有「昔者聖人之作易也，幽贊於神明而生蓍。」又曰：「兼三才而兩之，故易六畫而成卦。」此聖人各註皆指伏羲，重卦後始有天地人三才六畫。且蓍法三、六、十八變而成卦，每三變而成一爻，更見早經伏羲重卦。至鄭玄因繫辭謂：「神農氏作，蓋取諸益」，實則取諸亦見早有重卦，不過取用而已，否則黃帝堯舜，亦稱取諸，豈能謂遲至堯舜始重卦乎？且鄭玄六藝論，亦稱虙戲氏作十言之教曰乾坤震巽艮兌坎離消息，無文字謂之易。更見消息中含有重卦（參看拙著易的變化消息法）故孔安國馬融王肅等皆以爲伏羲重卦，他說均不待言。班固誤以爲文王重卦，其實文王乃作卦辭，如「乾元亨利貞」，一語貫通天人之大道。皮錫瑞謂孔子以前易「只有占法而無文辭」，熊十力已斥其非，「謂文王以前，易只八卦，理不應爾。連山歸藏，漢時尚有其書，不可云僞。」「大抵伏羲畫卦，因而重之。此本自然之數。」且文王作卦辭，當別有發明，卽卦文取義，有異夏殷二易，而其功等於創作。」（均見讀經示要卷三，一～二頁）至爻辭出於周公，班固謂：「人更三聖，事歷三古。」孔疏正義認「言父可以兼子。」實則有些爻辭，顯非文王而爲周公所寫，如升卦（䷭）「六四，王用享于岐山」，王指文王，乃其身後在岐山享受祭祀，且文王死後，武王伐紂後始追贈爲王，自非文王所能寫。而既濟「九五，東鄰殺牛，不如西鄰之禴祭，實受其福。」考既濟（䷾）東鄰指紂，西鄰指文王，以諸侯而竟敢與紂王分庭抗禮，且直斥其無誠心，自非文王所能敢寫，當在伐紂之後。而明夷（䷣）亦指文王箕子，顯係文王身後所作，亦非文王所寫。故一般人認周作爻辭。馬融、陸績、孔穎達並同此說。史遷謂孔子晚而喜易，序彖象說卦文言，讀易韋編三絕。顯見孔聖作十翼。似此則皮錫瑞孔子以前，易無文辭謬說，不攻自破，否則孔子所讀爲何？易緯乾鑿度亦曰：「仲尼五十究易作十翼。」班固則謂：孔子爲之彖、象、繫辭、文言、序卦之屬十篇。」蓋十翼乃彖上、下、象上、下、繫辭上、下、文言、說卦、序卦、雜卦等十篇。內有子曰，有人疑爲弟子所作，不知此乃當時文體，如孟子墨子曰，無人疑非其作品。至繫辭本有二義，論字取繫屬之義，聖人繫屬此辭於卦爻之下，文王觀爻之變化而繫之辭，亦謂吉凶悔吝之辭，可用以示人吉凶，教人悔改免吝。彖者材也斷也，虞翻認彖說三才以示天地人道也。斷乃統論一卦之義。說文：「彖豕走也。」仲氏易認乃茅犀，犀能知識，且似水牛猪頭，脚有三蹄，陰含天玄三才之義。而山犀產於非洲，水犀產於印度，乃水陸兩棲。孔聖以龍、象、象、取象，龍爲天使神物，故能水陸空三棲，象僅在陸地，彖則兩棲，顯示天人合一，誠有精深奧義。象亦分上下，大象乃總論一卦之象，如乾象曰：「天行健，君子以自強不息。」小象則分論各爻之象，小象則從爻象，以推論及於人事。如乾初九潛龍勿用，喻人之謙遜，「不易乎世，不成乎名，遯世无悶」，純以天意爲依歸。文言梁武帝謂爲文王之言，阮元則認爲韻文，實則乾坤德大，不需文飾，孔穎達認當謂釋二卦（乾坤）之經文，故稱文言。序卦乃就六四卦先後之次序，各序其相次之義。又分天道、人事、相因、相類、相反、相病等六門。「雜卦者雜揉衆卦，錯綜其義，或以同相類，或以異相明也。」說卦乃陳說八卦之德業、變化及法象所爲也。至於四大先聖，皆誠信上帝，敬天信天，順天法天，拙著中國古代禮教史曾有專章記載。亦將於下段，略述其對三位一體之上帝，虔誠信服，而終生不渝也。②王船山謂「聖人之教也，是爲道統」。作易之四大聖人，不但早爲道統之始祖，而且爲道統之核心。尤以孔聖首先傳道講經，以道濟天下迄今數千年，歷久不衰，更發揮道統之神功。考道統出於易之乾元，乾彖曰：「大哉乾元，萬物資始乃統天。」乾元者上帝創始統一宇宙之大道也。舍上帝誰能統御宇宙？統之爲言宗也一也，言獨一上帝能使天下歸心，而爲天下所共宗也。故孔聖作春秋重大一統，亦首書元年春，元者始也，先言元而後言春，春者天時也，明乾元創始萬物而能統天，與大易同旨。故董仲舒曰：「春秋謂一爲元之義，一者萬物之所從始也，元者辭之所謂大也，謂一爲元者，視大始而欲正本也。」（賢良對策）實則一元乃代表獨一上帝普愛世人之元仁，故四大聖人莫不誠信上帝。惟後世雖繼道統，但不明三位一體之上帝，致不知坤卦之救主，而大道終不彰明，坤卦後有詳解。救主乃道成肉身，釘十字架以擔當世人罪孽，而救人濟世，恰好古道字衟，乃代表東西南北十字大道，內有救主爲元首，亦爲道路。且坤从土從申，土乃十字世界申神可通，代表神來世界，而十亦爲甲居首，故坤卦曰：「先迷後得主」，彖曰：「至哉坤元，萬物資生，乃順承天。」正代表救主參與創造順服上帝，殉道而死。而約翰福音，開頭直指「太初有道，道與上帝同在，道就是上帝。」「萬物是藉着他造的。」（約一1-3）與易同出一元。蓋「道之大原出於天」，「天不變道亦不變。」救主亦永不改變，中庸爲傳道統之作，亦直指天命率性之謂道，且全部論明天道人道，謂「誠者天之道也，誠之者人之道也。」故四大聖人不但誠信上帝，且均承天道以立人極，不明天道猶如無根之木無源之水，又何能以道統一天下乎？

四、易與聖經處以上帝——即太極爲中心，亦即三位一體的上帝

㈠易與聖經，既爲四大聖人之教，自以上帝爲中心。聖經全部是上帝的話，不離救主天道，固爲世人盡知，無待多論。易經首舉乾元坤元，自亦以上帝爲中心。孔聖贊易，首稱：「大哉乾元，萬物資始，乃統天。」「至哉坤元萬物資生，乃順承天。」乾元乃首舉天道，子夏曰：元始也。顯指上帝創始萬物。故何休注曰：元者氣也，天地之始。董子對策曰：謂一爲元者，視大始而欲正本也。是乾初爲道本，故曰元也。（見惠氏周易述卷一1頁）說文：「惟初太極，道立於一，造分天地，化生萬物。」顯見乾元乃創始天地萬物之獨一上帝（太極）。故能統天，且以大愛元仁而爲一本也。易曰：「乾知大始，坤作成物。」易緯乾鑿度曰：易始于一謂太極也。虞翻亦曰：「太極大一也。」漢書謂：「天神貴者曰大一。」孔子一再謂禮必本於大一（天）皆指獨一無二之上帝。且坤卦曰：「先迷後得主」，「乃順承天。」顯見三位一體的上帝，「坤道其順乎！」正明示救主順服上帝以至於死。又坤爲地爲民，亦見救主來到世界，傳道救民，故曰：「先迷後得主」，教人順承天道，信天敬天，法天自強也。

㈡易與羣經，莫不力崇上帝，四大聖人皆信天順天，伏羲法天作易，文王「小心翼

翼，昭事上帝」，周公籲後尊上帝，孔聖更知天命，畏天命而時常禱告，詩書羣經中充滿尊敬上帝之記載，易經更首舉乾元天道，全部以天道為核心。故梁任公謂：「天之一字，見於書經詩經中頗多，如果一一細加考察，覺得孔子以前的人，對於天的觀念純為有意識的人格神，直接監督一切。顯見其為又眞又活的上帝。綜觀中國古代信仰之上帝，認其㈠上帝賦予人以生命，司其夭壽福祿，故孔聖亦信天生德於予。」「天之未喪斯文也，匡人其如予何！」㈡上帝為人立下道德禮法，教人遵守如舊約十誡，中國禮法，又名秉彝天則。故詩曰：「天生蒸民，有物有則，民之秉彝。」㈢上帝命人遵行禮法，故人須知天敬畏天命，且上帝監察萬民，故書曰：上帝監民。詩云：「皇矣上帝，臨下有赫，監觀四方。」㈣人能順服上帝，則免災害，否則降禍，故詩云：上帝是依，無災無害。書曰：「惟天其罰極我。」「天討有罪，天命有德。」且「天視自我民視」極富民主精神。㈤王乃上帝元子，故代天工牧民，受命愛民，故詩云：昊天其子之，天工人其代之（皋陶謨）。帝王均受天命，書云天惟時求民主。㈥古者政教不分，天子主祭郊天，以牧民而主政教，明堂卽祭上帝推行政教之中心（參看拙著中國古代禮教史），明堂亦為十字形，代表救主大道。㈦古人因信上帝，亦嘗禱告，湯有七年之旱，乃拔髮禱求上帝，卒獲甘霖！神農教民耕稼，天降種子。孔母禱於尼丘而生孔子，周公爲武王禱「以旦代某之身」，「王翼曰乃瘳。」成王出郊，天乃反風禾起，孔子更久已禱告，而知獲罪於天，無所禱也。(八)古人相信人死升天，故曰歸天。書曰：「越殷多先哲王在天。」周公曰：「若爾三王（指太王、王季、文王）是有丕子之責於天。」詩云：「文王陟降，在帝左右。」「文王在上，於昭于天。」均認有德者死而升天，在帝左右。凡此均見中國古代所信的乃又眞又活的上帝，誠如梁任公所云：「中國古代爲最高一神敎，崇天帝以定一尊。」且以爲天具有意識，特其威力甚強，超出吾人之上，而爲吾人主宰。耶穌敎言上帝無所不知，無所不能，無所不在，爲造化主，而威力不可抗，其與詩書垂敎之義，乃絕相類也。（見三代宗敎禮學）總之，中國自古所信之上帝，卽乾坤一太極三位一體之上帝。乾一坤二，1+2=3 誠如漢書所載：「太極含三爲一。」故三統曆曰：「始於一而三之。」「經元以一統始，易太極之首也。」元命苞亦謂：「陽數起于一，成于三。」老子曰：「道生一，一生二，二生三，三生萬有。」非上帝誰能始生萬有？太極卽大一，孔子亦在禮運，屢稱禮必本於大一（天），太極亦卽三位一體之上帝也。德國大哲學家數學家萊布尼茲曾將全部易經六四卦代入數字，共爲七二九(詳見揲蓍聖經與易經的奧秘)，實卽六三，代表三位一體的上帝，以六天創始萬物。亦卽我國乾一坤二陰陽一太極，亦以一含三而三位一體也。

㈢易雖分三易，解釋甚多，然均成始成終，同證其出於乾元上帝。周禮：太卜掌三易之法，一曰連山，二曰歸藏，三曰周易。杜子春云：連山伏羲易，歸藏黃帝。鄭玄云：夏曰連山，殷曰歸藏，周曰周易。連山者，象山之出雲，連連不絕。歸藏者萬物莫不歸藏於其中。周易者，言易道周普，无所不備。案世譜等書：「神農一曰列山氏，連山氏，黃帝曰歸藏氏。」可見易歷聖相傳。焦循易圖略云：「說易者，大率以連山爲伏羲易而夏因之，歸藏爲黃帝易而殷因之。」又謂：「連山以艮爲首，歸藏以坤爲首。然婦不可以先夫，則坤不可爲首也。子不可以先父，則艮不可爲首也。伏羲作八卦重六四卦，其首皆以乾坤，故曰：「乾坤定矣」，何得又首艮？以余推之，連山者當如于會升之說，即帝出乎震，齊乎巽！誠言乎艮是也。艮位東北，坤位西南，象辭及之，四時首春，春始於寅，當東北艮位，艮成終亦成始。故連山首艮，非六四卦以艮爲首也。歸藏當如近世徐敬可之說，即子復丑臨、寅泰、卯大壯、辰夬、巳乾、午姤、未遯、申否、酉觀、戌剝、亥坤，爲十二辟卦是也。始於子而實受氣於亥，坤初生爲復，至上仍爲坤，由坤而乾，故又曰坤乾，非六四卦之序以坤爲首也。伏羲通神明之德，以乾坤爲首，無可移者也。（見讀經示要卷三 6-7 頁）顯見坤亦成始成終，與乾艮同。聖經亦謂：「主上帝說：我是阿拉法，我是俄梅戛（乃首末二字母），是昔在今在以後永在的全能者。」（啓一8）「我是首先的，我是末後的。」（啓一17）正見其爲成始成終，乃上帝創始一切亦最後成就一切，惟救主道成肉身，亦成始成終，上帝救主，均常在山上訓示，故以坤艮代表也。由上可知，三易均成始成終，亦卽乾坤一太極，三位一體之上帝也。

五、易與聖經均在極力闡明天人合一的大道

易與聖經另有一共同的奧秘，卽同樣闡明天人合一的大道。

㈠首先盡人皆知，救主基督耶穌，乃道成肉身，神而人降世，顯係天人合一，經常以天父旨意爲重。主在登山寶訓特別教人：「要完全像你們的天父，完全一樣。」（太五48）又在分離禱告，求上帝「叫他們合而爲一，像我們一樣。」「像我們合而爲一，使他們完完全全合而爲一。」（約十七11 22 23）保羅也說：「將兩下合而爲一。」「便藉這十字架，使兩下歸爲一體，與神和好了。」（弗二14 16）不必多引已足證聖經處處明示天人合一之大道。而易經更經歷聖詳示天人合一與道統。尤其孔聖贊易，於乾文言曰：「大人者與天地合其德，先天而天弗違，後天而奉天時。」天人合一，故天弗違而人奉天時行。乾元亨利貞天道，卽仁義禮智信五常人道。文王與孔聖均以此

釋傳道。蓋乾元乃上帝創始萬物之大愛，亦卽元仁，亨卽履禮祭拜上帝，利者義之和也乾以美利利天下，故公利合乎義。貞者信也，乃人忠貞，敬事上帝，堅貞不渝。乾乃智慧的本體，正如聖經「耶和華是知識的開端」，箴言明示救主之道乃智慧根源，故古聖莫不法天，所羅門王亦求賜智慧。不僅全部易經，處處顯示天人合一之大道，如易分上下兩經，上經起於乾，首論天道。不經始於咸，荀子大略謂咸見夫婦之道，夫婦乃人倫之始。來知德上下經篇義，謂由乾坤以至水火，皆天道也。下經首咸恒至旣濟未濟，皆人道也。「要之天道之體雖以否泰爲主，而未必無人道。人道之用，雖以損益爲主，而未必無人道，上下經之篇義，蘊蓄其妙如此。」（均見易經來註圖解一三七頁）其實不僅歷聖相傳之道統，極重天人合一。而歷代賢哲莫不研易，亦莫不以天人合一爲中心。拙著「聖經與易經的奧秘」，曾歷擧各大儒之詳論。如漢儒董仲舒謂：「人之受命於天也，取仁於天而仁也，惟人道可以參天。」「天人之際，合而爲一。」爲人者天也，人之爲人本於天，天亦人之曾祖父也。此人之所以上類天也。「天之副在乎人，天人一也。與天同者大治。」「人受命於天也，惟人獨能偶天，皆當同而副天，一也。」（均見春秋繁露）宋明理學道學，更重天人合一。周敦頤太極圖與通書：「乾天道也，誠者天之道也，四德之本也，誠之者，人之道也。主靜所以立命也，知幾其神，所以事天也，聖同天信乎。（見增補宋元學案）邵康節謂：「學不際天人，不足以謂之學。」「人之至者，其能以心代天意，以口代天言，手代天工，身代天事者也。」（見百源學案上）程明道謂：「在天爲命，在人爲性，其實一也。」「忠恕以一貫之，忠者天道，恕者人道，天人一也。」「只是理，便說合天人，合天人天人無間。」「天地人只一道也。」（語錄）張橫渠敎人知天求聖，西銘首稱：乾稱父，坤稱母，乃至「存吾順事，沒吾寧也。」「性與天道合一存乎誠」「循理則與天爲一，與天爲一，理天也。」王陽明曰：「知天者聖人之事，事天者賢人之事也。知天是與天爲一者也。事天如子之事父。」（傳習錄）不待多引，已可見均在與天帝合一也。中庸爲傳道統之書，全部分論天人合一，力主以誠敬事天法天。故王船山曰：「乃知大易之敎爲法天正人之極則也。」「德者人，化者天，此九三之德，固執其中，盡人而俟天也。」（見周易外傳卷一38-9頁）。

㈡拙著聖經與易經的奧秘，曾詳述太極論及其十大論證，更可證其爲三位一體的上帝。太極一含三，包括乾一坤二，前已屢證其爲三位一體的上帝，故：

(1)太極是道是本體，邵子曰：「道爲太極。」約翰福音亦首稱：「太初有道，道就是上帝。」易文曰：「一陰一陽之謂道，」「形而上者謂之道。」孔疏：「道是天體之名。」太極解釋甚多，僅引吳草廬曰：「太極者何也？道也，道而稱之爲太極，何也？曰：假借之辭也。道不可名也，故假借可名之器以名之也。以其天地萬物所共由也，則名之曰道，道者大路也。以其條派縷脈之微妙也，則名之曰理，理者玉膚也，皆假借而爲稱者也。眞實无妄曰誠，全體自然曰天，主宰造化曰帝，妙用不測曰神，付與萬物曰命，物受以生曰性，得此性曰德，具於心曰仁，天地萬物之統會曰太極。道也、理也、誠也、天也、帝也、神也、命也、性也、德也、仁也、太極也，名雖不同，其實一也。道者天地萬物之統會，至尊至貴無以加者，故亦假借屋棟之名，而稱之曰極也，然則何以謂之太？曰太之爲言大之至甚也。道者天地萬物之極，雖假借極之一字，強爲稱號，而曾何足以擬議其髣髴哉!?故又盡其辭而曰太極者，蓋曰此極乃甚大之極，此天地萬物之極，極之至大者也，故曰太極。」「道爲天地萬物之體而無體，謂之太極，故曰無極，易曰：神无方而易无體，詩曰：上天之載，無聲無臭，其斯之謂歟!然則無極而太極，何也？道也者無形無象，無可執着，雖稱爲極，而無所謂極也。雖無所謂極，而實爲天地萬物之極，故曰無極而太極。（宋元學案卷一二）朱子與陸象山曾爲無極往返函論，實則均承認上天無形無臭，故無極即形而上之上帝也。大戴禮引孔子曰：「大道者所以變化而凝成萬物者也。」禮運亦曰：「禮必本於天」

「禮以承天之道。」凡此均見太極是道，亦爲道成肉身之救主，故約翰一章，首稱太初有道，道與上帝同在，道就是上帝，故爲三位一體也。

(2)太極是一，依易的數理，X之値，永遠是一，此一是一切事物和度量的單位，可以產生一切數量和次序。此一是全而無缺，同而無異，是極而未岐，統而未分，是卓然獨立，塊然不羣，蓋一即大一，乃獨一的上帝。故邵伯溫語錄：「道生一，一爲太極天地萬物無不以一爲本，源于一而衍之以爲萬，窮天下之數，復歸於一。」邵康節亦曰：「皆有所主，其歸則一。」周子通書云：「二本則一，是萬爲一。」張橫渠曰：「有兩則有一，是太極也。」易曰：「天一」，「天下之動貞乎一者也。」孔子曰：「吾道以一貫之。」說文：「一惟初太極，道立於一，造分天地，化成萬物。」三統曆：「太極元氣，函三爲一。」凡此均爲聖經之一神、一主、一心、一靈，三位一體，合而爲一，莫不吻合。梁任公謂中國古代爲一神教，昭然甚明，崇天帝以定一尊（三代宗教禮學）禮運亦謂禮必本於大一（天），皆言太極。

(3)太極是無，由數理上可知X之値爲一，$X^n-1=0$乃一正邊形的公式。也就是$X^0-1=0$是一個零點或零邊形，只有位置而無形狀，而太極的公式，就是$2^0-1=0$，故太極即是形而上的道，是一個零度空間的幾何點，因而太極只佔位置不佔空間，很像數目中的0，只是一個佔有位置的符號。太極是無此無雖似虛而不實，但確非常重要，同時顯見太極的獨立性，可佔有一個位置，而不容一切不同頻率波的侵入，如上帝之不容拜偶像，父親不容子尊他人爲父，同一眞理。此兩種特性，可使點聚或線動而成一面，亦可使面聚或面動而成爲一體，故點或無實如萬變萬化的祖宗。宇宙萬有皆由無而來。（關於太極與易的數理，參看拙著中國中古禮教史及聖經與易經的奧秘，易的數理與科學宗教）朱陸均承認「上天之載，無聲無臭。」繫辭亦曰：「形而上謂之道。」均可證太極是無，正如易緯乾鑿度所云：「有形生於无形」也。

(4)太極是常：X之值永遠是個常數，此常數永久不變、不增不減、不生不滅，始終如一。萬物變遷而太極不變，萬物是相對的，而太極是獨一無對的，是常道也。誠如董仲舒所云：「天不變，道亦不變。」故朱子亦曰：「天下之理無異道，天下之人無異性也。」（語宋元學案卷48）「道之常存，卻又非人類所能預料，只是此個自是亙古亙今常在不滅之物，雖千五百年被人作壞，終殄滅他不得耳。」「蓋道未嘗息，而人息之常竊以爲亙古亙今，只是一理，順之者成，逆之者敗，固非古之聖賢所能獨然，而後世之英雄豪傑，亦未有能舍此理而得有所建立成就者也。」（答陳同甫書）「儒者以理爲不生不滅。」（語類）陸象山曰：「東海、西海、南海、北海有聖人出焉，此心同此理同也。千百世之上，千百世之下，有聖人出焉，此心同此理同也。」（見象山全集）故「道塞宇宙」，有如中庸所云：「百世以俟聖人而不惑」，「天之所覆，地之所載，莫不尊親也。」聖經顯示上帝救主永不改變，詩篇一再說：「祂的公義，存到永遠。」「祂的慈愛永遠長存。」新約也一再強調「耶穌基督昨日今日，一直到永遠，是一樣的。」（希十三8）雅各書：「在祂並沒有改變。」（雅一17）「藉著主活潑常存的道，惟有主的道是永久的。」（彼前一25）故易有不易之道，禮有不易之理，而經為常道，王陽明所謂：「通人物，達四海，塞天地，亙古今，無有乎弗具，無有乎弗同，無有乎或變者也。」（尊經閣記）。

(5)太極是動靜合一，周子謂太極一動一靜而主靜，「動而無靜，靜而無動，物也。動而無動，靜而無靜，神也。動而無動，靜而無靜，非不動不靜也。物則不通，神妙萬物。」（通書動靜第16）「無欲則靜虛動直，靜虛則明，明則通，動直則公，公則溥。」（聖學第20）黃梨洲謂：「先師云循理為靜，非動靜對待之靜，一語點破。」「不妄動方是靜。」故陽明謂：「循理則雖酬酢萬變，而未嘗動也。從欲則雖槁心一念，而未嘗靜也。動中有靜，靜中有動，又何疑乎？有事而感通，固可以動，然而寂然者未嘗有增也。」（傳習錄中）而太極是動靜合一，如將乾坤二元，視為兩個共軛的波，則太極便好像其共軛波所合成，駐波（Standing Wave）的交點或拍節，如下圖：

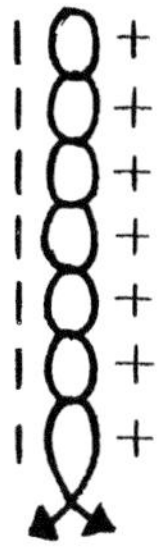

或

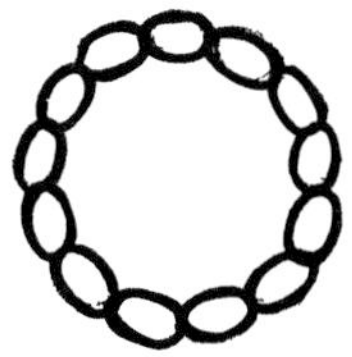

而此節點亦是動之始，是永駐但可重現無限次的點，其陰陽中和，陰陽所出所歸的中立點，是天平上至靜至平的水平點。也是波峯波谷或過不及的平均點。故周子主靜，亦卽中和、中正、中庸仁義之道。一動一靜者，天地之至妙者，能循天理者，造化在我也。蔡西山曰：「一動一靜之間者，易之所謂太極也。動靜者易所謂兩儀也。由是而四象八卦，有如下圖：

太陽 —
太陰 -- 陽 — 動 —
少陽 —
少陰 -- 陰 --
少剛 -- 一動一靜之間
少柔 -- 剛 —
太剛 —
太柔 -- 柔 -- 靜 --

經世衍易圖

附註：（上圖及蔡說均見宋元學案卷十百源學案下）

伏羲圖附註

此乃與說卦：「天地定位，山澤通氣雷風相薄，水火不相射，八卦相錯，數往者順知來者逆」故自震至坤爲順，自巽至坤爲逆頗相脗合。

(6)太極是誠是正，依數理X^0之值，永遠是實而不虛，正而不負，純而不雜，一而不二，故太極的存在，是眞實无妄，至誠無欺，而千古不變。太極周行不殆，獨立不改，然動而有規，不踰矩，且變中有常，絕不亂變，而處處誠正。惠定宇釋誠引文言曰：「閑邪存其誠，修辭立其誠。」虞翻注：「乾爲誠。」大學言誠意中庸謂「至誠如神」。陽明更謂：「至誠卽謂之神。」乾鑿度謂「至誠專密」，鄭注：「天確爾至誠，故物得以自動，寂然專密，則愼獨，卽至誠也。」漢書引孔光曰：「書云天旣付命正厥德，言正德以順天也。天非不湛辭，言有誠道，天輔之也。」聖經亦謂：以心靈誠實敬拜上帝，朱子曰：「誠者眞實无妄之謂。天理之本然也。」故周子通書首謂：「乾元爲誠之源。」「誠五常之本。」「以義正萬民」，「春秋正王道」，「聖人定之以仁義中正。」程子更重「以誠敬存之。」謂「中庸言誠便是神。」故中庸云：「誠者天之道也。誠之者人之道也。」「天地之道，可一言而盡也。」朱注：「誠而已。」

(7)太極是中，易屢言中，二多譽，五多功，以其中也。彖傳言中卅有五，象傳言中三十八，正不必中，中無不正，中者正也，既中且正。陽以初三五爲正位，陰以二四上爲正，九五爲剛中正，六二爲柔中正，故履彖曰：「剛中正，光明也。」惠棟：「古文亟中也，然則天地之心，卽天地之中也。」董子繁露曰：「陰陽之道不同，至于盛而皆止于中，其起皆必于中，中者天地之大極也。」洪範皇極：孔疏：「皇大也，極中也。」故孔傳謂「大中之道，大立其有中。」陸象山力言：極、中亦此理也，王居九疇之中而曰皇極，豈非以其中而命之乎？民受天地之中以生（左傳），而詩言立我蒸民，莫非爾極，豈非以其中命之乎？中庸云：中也者，天下之大本也，致中和，天地位焉。」程子亦曰：「不偏之謂中，中者天下之正道。」堯舜禹之執中，舜用中，湯執中，君子中庸而時中。故邵康節曰：「天地之本，其起于中乎，故君子貴中也。」

(8)太極是能，物理學常把或然率或能量的密度，認爲是$X-1X=X^0=1$也就是認單位能量爲太極，而公式相同，量子論的一切計算，都以此式爲起點。此能常有一固定的數值，不因配偶的生滅而變，此能又是一切自然現象的主宰，物理上聲光電熱力現象乃至生命，都不過是能量不同形式的表現而已。而雖如此抽象，但可以與上帝和震或波同在，也可以說能或震波，就出於統一宇宙的上帝。此能是個非向量，可加可減，可分可聚，可運可貯，亦可轉換形式，但其本身都是不生不滅，不增不減的常道。從物理上可知唯有能才是可觀測的量或物理量，其他一切的量，都可由能誘導出來，也就是宇宙一切，都可由能或太極產生出來。邵子謂：「天之能盡物，則畏天。」（觀物篇）聖經亦屢稱神的大能，保羅說「福音本是上帝的大能。」（羅一章16）約伯說

：「上帝有智慧和能力，且大有能力。」（約九4）邵子曰：「神化者天之良能，非人能，故大。」（神化篇）孟子認人生而有良知良能，王陽明認天理卽是良知。證之科學，太極最初卽有陰陽合成之原子，卽 國父所謂之生元，大有能力，亦本於乾元也。

(9)太極是元是復，太極包括乾元坤元，乃似對稱的偶，或二光量子代表，顯爲三位一體，因同爲一元，太極一含三，故易曰：「大哉乾元萬物資始，乃統天。」坤彖曰：「至哉坤元，萬物資生，乃順承天。」非上帝誰能統御宇宙？非救主又誰能順天至死？而均爲造物之原乎？故董仲舒曰：謂一元者大始也。元者爲萬物之本。一元復始，故太極是復，物理上太極雖是駐波上至寂至靜的節點，但也像靜而不死寂而不滅的生物種子或元仁，在瞬失瞬消之後，隨而再生，如此連續不斷，便生生不已。有如交流電的光線，雖忽明忽暗，但可靠頻率（每秘復數），而光明如晝。由數理上可知任何一駐波可視爲兩點（或乾坤二元），同時沿一圓周作反向而等速旋轉的合成運動，故太極可說是復或振數。宋儒論太極，多言元言復，邵伯溫謂：「復其見天地之心乎？是其一陽初復，遂以動爲天地之心。」（宋元學案卷10）溫公潛虛：「萬物始于元」，張敦實曰：「冬至之氣起于元轉而周三六四變。」「太極元氣含三爲一，衍而伸之是謂數，萬類之所以成形，不外乎道與數。」（宋元學案卷8）呂東萊麗澤講義：

「天道有復，乃天行自然之道，人之善心發處，亦人心固有之理。天道復，便運行無間，而人心多汩沒，蓋以私意障礙。」（宋元學案卷5）朱震謂：「陽生于子，陰生于午，自午至子，亡而必復，乾坤消息之理也。故以一日言之，自午時至夜半，復得子時。以一年言之，自五月至十一月，復得子月。以一紀言之，自午歲凡七歲，復得子歲。天道運行，其數自爾，合之爲一紀，分之爲一歲、一月、一日，莫不皆然，故六〇卦當三六〇日，而兩卦相去皆以七日，且卦有以爻爲歲，或爲月，或爲日者，以復言七日來復者，明卦氣也。陸希聲言聖人謂七日來復，爲歷數之徵明也。」（宋元學案卷37）聖經記上帝創造天地萬物，以七日爲一週，故全球均以七日爲一禮拜，何其巧合也？李延平答問曰復其見天地之心，伊川以爲動乃見此，恐便是動而生陽之理。又於初爻以顏子不遠復爲之，此只要示人無間斷之意，人與天理一也。」（宋元學案卷39）歐陽修童子問曰：「天地之心見乎動，復也，一陽動於下矣，天地所以生育萬物者本于此，故曰：天地之心也。天地以生物爲心者也。」（廬陵學案）其實如絡日長年，永無休息，人何以堪?!故由此可見上帝愛人之心，更見陽動生物，乃上帝救主三位一體也。由上可知太極是元是復，包括乾坤二元而爲一體也。

⑽其他諸儒論證，限於篇幅，不必多述（參看拙著聖經與易經的奧秘）如邵伯溫謂：

「太極，終天地而未嘗終，始天地而未嘗始，與天地萬物圓融和會，而未嘗有先後始終者也。故知太極自古及今，無時不存，無時不在，萬物無所不秉，則謂之曰命，萬物無所不本，則謂之曰性，萬物無所不主，則謂之曰天，萬物無所不生，則謂之曰心，其實一也。窮理盡性，以至於命，盡心知性以知天，存心養性以事天，皆本乎此也。」（宋元學案卷十）蔡淵謂：「先師謂一每生二，一者太極也。太極生兩儀，則太極卽在兩儀中，以是推之，則太極隨生而立，但人之爲學，苟惟守於物中之太極，而或囿于形而不得其正，必須識得未生兩儀太極之本，此夫子明卦象之所由，所以必原易有太極爲本，而子思所謂大本也。學者不可不識也。」陳淳北溪語錄曰：「太極只是理，理本圓，故太極之體渾淪，自萬古之前，與萬古之後，無端無始，此渾淪太極之全體也。自其冲漠無朕，天地萬物皆由是出，旣由是出，又復冲漠無朕，此渾淪無極之妙用也。聖人一心渾淪太極之全體，而酬酢萬變無非太極流行之妙用。」（重編宋元學案卷六二）眞德秀西山問答：「所謂無極而太極者，特不過謂無形無象，而至理存焉耳。蓋極者至極之理也。窮天下之物，可尊可貴，孰有加於此者？故曰太極。」（重編宋元學案卷74）實則理乃天理，亦卽天父救主聖經所謂：主就是眞理和道路。王船山釋太極謂：「易有太極，固有之也，同有之也。太極固有之則生，同有之則俱生，是生者立於此而生，非待推於彼而生之，則明魄同輪而源流一水也。」「是故乾純陽而非无陰，乾有太極也。坤純陰而非无陽，坤有太極也。剝不陽孤，夬不陰虛，姤不陰弱，復不陽寡，无所變而无太極也。卦成於八，往來於六四，動於三八四，之於四〇九六，而皆有太極。策備於五十，用於四十有九，揲於七八九六，變於十有八，各盡於一九六，而皆有太極。」「故不知其固有，則絀有以崇无，不知其同者，則獎无以治有，无不可崇，有不待治，故曰：太極有於易以有易，不相爲離之謂也。」（均見周易外傳卷五）劉百閔釋太極曰：「亟棟也，棟是屋之正中至高處，故易有太極，易是有其最高原理，亦就是第一原理和根本原理。」太是至極最高，虞注：太極太一也，太一見於禮運，莊子亦說主之於太一。言天道曠蕩無不制圍，囊括萬有，通而爲一，故謂之太一也。其他類是，不勝枚舉，莫不明示至高獨一之上帝，與三位一體之救主也。

(三)由易之四項大義與六大要旨，尤可見與聖經相通之奧秘　易有四大要義：乃尊生而不可溺寂，彰有而不可躭空，健動而不可頹廢，率性而無事絕欲，乃本孔子之大義而求之，（詳見拙著聖經與易經的奧秘）蓋生生之謂易，天地之大德曰生，故　國父名爲生元亦本於易。又彰有而不可躭空，易經來註：「大有者所有之大也，火在天上，萬物畢照，萬物所照，皆其所用，大有之象也。陽大陰山，所有者皆陽，故曰大有。」王船山釋之曰：「天下之用皆眞有者也。吾從其用，而知其體有之，豈待疑哉？」「所有者陽，有所有者陰，陽實陰虛，天生有而火化无。」（外傳卷二）熊十力謂：「宇宙間萬變不窮，萬化不測，惟其富有而已。易之大有卦明其有者大，若爲躭空者戒也。故乾坤變化，乃大乘所不言，而空教終有反人生之傾向。」（讀經示要卷三）且健動而不可頹廢，熊十力引易无妄之象曰：「動而健」，謂此全易主旨也。天道人事於此得其貫通。佛氏出世之道，而宋儒誤解周子主靜之說，不免厭動喜靜，必流於頹廢而不自知也。夫動而健者，天之化道也，而人體之以自強，所謂盡人以合天是也。」（讀經示要卷三）又率性而無事絕欲，熊氏曰：「生生之本然，健動而涵萬理，備萬善是易所謂太極，宇宙之本體也。其在人曰性，吾人率性而行，則飲食男女，皆有則而不亂。推之則一切所欲，莫不當理，則理卽性也。性者生生之本然，其在乎吾人者，卽大易所謂乾以易知之知，陽明子所謂良知也。吾人反己而識自性，凡心生動念處，必有不爲物役，不爲瞞昧者，此吾人天然自有之則也。誠能順此天則而無違失，則從心所欲，而皆天理流行，故性卽欲也。凡以絕欲爲道者甚謬，若反對絕欲而不務率性之功，則未有不殉欲，而喪其生生之本然也。」（示要卷三）熊氏易學，，似出於船山，均重天道自強，率性修道，而力闢佛老。至易之六大要旨：(1)上承天道：易首乾元，顯重天道，作易四大聖人，莫不誠敬信天，順天法天，知天畏天，事天樂天，已於前述。孔子曰：「禮以承天之道，失之者死，得之者生。」(禮運)顯見上承天道，乃生死關鍵。唐君毅論中國天道，首舉「天道乃指上帝之道，如詩書中之天，多指上帝，如天討有罪，天命有德。」(哲學概論卷上)西方不僅指神之天道，其他如宇宙論，形上學，實有論，本體論，亦多承認上帝，尊崇天道。古帝即指上帝，以道統天，故朱子曰：「自上古繼天立極，而道統之傳，有自來矣。孔子對哀公問何貴乎天道？曰貴其不已，如日月東西相從而不已也。是天道也。不閉其久也，無爲而物成，已成而明，是天道也。」乃本大易天行健，君子以自強不息，孔孟均認水不舍晝夜，永遠不息。左傳季文子曰：「禮以順天，天之道也。」(文十八年)三年齊侯果被弒，足作逆天侵略者一當頭棒喝！日本軍閥、希特勒、史、毛等皆其明證。說卦謂：「立天之道，曰陰與陽，立地之道，曰柔與剛，立人之道，曰仁與義。」可試以一卦表示之：

陰陽柔剛仁義　而成水火既濟，顯見天道即人道，天人合一，故上承天道，首須(2)
天道地道人道　下正人倫。故易分上下兩經，上經首乾至離，在尊上帝天道。下經由咸至未濟，在重人倫。荀子大略篇云：「易之咸見夫婦，夫婦之道，不可不正也。君臣、父子之本也。」（參看來註圖解上下經篇義）乾鑿度引孔子曰：「上古之時，人民無別，羣物未殊，未有衣食器用之利。伏羲乃仰觀象於天，始作八卦，故易者所以繼天地，理人倫而明王道。象法乾坤，順陰陽，以正父子夫婦之義。於是人民乃治，羣生和洽，各安其性，此其作易垂教之本意也。」陸賈新語曰：「先聖圖畫乾坤，以定人道，民始開悟，知有父子之親，夫婦之道，長幼之序。」（道基篇）焦循謂：「讀陸氏之言，乃恍然悟伏羲所以說卦之故。」更推闡其旨曰：「學易者必先知未作八卦之前，是何世界？作易何以能治天下？歷聖何奉此卦為萬古修己治人之道？孔子贊易始伏羲，人道自伏羲始定也。人道不定，天下大亂，何以得至一？」故皮錫瑞認焦氏謂伏羲作易垂教，所以正人倫而明王道。（見經學通論易經二一四頁）實則不僅贊易，孔子刪詩，首選關雎，禮更首正人倫也。(3)自強之路：易道法天，首重自強，乾象曰：「天行健，君子以自強不息。」來註：「天行者天之運行也。健者運而不息也。陽之性主健，所以不息也。自強者一念一事，莫非天理之剛，若稍有一毫陰柔之私則息矣！」（來註一二四頁）說卦：乾健也，以天之運行為言之，故曰健。虞注：陽剛自勝，動行不休，故健亦強也。樂記曰：著不息者天也，君子法天之行，莊敬日強，故自強不息。引中庸證自強之合於中和也。子路問強，夫子答以和而不流，中立而不倚，強哉矯。是強有中和之義。文天祥御試策，謂：「道一不息也，天地一不息也，聖人亦一不息也。水一不息之流也，道一不息之用也。聖人體天地之不息者也。聖人論法天，乃歸之自強不息，論配天乃歸之不息則久，以不息之心，行不息之道，聖人法不息之天地也。」自強須誠敬信天，痛自反省，如曾子之吾日三省，堯舜之兢兢業業，文王之小心翼翼，昭事上帝，孟子之自反其仁，始克自覺自動，自治自強。易又有无妄之動健剛中，晉之自昭明德，益之改過遷善，震之恐懼修省，皆自強也。(4)天人之樂：易重天人合一，王船山曰：「易天人之合用也。天之所以天，人之所以人，不相離者也。易之則无體，離之則无用，用此以爲體，體此以爲用。」（周易外傳五132頁）顯見天人合一，體用不二，而不可離。順天法天聖人，當能樂天而保合太和，以上帝之心爲心。文言曰：「樂則行之，憂則違之。」虞注：「震爲樂爲行，震春也。」春秋繁露曰：「春蠢然喜樂之貌。蓋震爲春爲雷，震動而萬物生存自然喜樂，且震爲長男，更當順天承天，樂天知命。孟子謂：「順天者存」，「樂以天下。」孔子曰：「樂以忘憂」，「五十而知天命，六十而耳順」順天命也。「不怨天，不尤人。」程子教人尋孔顏樂處，亦知回也不改其樂，樂道樂天也。正如聖經所示：「要靠主常常喜樂」，「大大的喜樂。」（腓四4、10）「使你們在所信的道上，又長進，又喜樂。」（腓一25腓二5）故易以天人之樂，信天樂道天人同樂爲中心目標，各卦多有喜慶豫樂。（詳見拙著聖經與易經的奧秘，恕不多舉）(5)大同之路：大同首見於易，乾有「萬國咸寧」，「天下平也。」見羣龍无首吉，皆有大同之象。豈有大同而世界尚有元首？且依聖經卽魔鬼授首，天下太平矣。熊十力云：「春秋太平世，人人有士君子之行，无首者人各自由皆平等，春秋托於文王以示天下大同。」（讀經示要五六—六三頁）大同不僅出於禮運，且見於羣經，如春秋、尚書、大學、中庸等。尚書洪範：「謀及庶人，庶民從，是之謂大同。」孔疏：「動不違衆，人心和順，是謂大同。」顯有民主精神。又曰：「協和萬邦，黎民於變時雍。」（雍和也。）鄭玄注大同「和也平也。」凡此正合和平大同之精義。故 國父認可用固有道德和平做基礎，去統一世界，成一個大同之治。」（民族主義六講）平生最喜題「天下爲公」與「大同」。又大學之平天下，中庸之中和謂：「天之所覆，地之所載，日月所照，霜露所墜，凡有血氣，莫不尊親。」「君子篤恭而天下平。」均見大同之象。（拙著古代、近代中國禮教史均詳解大同）正合聖經基督再來與和平太平之象。故唯有以中和公正之精神，推行上帝大道，始能眞見永久和平，而大同可期也。(6)永生之門：易道尊生，生生不息之謂易。易有太極，生兩儀四象八卦六四卦，故乾坤吾父母萬物始生，天地之大德曰生，生者天主生物之始，地主生物之成也。（見惠棟注）三易均成始成終，聖經亦稱基督是首先的末後的。上帝基督，均是永恒不變，永遠不死，且使信主的有永生。易曰：「天地之道，恒久而不已也。」韓非曰：天不能死，陽道不絕。故天爲久，久則天，「主是羊的門」，在主裏有永生，因主是永生上帝的兒子，惟有誠信上帝救主，始有永生。左傳謂：太上有立德，其次有立功，其次有立言，爲三不朽。實則知仁勇三達德，均須行之以誠，故非誠敬信行天道，又何能立德立功名垂不朽乎？梁任公歷學中外偉人，類皆有虔誠宗教信仰，始有堅強的毅力，莫大的信心，以建功立業也。救主說：「信的人有永生。」「聖經內中有永生。」「我就是道路眞理生命。」（均見約翰福音）故惟有誠信上帝救主大道，始能進入永生之門，而永垂不朽也。綜上六大要義，無不與聖經相通，其中奧秘無窮也。

六、乾坤一太極乃奧秘的中心

㈠首當認清乾坤一太極，乃三位一體的上帝和救主。由全文種種證明，已可見乾一坤二，確係三位一體的上帝。尤其易的數理，更爲顯見（拙著聖經與易經的奧秘，曾專章詳論，限於篇幅恕不多引，請參看數理、與易象兩章）蓋乾元坤元，皆出於一。乾彖曰：「大哉乾元，萬物資始，乃統天。」惟上帝救主，始能創始生養萬物，非上帝孰能統御宇宙諸天？坤彖曰：「至哉坤元，萬物資生，乃順承天。」惟救主最能順服上帝，以至於死。聖經明示救主順服天父，死在十字架上，以擔當人的罪過。「坤元亨利牝馬之貞」「先迷後得主」，「坤道其順乎？」顯見救主道成肉身來到世界，坤以柔順爲貞，若牝馬之順而有能力也。救主來降世界，土乃世界，亦象十字，申者神也。古者申甲相通，十亦爲天干之首，古寫道字亦含十字元首（首），均顯見救主爲元首，亦合十字。「太初有道，道就是上帝」，萬物都是藉着主造的。（均見約一）坤厚載物，「含弘光大」。易與聖經，均屢稱主是光。坤爲地，無所不載。惠棟注：「坤爲地，至從一乾坤相並俱生，合于一元，故一一五二〇筴，皆受始于乾，由坤而生也。坤爲順，乃順承天。」天地皆始于一，說文：至從高下至地從一，太極一也，是生兩儀天地也。何休云：「元者氣也，天地之始也。故云合于一元。」（周易述二二三頁）顯見乾坤一元實三位一體之上帝也。又明堂亦東西南北及中央，形似十字，乃歷代敬事上帝之所。故古有方明之禮，以六木象上下四方，亦十字形代表救主與十字也。□□□□□且坤爲母，表示主的大愛，亦正見救主之柔順犧牲，不啻捨身救人之慈母也。孔子曰：「絜靜精微易教也」（經解）坤乃絜靜，乾乃精微也。凡此均可證乾坤三位一體也。

㈡乾元亨利貞卽五常五行之道，揣著古代禮教史及聖經與易經的奧秘，均曾詳證此天道人道之理及其六爻的精義。朱子釋四德曰：「元者生物之始，天地之道莫先於此；故於時爲春，於人則爲仁，卽衆善之長也。亨者生物之通，物至於此，莫不嘉美；故於時爲夏，於人則爲禮，而衆美之會也。利者生物之遂，物各得宜，互不相害，故於時爲秋，於人則爲義，而得其分之和。貞者生物之成，實體具備，隨在各足，故於時爲冬，於人爲智，而爲衆事之幹。」愚以爲貞一不二，實由於信，何妥曰：貞者信也。詩云：「上帝臨汝，勿貳爾心。」貞一而有信心，始能堅固幹事，周易正義，亦以貞爲信。至智慧乃乾道本體之靈明，大明終始。聖經亦屢稱主是智慧之原，「耶和華是知識的開端」，故智者不惑，常照常明爲便於明瞭，誠以圖示之：

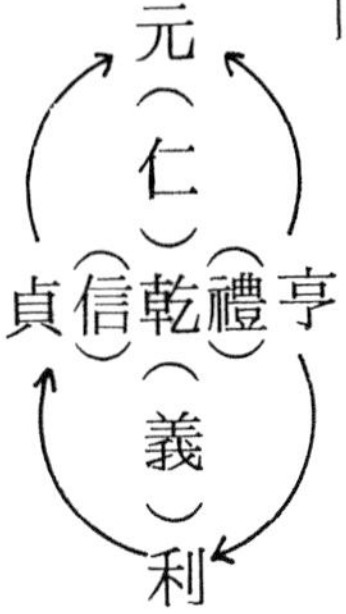

亨
（禮）
元（仁）乾（義）利
（信）
貞

乾文言曰：「元者，善之長也。亨者，嘉之會也，利者，義之和也，貞者，事之幹也。故君子體仁足以長人，嘉會足以合禮，利物足以合義，貞固足以幹事。」顯見君子法天之仁愛，而可爲長，人當以禮敬天，論語多言仁禮。利和也，萬物同此仁體，無不相和諧，惟恐有私，義則無私也。貞則忠信不二，惟人有信仰，始能堅固幹事。可見四德均以仁爲中心，以元爲仁之發現，仁之爲德，生生不已。三統曆云：「共養三德爲善，合三體而爲之原，故曰元，三統合于一元，是其義也。」（周易述四〇〇頁）此明指三位一體之上帝，但坤爲地亦爲惡，因世界充滿邪惡，故坤又爲鬼害，如魔鬼迷惑衆人，必賴主救贖，故曰：「先迷後得主。」老子云：反者道之動，坤之凝聚成物，雖爲一反作用，而實非反也。反者所以爲和也。（見讀經示要八九頁）亦見唯物世界，物慾橫流，非救主戰勝魔鬼，順承天道，無以與神和好。義从羊从我，正見主爲我犧牲，以利天下，故利者義之和也。乾能以美利利天下，不言所利大矣哉！又五常春爲元仁爲木，夏爲亨禮爲火，秋爲利義爲金，冬爲貞信爲水，與五行亦相配合。蓋宇宙一元，三位一體之上帝救主聖靈，無所不包，無所不通也。

㈢易首乾龍與六龍及龍戰與啓示錄的奧秘　聖經記創世工作，以六天創始天地萬物，故易乾卦亦以龍代表天生神物，且以六龍同工。因龍爲天使（見管子大匡），故亦爲上帝所使用。乾彖曰：「大哉乾元，萬物資始……時乘六龍以御天。」六位時成，每卦均有六爻，代表六天作工，初九潛龍勿用，乃上帝尚未使用，退隱爲臥龍。九二見龍在田，乃上帝派往世界，須作大人，善世不伐。九三進德修業，朝乾夕惕。九四乃躍龍，上下進退，及時無邪。九五乃飛龍在天，但仍驕傲如魔鬼欲取上帝而代之。終於上六亢龍逆天而行，終遭擊敗，以至「龍戰于野，其血玄黃」，卽羣龍无首，魔鬼授首也。至龍戰，陰本不敢與陽戰，今陰盛似與陽爲敵，故以戰言。陰盛已無陽，本不可稱龍，而不知陽不可一日無也。故周公以龍言之以存陽，雖稱爲龍，則陰之類也。故稱血以別其陰，「血陰物也。」（來註一三六、一四三頁）說卦亦云，「戰乎乾」，言龍戰非陰與陽戰，乃陽不容姑息，而來戰陰，以討陰之義與陽，不許陰爲敵體也。（見學鐸餘篇）啓示錄說：「米迦勒同他們的使者，與龍爭戰。……大龍就是那古蛇，名叫魔鬼，又叫撒旦，是迷惑普天下的，他被摔在地上，他的使者也一同被摔下去。」（啓十二7-9）又說：「把他捆綁一千年，扔在無底坑裏，使他不得再迷惑列邦。」（啓廿2-3）周聯華牧師等譯現代聖經，深覺中國以龍爲吉祥象徵，但聖經則視爲魔鬼，衝突不得其解，故稱爲「戾龍」，似中外均無根據。豈不知易之乾卦，乃論天上的事，自開始以至末日，龍本爲天使（與聖經相合），由初九潛龍以至「九五飛龍在天」，已位極如宰相，但仍驕傲亢進，欲取上帝而代之，故被摔下，應視爲亢龍，終至龍戰授首，故曰見羣龍无首吉，孔子所謂「知進而不知退，知存而不知亡」，終食惡果，而血染天地也，由此更見易與聖經的奧秘，惜千古無人識透也！

(4)道統與坤元乃救主教人救世的大道，王船山謂：「聖人之教也，是爲道統。」因羲、農、黃帝、堯、舜、禹、湯、文、武、周公、孔子，皆大聖人，乃以天道人道統治天下。（拙著中國中古禮教史對道統有詳解）。道統爲中國文化之中心，包羅甚廣，但由字源古寫道字「十」「象東西南北十字大道，乃人人必經之路，十出於一，說文惟初太極，道立於一，造分天地，化成萬物。」顯指三位一體之上帝。聖經記：「太初有道，道與上帝同在，道就是上帝。萬物是藉着他造的，生命在他裏面。」（約一1—4）均指救主道成肉身，來世界救人，也是未來元首，故內藏首字。古者申甲不分，申者神也，甲乃十天干之首，亦爲木爲仁；古甲字（十象人在十架上，古道經曰：始於一，見於十，成於木。太一經曰：人頭空爲甲，正合耶穌被釘十字架之髑髏地，最後亦說「成了」，何其巧合也。且十字乃明堂祭拜上帝之所，已如前述，救主在十架順服上帝至死，正合「乃順承天」「坤道其順」之旨，此種十字大道，我國早於數千年前在易中明示，惜世人不明其中奧秘耳！古稱乾坤吾父母，上帝如嚴父，救主如慈母，均有大愛，主之慈愛順服，且參與創造生養萬物，惟慈母略似之，況坤上卦「龍戰于野，其血玄黃」正合啓示錄擊敗魔鬼（亢龍），故「用六利永貞，以大終也。」終居大位，而爲萬主之主也。

七、時中的大道與易道和聖經的相通

聖經論一切有定時，如所羅門謂：「凡事都有定期，天下萬務都有定時，生有時死有時，栽種有時，拔出也有時，殺戮有時，醫治有時，折毀有時，建造有時，哭有時，笑有時。……」（傳三1—8）故人莫如終身喜樂行善，法天自強。新約也多說：主的時候還未到，又說：「正在那時候，聖靈要指教你們當說的說。」凡此均在明示一切均由出於上帝，人則無所作爲。易經亦最重時中天時，乾彖首稱「六位時成，時乘六龍以御天。」文言曰：「乾乾因其時而惕」，「君子進德修業，欲及時也。」「終日乾乾，與時偕行」，「與時偕極」，「時合也。」坤文言曰：「承天而時行。」言時多指順應上帝，承天時行，重在遵照上帝旨意去行。故全部易經，大多有「時之義大矣哉！」「時義大矣哉！」或「時用大矣哉！」顯見孔子贊易不離順天時行；而易之言中者亦不勝枚擧。蓋中者正也，正不必中，中無不正，既中且正，最爲理想。蓋陽以初三五爲正位，陰以二四上爲正位，九五爲剛中正，六二爲柔中正，二多譽，五多功，以其中也。彖傳言中三五，象傳言中三八，其間言中正、時中、中和、中道、中天、中心不可勝數。因中見於洪範皇極，亦在九疇之中，「五曰皇極」，孔疏：「皇大也，極中也。」孔傳曰：「大中之道，大立其有中。」中庸謂「不偏之謂中」，「中者天下之定理。」乃本於易。邵康節亦謂中乃天地之本，君子貴中也。孔子深於易，故處處以天時時中為重，論語首稱「學而時習之」，故孟子稱：「孔子聖之時者也。」其他如孔子作乾文言曰：「先天而天弗違後天而奉天時」，刪書定禮則曰「禮之義，時為大。」（禮器）「敬授民時」，協用王紀，協和天時，認雨暘燠寒風之來，皆須適時（洪範）。作春秋上本天道，天道首曰時，二曰月，三曰日，日或不日，或年月日關係極大，春秋二字卽由天時而來。凡此均見孔聖何等重時？中庸乃傳道統之書，亦一再言時與時中。故時中的大道，實為易與聖經相通之道也。

八、小結

綜上簡單分析，已可見易與聖經的奧秘，雖不免掛一漏萬，此外如「觀」（二二二）之有關浸禮，剝之有關末日，復之有關新天地與週期，莫不為二大經典的奧秘。其他不勝枚舉，尤其易的數理與一千多種易象，易之八大變化，十二法則，二十卦別，千變萬化。以及與科學發明的關係，無論天文氣象、物理、化學、電子均大有關係。故其中奧秘，不勝枚舉！（參看拙著聖經與易經的奧秘一、二、八等章均有詳論）敬請海內外先進同道，不吝指教，使此中外二大經典，均更闡明，以發揚中華文化，促進世界大同與永久和平，則爲筆者所馨香祝禱者也，願與先進同道共同勉旃。

中華哲學叢書

易學應用之研究（第三輯）

作　　者／陳立夫　主編、黎凱旋　協編
主　　編／劉郁君
美術編輯／中華書局編輯部

出 版 者／中華書局
發 行 人／張敏君
行銷經理／王新君
地　　址／11494 台北市內湖區舊宗路二段181巷8號5樓
客服專線／02-8797-8396　　　傳　　真／02-8797-8909
網　　址／www.chunghwabook.com.tw
匯款帳號／兆豐國際商業銀行　東內湖分行
067-09-036932　中華書局股份有限公司

法律顧問／安侯法律事務所
印刷公司／維中科技有限公司　海瑞印刷品有限公司
出版日期／2015年7月再版
版本備註／據1990年3月初版復刻重製
定　　價／NTD 480

國家圖書館出版品預行編目（CIP）資料

易學應用之研究.第三輯/陳立夫主編；黎凱旋協編. -- 六版. -- 台北市:中華書局, 2015.07
面；　公分
ISBN 978-957-43-0032-7(平裝)

1.易經-評論

121.17

NO.B0024-3
ISBN 978-957-43-0032-7（平裝）